PONS

Abi-Check XXL
MATHEMATIK

PONS Langenscheidt GmbH
Stuttgart

SO ARBEITEN SIE MIT DIESEM BUCH

SO IST DER ABI-CHECK AUFGEBAUT

PONS Abi-Check XXL Mathematik deckt in 9 Kapiteln und vielen Unterkapiteln die drei großen Bereiche ab, die Sie für die Oberstufe und das Abitur im Fach Mathematik brauchen:

ANALYSIS,
ANALYTISCHE GEOMETRIE,
STOCHASTIK.

SO SIND DIE KAPITEL AUFGEBAUT

Auf den ersten Seiten des Kapitels lernen und wiederholen Sie das wichtigste Basiswissen zu einem Thema.

Die Kapitel sind dabei zur besseren Übersichtlichkeit in Unterkapitel aufgeteilt.

Auf der letzten Seite des jeweiligen Kapitels können Sie Ihren Lernstand mit Wissenschecks überprüfen.

WISSEN + CHECK = ABI-ERFOLG!

Abivorbereitung muss effizient sein! Deshalb sind die wichtigsten Fakten zu einem Thema für Sie in übersichtliche Wissenskästen gepackt.

So arbeiten Sie sich schnell durch das Thema, ohne sich durch lange Texte zu kämpfen – und haben trotzdem das ganze Abiwissen parat.

Wenn Sie alle Wissenkästen eines Themas abgehakt haben, dann ab zum **Wissenscheck**. Hier können Sie prüfen, ob das, was Sie gelernt haben, schon sitzt oder ob Sie das Kapitel noch einmal wiederholen sollten. Die Lösungen finden Sie gleich darunter. Beantworten Sie die Fragen und setzen Sie einen Haken hinter jede richtig beantwortete Frage!

INHALT

ANALYSIS

ANALYTISCHE GEOMETRIE

STOCHASTIK

ANALYSIS

1

ALGEBRA

Ganzrationale Gleichungen

ALLGEMEINE FORM

Bringt man die Gleichung auf die allgemeine Form $a \cdot x^2 + b \cdot x + c = 0$, hat diese die Lösungen:

$$x_{1,2} = \frac{-b \pm \sqrt{b^2 - 4ac}}{2a}.$$

Der Term $b^2 - 4ac$ heißt Diskriminante D.
Mit Hilfe der Diskriminante lässt sich entscheiden, wie viele Lösungen eine quadratische Gleichung besitzt.
Ist $D > 0$, gibt es zwei Lösungen, ist $D = 0$, eine Lösung und ist $D < 0$, gibt es keine Lösung.

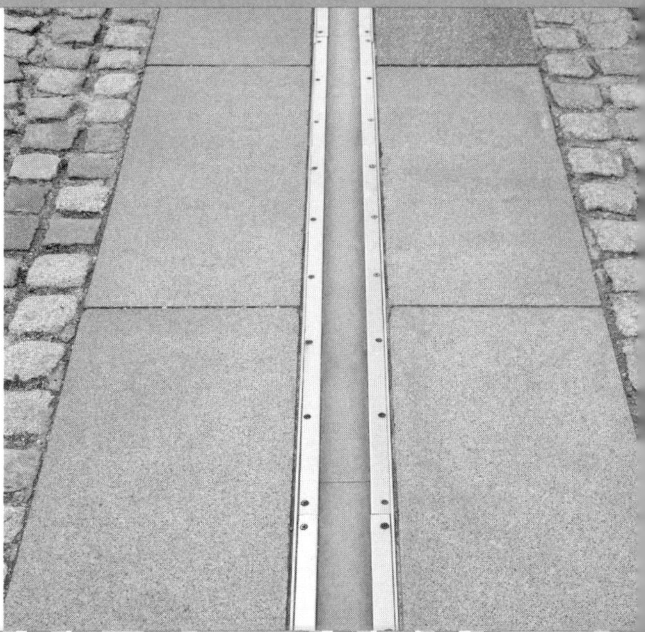

NORMALFORM

Bringt man die Gleichung auf die Normalform $x^2 + px + q = 0$, hat diese die Lösungen:

$$x_{1,2} = -\frac{p}{2} \pm \sqrt{\left(\frac{p}{2}\right)^2 - q} \quad \text{mit} \quad D = \left(\frac{p}{2}\right)^2 - q.$$

SATZ VOM NULLPRODUKT

Enthält eine ganzrationale Gleichung kein Absolutglied, so wird die Gleichung durch Ausklammern umgeformt und anschließend der „Satz vom Nullprodukt“ angewandt:
Ein Produkt ist genau dann null, wenn mindestens einer seiner Faktoren null ist.

TIPPS

- In der Normalform sind p und q in der Regel Brüche.
  Wenn Sie Brüche vermeiden wollen, verwenden Sie die allgemeine Form!
- Formen Sie die Gleichung so um, dass a eine natürliche Zahl ist.
- Achten Sie auf die Vorzeichen!
  In $3x^2 - 7x - 4 = 0$ ist $a = 3$; $b = -7$; $c = -4$.

SUBSTITUTION

Durch eine geeignete Substitution wird eine biquadratische Gleichung in eine quadratische Gleichung übergeführt. Dabei sind die folgenden Schritte durchzuführen:

1. Substitution: Ersetzen Sie das Quadrat der Variablen x durch eine neue Variable, z. B. $x^2 = u$.
2. Lösen Sie die entstehende quadratische Gleichung für u.
3. Rücksubstitution: Setzen Sie die Lösungen dieser Gleichung in $x^2 = u$ für u ein.
4. Geben Sie alle Lösungen an.

Bemerkung:
Nicht immer ergeben sich 4 Lösungen.

ALGEBRA

BEISPIEL

Bestimmen Sie die Lösungen von $x^4 - 3x^2 - 4 = 0$.

Lösung:

Mit der Substitution $x^2 = u$ ergibt sich aus $x^4 - 3x^2 - 4 = 0$ die Gleichung $u^2 - 3u - 4 = 0$ mit den Lösungen $u_1 = 4$; $u_2 = -1$.
Aus $x^2 = 4$ folgt $x_{1,2} = \pm 2$, während die Gleichung $x^2 = -1$ unlösbar ist.
Damit hat die gegebene Gleichung nur die Lösungen +2 und −2.

POLYNOMDIVISION

Ist bei einer Gleichung vom Grad n (sie hat die Form $a_n x^n + a_{n-1} x^{n-1} + \ldots + a_1 x + a_0 = 0$) $f(x) = 0$ eine Nullstelle x_1 bekannt, dann lässt sich $f(x)$ durch Polynomdivision auf die Form $f(x) = (x - x_1) \cdot g(x)$ bringen, wobei $g(x)$ ein Polynom ist, das den Grad $n - 1$ hat.

BEISPIEL

Bestimmen Sie die Lösungen von $x^3 - 5x^2 + 5x - 1 = 0$.

Lösung:

Durch Probieren findet man $x_1 = 1$. Polynomdivision von $x^3 - 5x^2 + 5x - 1$ durch $(x - 1)$:

$$
\begin{array}{l}
\quad(x^3 - 5x^2 + 5x - 1) : (x - 1) = x^2 - 4x + 1 \\
\underline{-(x^3 - x^2)} \\
\qquad(-4x^2 + 5x - 1 \\
\quad\underline{-(-4x^2 + 4x)} \\
\qquad\qquad\quad x - 1 \\
\qquad\qquad\underline{-(x - 1)} \\
\qquad\qquad\qquad 0
\end{array}
$$

Also ist $x^3 - 5x^2 + 5x - 1 = (x - 1) \cdot (x^2 - 4x + 1)$.
Die weiteren Lösungen der Gleichung erhält man aus der Gleichung $x^2 - 4x + 1 = 0$.
Mit der Lösungsformel ergibt sich $x_2 = 2 + \sqrt{3}$; $x_3 = 2 - \sqrt{3}$.
Damit hat die gegebene Gleichung die Lösungen $x_1 = 1$; $x_2 = 2 + \sqrt{3}$; $x_3 = 2 - \sqrt{3}$.

GANZRATIONALE GLEICHUNGEN

1. Bestimmen Sie die Lösung der Gleichungen.

a) $x \cdot (3x^2 + 4x + 10) = 3 \cdot (x^3 + 2)$

b) $2x^3 - 2x^2 - 4x = 0$

2. Bestimmen Sie die Lösungen der biquadratischen Gleichung.
$2x^4 - 20x^2 + 18 = 0$.

3. Die Gleichung $2x^3 + 3x^2 - 3x - 2 = 0$ hat die Lösung 1.
Bestimmen Sie die weiteren Lösungen.

LÖSUNGEN

1. a) $x \cdot (3x^2 + 4x + 10) = 3 \cdot (x^3 + 2)$ — Ausmultiplizieren
$3x^3 + 4x^2 + 10x = 3x^3 + 6$ — Zusammenfassen
$4x^2 + 10x - 6 = 0$

Die Lösungsformel für quadratische Gleichungen in der allgemeinen Form liefert
$x_{1,2} = \frac{-10 \pm \sqrt{10^2 + 4 \cdot 4 \cdot 6}}{2 \cdot 4} = \frac{-10 \pm 14}{8}$ und damit die Lösungen $x_1 = -3$ und $x_2 = \frac{1}{2}$.

b) $2x^3 - 2x^2 - 4x = 0$ — Ausklammern
$2x \cdot (x^2 - x - 2) = 0$ — Satz vom Nullprodukt
$2x = 0$ oder $x^2 - x - 2 = 0$
Daraus ergeben sich die Lösungen $x_1 = 0$; $x_2 = -1$; $x_3 = 2$.

2. $2x^4 - 20x^2 + 18 = 0$ — Substitution: $x^2 = u$
$2u^2 - 20u + 18 = 0$ — Lösungsformel
$u_1 = 1$ oder $u_2 = 9$ — Rücksubstitution
$x^2 = 1$ oder $x^2 = 9$

Aus den beiden Gleichungen erhält man die Lösungen $x_1 = 1$; $x_2 = -1$; $x_3 = 3$; $x_4 = -3$.

3. Da $x = 1$ eine Lösung von $2x^3 + 3x^2 - 3x - 2 = 0$ ist, kann man die Gleichung durch den Faktor $(x - 1)$ dividieren. Durch Polynomdivision erhält man $(2x^3 + 3x^2 - 3x - 2) : (x - 1) = 2x^2 + 5x + 2$. Damit gilt $(x - 1) \cdot (2x^2 + 5x + 2) = 0$.

Die Gleichung $2x^2 + 5x + 2 = 0$ hat die Lösungen $-0{,}5$ und -2 (zu bestimmen mit der Lösungsformel).
Damit erhält man insgesamt die Lösungen $x_1 = 1$; $x_2 = -0{,}5$ und $x_3 = -2$.

STANDARDVERFAHREN BEIM LÖSEN EINER BRUCHGLEICHUNG

- Angabe der Definitionsmenge D der Bruchgleichung
  Diese besteht aus der Menge der reellen Zahlen ohne die Werte, bei denen die Nenner null werden: $D = \mathbb{R} \setminus \{\ldots\}$.
- Angabe des gemeinsamen Nenners (Hauptnenner)
- Durchmultiplizieren der Bruchgleichung mit dem Hauptnenner
- Lösen der sich ergebenden Gleichung
- Überprüfen, ob die Lösungen dieser Gleichung auch in der Definitionsmenge D der Bruchgleichung liegen.

TIPPS

- Die Werte, bei denen die **Nenner null werden**, sind meistens direkt angebbar; wenn nicht, setzen Sie in einer Nebenrechnung jeden Nenner gleich null.
- Achten Sie darauf, dass Sie beim Durchmultiplizieren **beide Seiten** der Gleichung multiplizieren.
- **Vergessen Sie auf keinen Fall den letzten Schritt**, bei dem Sie überprüfen müssen, ob die errechneten Lösungen auch tatsächlich Lösungen der gegebenen Gleichung sind.

  So hat die Gleichung $\frac{1}{x+2} + \frac{1}{x-2} = \frac{4}{x^2-4}$ die Definitionsmenge $D = \mathbb{R} \setminus \{-2; +2\}$.
  Die Rechung ergibt $x = 2$.
  Da $2 \notin D$ ist, hat die Gleichung **keine** Lösung.

BRUCHGLEICHUNGEN

1. Bestimmen Sie die Lösungen der Bruchgleichung $\frac{4}{x+1} + 1 = \frac{6}{x}$.

2. Bestimmen Sie die Nullstellen der gebrochenrationalen Funktion f mit $f(x) = -1 + \frac{1}{x} - \frac{6}{x-2}$.

LÖSUNGEN

1. $\frac{4}{x+1} + 1 = \frac{6}{x}$; $D = \mathbb{R} \setminus \{0; -1\}$ — Multiplikation mit dem Hauptnenner $x \cdot (x+1)$

$4x + x \cdot (x+1) = 6 \cdot (x+1)$ — Vereinfachen

$x^2 - x - 6 = 0$ — Anwenden der Lösungsformel

$x_{1,2} = \frac{1 \pm \sqrt{1+24}}{2}$

$x_1 = 3$; $x_2 = -2$

Da 3 und −2 in D liegen, sind dies die Lösungen der gegebenen Gleichung.

2. Die Definitionsmenge von f ist $D = \mathbb{R} \setminus \{0; 2\}$. Die Bedingung $f(x) = 0$ führt auf die Gleichung

$-1 + \frac{1}{x} - \frac{6}{x-2} = 0$ — Multiplikation mit dem Hauptnenner $x \cdot (x-2)$

$-x \cdot (x-2) + x - 2 - 6x = 0$ — Vereinfachen

$x^2 + 3x + 2 = 0$ — Anwenden der Lösungsformel

$x_1 = -2$; $x_2 = -1$

Da −2 und −1 in D liegen, sind $x_1 = -2$; $x_2 = -1$ die Nullstellen der Funktion f.

In einer Exponentialgleichung steht die Variable, nach der aufgelöst werden soll, im Exponenten (z.B. $2^x = 8$).

Man löst Exponentialgleichungen in der Regel durch Logarithmieren.

In Sonderfällen ist ein Vergleich der Exponenten oder eine Substitution möglich.

Exponentialgleichungen mit drei oder mehr Summanden sind nur in Sonderfällen lösbar. Dabei muss man in der Regel das Verfahren der Substitution anwenden.

Damit man substituieren kann, müssen in der Exponentialgleichung alle Basen (die die Variable im Exponenten haben) gleich sein, oder mit Hilfe der Potenzregeln gleichgemacht werden. Falls diese entstehende algebraische Gleichung lösbar ist, kann man durch Rücksubstitution die Lösungen der Exponentialgleichung erhalten.

Exponentialgleichungen kann man wie jede andere Gleichung näherungsweise mit dem GTR lösen. Hierzu berechnet man z.B. die Nullstellen der zugehörigen Funktion.

TIPPS

- Die Logarithmen- und Potenzgesetze sollten Sie kennen. Beachten Sie dabei insbesondere, dass es kein Logarithmengesetz für $\log(a \pm b)$ gibt.
- Vergessen Sie beim Logarithmieren nicht, beide Seiten einer Gleichung zu logarithmieren.
- Auch die Gleichung $5 \cdot 5^x + 5^{-x} = 6$ kann durch eine Substitution gelöst werden. Denn es ist $5^{-x} = \frac{1}{5^x}$ und damit führt $5^x = u$ auf die Gleichung $5u^2 - 6u + 1 = 0$.

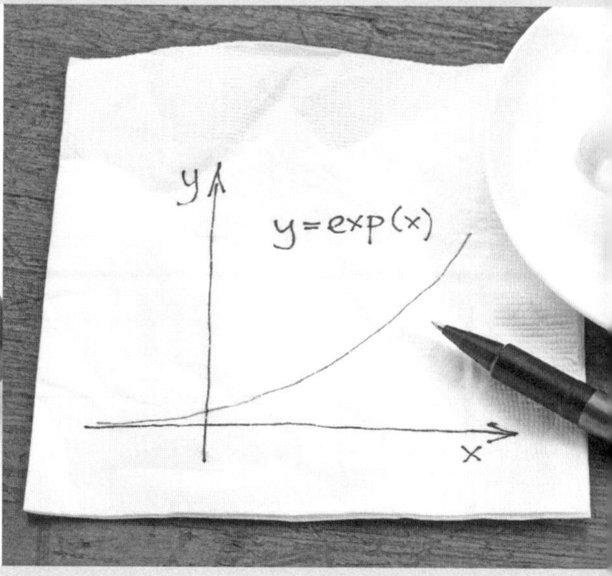

EXPONENTIALGLEICHUNGEN MIT DER BASIS e

Zusätzlich zu den Lösungsverfahren bei Exponentialgleichungen sollte beachtet werden:

- $\ln(e^x) = x$; $e^{\ln(x)} = x$; $e^0 = 1$; $e^1 = e$; $\ln(1) = 0$; $\ln(e) = 1$.
- $e^x > 0$ für alle $x \in \mathbb{R}$
  Dies ist für die Anwendung des Satzes vom Nullprodukt wichtig.
- Beim Substituieren nützt oft: $e^{(m \cdot n)} = (e^m)^n$.

HINWEISE ZUM LÖSEN EINER GLEICHUNG MIT DEM GTR

Wurde eine Gleichung handschriftlich gelöst, so kann man das Ergebnis natürlich mit dem GTR überprüfen.
Bei Anwendungen kommen aber oft Gleichungen vor, die nicht exakt gelöst werden können. Dies ist z.B. der Fall bei der Gleichung

$$0{,}5 \cdot e^{x+1} = 3 - x^2.$$

Mit dem GTR bieten sich drei Lösungsmöglichkeiten an:

1. Man erstellt die Graphen der Funktionen f und g mit $f(x) = 0{,}5 \cdot e^{x+1}$ bzw. $g(x) = 3 - x^2$ und ermittelt mit dem Befehl *intersect* aus dem CALC-Menü die Schnittpunkte.
2. Man bringt alles auf eine Seite, erstellt den Graphen der Funktion h mit $h(x) = 0{,}5e^{x+1} + x^2 - 3$ und bestimmt von der Funktion h die Nullstellen mit dem Befehl *zero* aus dem CALC-Menü.
3. Man verwendet den Befehl *Solver* aus dem MATH-Menü.

Die Lösungen der Gleichung sind $x_1 \approx -1{,}6554$; $x_2 \approx 0{,}6433$.

EXPONENTIALGLEICHUNGEN

1. Bestimmen Sie die Lösung der Gleichungen.

a) $3^{2x-3} = 27$

b) $4 \cdot 2^x - 36 = 0$

c) $4 \cdot 2^{2x} = 9 \cdot 2^{x+1} - 18$

LÖSUNGEN

1. a) (Vergleich der Exponenten)

$3^{2x-3} = 27$

$3^{2x-3} = 3^3$ — Vergleich der Exponenten

$2x - 3 = 3;\ 2x = 6;\ x = 3$

b) (Gleichung logarithmieren)

$4 \cdot 2^x - 36 = 0$ — Vereinfachen

$2^x = 9$ — Logarithmieren

$x \cdot \log(2) = \log(9)$

$x = \frac{\log(9)}{\log(2)} \approx 3{,}1699$

c) (Substitution)

$4 \cdot 2^{2x} = 9 \cdot 2^{x+1} - 18$ — Auf eine Seite bringen und umformen

$4 \cdot (2^x)^2 - 9 \cdot 2^x \cdot 2^1 + 18 = 0$ — Substitution: $2^x = u$

$4u^2 - 18u + 18 = 0$ — Anwendung der Lösungsformel

$u_1 = \frac{3}{2};\ u_2 = 3$ — Rücksubstitution

$2^x = \frac{3}{2};\ 2^x = 3$

$x_1 = \frac{\log\left(\frac{3}{2}\right)}{\log(2)} \approx 0{,}5850;\ x_2 = \frac{\log(3)}{\log(2)} \approx 1{,}5850$

2. **Bestimmen Sie die Lösungen der Exponentialgleichung.**

   $2 \cdot e^{3x-5} = 8$

3. **Bestimmen Sie die Schnittpunkte der Graphen der Funktionen**

   f und g mit $f(x) = 5 - 4e^{-0,5x}$ und $g(x) = e^{0,5x}$.

LÖSUNGEN

2. $2 \cdot e^{3x-5} = 8$ Vereinfachen

   $e^{3x-5} = 4$ „Logarithmieren" mit dem nat. Log.

   $3x - 5 = \ln(4)$ Auflösen der linearen Gleichung nach x

   $3x = \ln(4) + 5$

   $x = \frac{\ln(4) + 5}{3} \approx$ **2,1288**

3. $5 - 4e^{-0,5x} = e^{0,5x}$ Substitution: $e^{0,5x} = u$

   $5 - \frac{4}{u} = u$ Multiplizieren mit u und umformen

   $u^2 - 5u + 4 = 0$ Lösungsformel anwenden

   $u_{1,2} = \frac{5 \pm \sqrt{25 - 16}}{2}$; $u_1 = 4$; $u_2 = 1$ Rücksubstitution

   $e^{0,5x} = 4$ liefert $x_1 = 2 \cdot \ln(4) \approx 2,7726$; $e^{0,5x} = 1$ liefert $x_2 = 2 \cdot \ln(1) = 0$.

   Mit $g(2 \cdot \ln(4)) = e^{0,5 \cdot 2 \cdot \ln(4)} = 4$ und $g(0) = 1$ ergeben sich die Schnittpunkte **$S_1(2 \cdot \ln(4) \mid 4)$ und $S_2(0 \mid 1)$.**

STANDARDVERFAHREN

Die Lösungen einer trigonometrischen Gleichung lassen sich ermitteln, wenn die Rückführung der Gleichung auf die Grundgleichungen $\sin(x) = b$, $\cos(x) = b$ oder $\tan(x) = b$ gelingt.
Die wichtigsten Hilfsmittel hierfür sind die Durchführung einer Substitution und die Verwendung trigonometrischer Beziehungen (Formelsammlung).

Hilfreich ist es, die Graphen der Grundfunktionen skizzieren zu können.

Trigonometrische Gleichungen

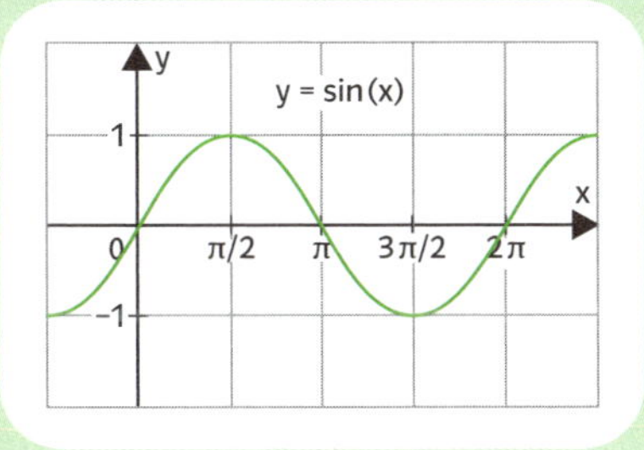

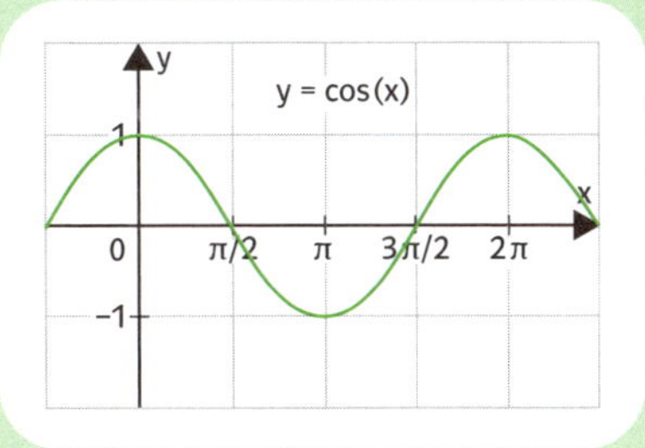

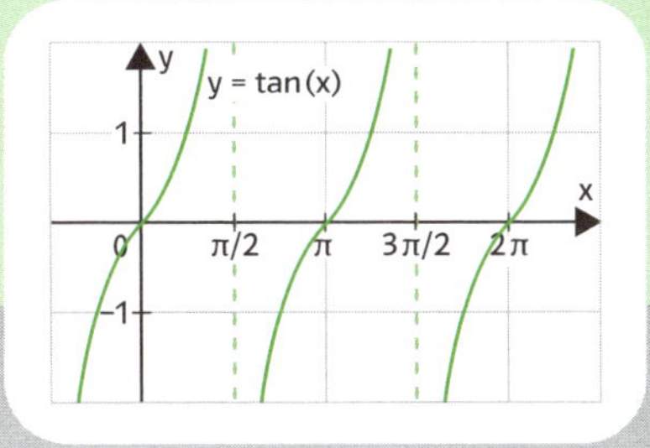

TIPPS

- Die Graphen der trigonometrischen Funktionen f, g und h mit $f(x) = \sin(x)$, $g(x) = \cos(x)$ und $h(x) = \tan(x)$ sollten Sie skizzieren können.
- Die Koordinaten der wichtigsten Punkte der Graphen sollten Ihnen bekannt sein. Eine Formelsammlung kann hilfreich sein!
- Wichtige Zusammenhänge trigonometrischer Funktionen:

  1. $\sin^2(x) + \cos^2(x) = 1$
  2. $\tan(x) = \frac{\sin(x)}{\cos(x)}$
  3. $\sin(2x) = 2\sin(x)\cos(x)$
  4. $\cos(2x) = \cos^2(x) - \sin^2(x) = 1 - 2\cdot\sin^2(x)$

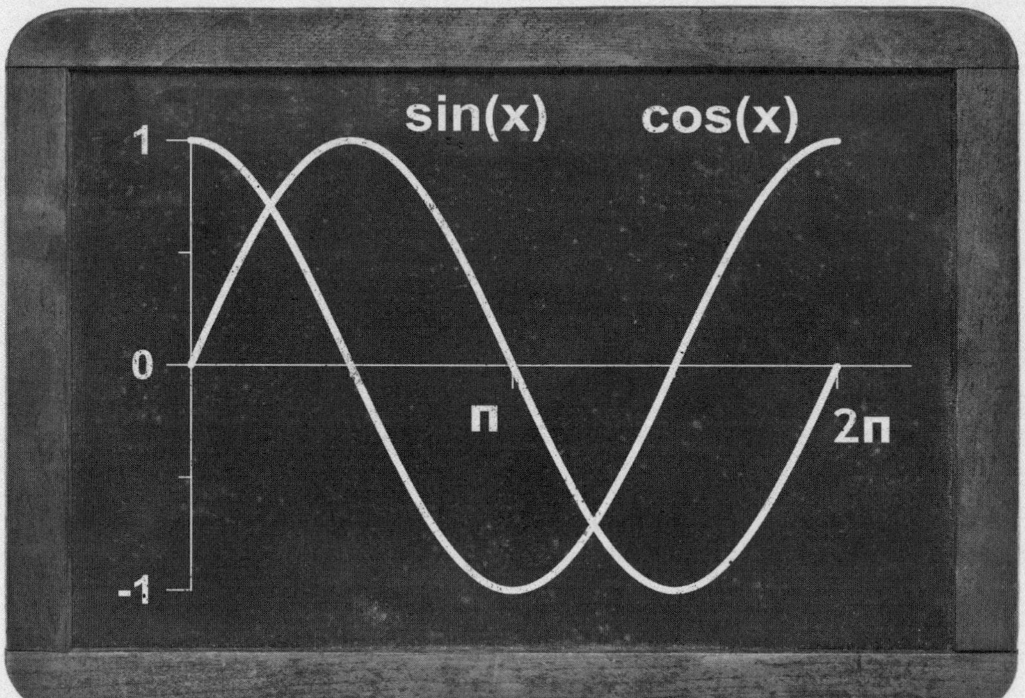

TRIGONOMETRISCHE GLEICHUNGEN

1. **Bestimmen Sie im Intervall $[0; 2\pi]$ die Lösungen der trigonometrischen Gleichung $3 \cdot \cos(x) - 6 \cdot \cos^2(x) = 0$.**

2. **Bestimmen Sie im Intervall $[0; 2\pi]$ die Lösungen der trigonometrischen Gleichung $2 \cdot \sin^2(x) + \sin(x) - 1 = 0$.**

LÖSUNGEN

1. $3 \cdot \cos(x) - 6 \cdot \cos^2(x) = 0$ — Ausklammern

$3 \cdot \cos(x) \cdot (1 - 2 \cdot \cos(x)) = 0$ — Satz vom Nullprodukt

$3 \cdot \cos(x) = 0$ oder $1 - 2 \cdot \cos(x) = 0$

Es ist $\cos(x) = 0$ für $x_1 = \frac{1}{2}\pi$; $x_2 = \frac{3}{2}\pi$; es ist $\cos(x) = 0{,}5$ für $x_3 = \frac{1}{3}\pi$; $x_4 = \frac{5}{3}\pi$.

2. $2 \cdot \sin^2(x) + \sin(x) - 1 = 0$ — Substitution: $\sin(x) = z$

$2z^2 + z - 1 = 0$ — Lösungsformel anwenden

$z_{1,2} = \frac{-1 \pm \sqrt{1+8}}{4}$ — Rücksubstitution

$z_1 = -1$; $z_2 = \frac{1}{2}$

$\sin(x) = -1$ ergibt $x_1 = \frac{3}{2}\pi$; $\sin(x) = \frac{1}{2}$ ergibt $x_2 = \frac{1}{6}\pi$; $x_3 = \frac{5}{6}\pi$ in $[0; 2\pi]$.

Gauß.

Ein lineares Gleichungssystem (LGS) kann man mit dem GAUSS-Algorithmus lösen. Bei diesem Verfahren wird das LGS durch Äquivalenzumformungen auf Stufenform gebracht.

Die wichtigsten Äquivalenzumformungen hierzu sind:

- Multiplikation einer Zeile mit einer von null verschiedenen Zahl;
- Addition von Zeilen.

Aus der Stufenform kann die Lösung ermittelt werden, indem man von unten nach oben „hochrechnet".

Ein LGS hat keine, genau eine oder unendlich viele Lösungen.

TIPPS

- Nummerieren Sie die Gleichungen durch. Jede neue Gleichung erhält eine neue Nummer.
- Immer alle Gleichungen mitführen: Aus den ersten drei Gleichungen werden die nächsten drei, usw.
- Konzentrieren Sie sich auf die Vorzeichen!
- Machen Sie sich immer die Bedeutung einer Zeile wie $0 = 1$ klar; hier wurde eine Variable nicht geschrieben. Ausführlich besagt diese Zeile z.B. $0 \cdot x_3 = 1$. Jetzt wird deutlicher, dass es keine Zahl für x_3 gibt, welche die Gleichung erfüllt. Diese Überlegungen sind besonders dann wichtig, wenn Sie ein LGS mit einem GTR gelöst haben.
- Keine Lösung für das LGS erkennen Sie an einer Gleichung wie $0 = 1$; unendlich viele Lösungen erkennen Sie an einer Gleichung wie $0 = 0$.

UNENDLICH VIELE LÖSUNGEN

Unendlich viele Lösungen erkennt man an einer Zeile wie $0 = 0$ oder auch $5 = 5$.
Man wählt dann für eine Variable einen Parameter, z. B. t, und drückt die anderen dann auch durch t aus.

TIPPS

Wenn ein LGS unendlich viele Lösungen hat, stellt man die Lösungen mit einem Parameter dar; setzen Sie eine Variable gleich t, so dass **wenige Brüche** entstehen.

HINWEISE ZUM GEBRAUCH DES GTR BEIM LÖSEN EINES LGS

Zu jedem LGS gehört eine Matrix A. Diese Matrix wird in den GTR eingegeben und mit dem Befehl *rref* auf die sogenannte reduzierte Stufenform gebracht.
Machen Sie sich klar, was bei einer GTR-Anzeige wie in Fig. 3 die letzte Zeile ausführlich bedeutet:
$0 \cdot x_1 + 0 \cdot x_2 + 0 \cdot x_3 = 0$.

ALGEBRA

```
        [[1 2 -3 5 ]
         [2 6 -7 12]
         [1 4 -4 3 ]]
rref([A])
        [[1 0 -2  0]
         [0 1 -.5 0]
         [0 0 0   1]]
```

Fig. 1

```
      [[2 3  -1 27]
       [0 -1 2  -7]
       [2 2  3  16]]
rref([B])
      [[1 0 0 8 ]
       [0 1 0 3 ]
       [0 0 1 -2]]
```

Fig. 2

```
      [[1 3  2 2]
       [2 1  3 7]
       [1 -2 1 5]]
rref([A])
  [[1 0 1.4 3.8]
   [0 1 .2  -.6]
   [0 0 0   0  ]]
```

Fig. 3

LINEARE GLEICHUNGSSYSTEME

1. Lösen Sie das lineare Gleichungssystem.

$$\begin{aligned} x_1 + 2x_2 - 3x_3 &= 5 \\ 2x_1 + 6x_2 - 7x_3 &= 12 \\ x_1 + 4x_2 - 4x_3 &= 3 \end{aligned}$$

2. Lösen Sie das lineare Gleichungssystem.

$$\begin{aligned} 2x_1 + 3x_2 - x_3 &= 27 \\ -x_2 + 2x_3 &= -7 \\ 2x_1 + 2x_2 + 3x_3 &= 16 \end{aligned}$$

LÖSUNGEN

1.
$$\begin{array}{rl} x_1 + 2x_2 - 3x_3 = 5 & [1] \\ 2x_1 + 6x_2 - 7x_3 = 12 & [2] \\ x_1 + 4x_2 - 4x_3 = 3 & [3] \\ \hline x_1 + 2x_2 - 3x_3 = 5 & [1] \\ 2x_2 - x_3 = -2 & [4] = [3] - [1] \\ -2x_2 + x_3 = 6 & [5] = [2] - 2 \cdot [3] \\ \hline x_1 + 2x_2 - 3x_3 = 5 & [1] \\ 2x_2 - x_3 = -2 & [4] \\ 0 = 4 & [6] = [4] + [5] \end{array}$$

Aus [6] folgt:
Das LGS hat keine Lösung.
Siehe Fig. 1 auf S. 29.

2.
$$\begin{array}{rl} 2x_1 + 3x_2 - x_3 = 27 & [1] \\ -x_2 + 2x_3 = -7 & [2] \\ 2x_1 + 2x_2 + 3x_3 = 16 & [3] \\ \hline 2x_1 + 3x_2 - x_3 = 27 & [1] \\ -x_2 + 2x_3 = -7 & [2] \\ x_2 - 4x_3 = 11 & [4] = [1] - [3] \\ \hline 2x_1 + 3x_2 - x_3 = 27 & [1] \\ -x_2 + 2x_3 = -7 & [2] \\ -2x_3 = 4 & [5] = [2] + [4] \end{array}$$

Aus [5] folgt $x_3 = -2$,
aus [2] dann $x_2 = 3$,
aus [1] dann $x_1 = 8$.
Siehe Fig. 2 auf S. 29.

3. Lösen Sie das lineare Gleichungssystem.

$$\begin{aligned} x_1 + 3x_2 + 2x_3 &= 2 \\ 2x_1 + x_2 + 3x_3 &= 7 \\ x_1 - 2x_2 + x_3 &= 5 \end{aligned}$$

4. Lösen Sie das lineare Gleichungssystem.

$$\begin{aligned} x_1 + x_2 - 2x_3 &= 1 \\ 2x_1 + x_2 - 3x_3 &= 2 \end{aligned}$$

LÖSUNGEN

3.

$$\begin{aligned} x_1 + 3x_2 + 2x_3 &= 2 \quad &[1] \\ 2x_1 + x_2 + 3x_3 &= 7 \quad &[2] \\ x_1 - 2x_2 + x_3 &= 5 \quad &[3] \end{aligned}$$

$$\begin{aligned} x_1 + 3x_2 + 2x_3 &= 2 \quad &[1] \\ 5x_2 + x_3 &= -3 \quad &[4] = [1] - [3] \\ 5x_2 + x_3 &= -3 \quad &[5] = 2 \cdot [1] - [2] \end{aligned}$$

$$\begin{aligned} x_1 + 3x_2 + 2x_3 &= 2 \quad &[1] \\ 5x_2 + x_3 &= -3 \quad &[4] \\ 0 &= 0 \quad &[6] = [4] - [5] \end{aligned}$$

Der Gleichung [6] entnimmt man, dass das LGS **unendlich viele Lösungen** hat.
Setzt man $x_2 = t$, so folgt $x_3 = -3 - 5t$; $x_1 = 8 + 7t$.
Siehe Fig. 3 auf S. 29.

4.

$$\begin{aligned} x_1 + x_2 - 2x_3 &= 1 \quad &[1] \\ 2x_1 + x_2 - 3x_3 &= 2 \quad &[2] \end{aligned}$$

$$\begin{aligned} x_1 + x_2 - 2x_3 &= 1 \quad &[1] \\ x_2 - x_3 &= 0 \quad &[3] = 2 \cdot [1] - [2] \end{aligned}$$

Das LGS hat **unendlich viele Lösungen**.
Setzt man $x_3 = t$, so folgt $x_2 = t$; $x_1 = 1 + t$.

2 FUNKTIONEN

Lineare Funktionen

HAUPTFORM

Der Graph einer linearen Funktion f ist eine Gerade mit der Gleichung $y = mx + c$ **(Hauptform)**.

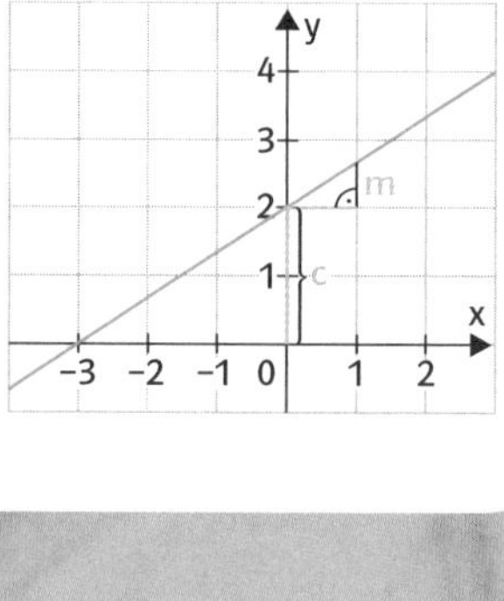

Geht die Gerade g durch die Punkte $P(x_P | y_P)$ und $Q(x_Q | y_Q)$, so gilt:

Steigung: $m = \frac{y_Q - y_P}{x_Q - x_P}$,

Steigungswinkel: $\tan(\alpha) = m$,

Gleichung: $y = m(x - x_P) + y_P$.

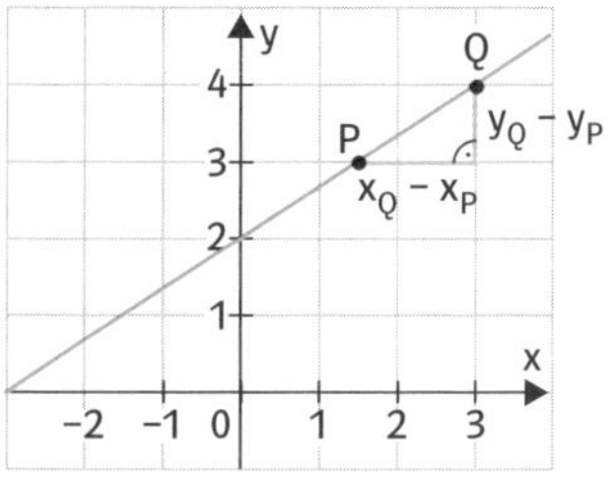

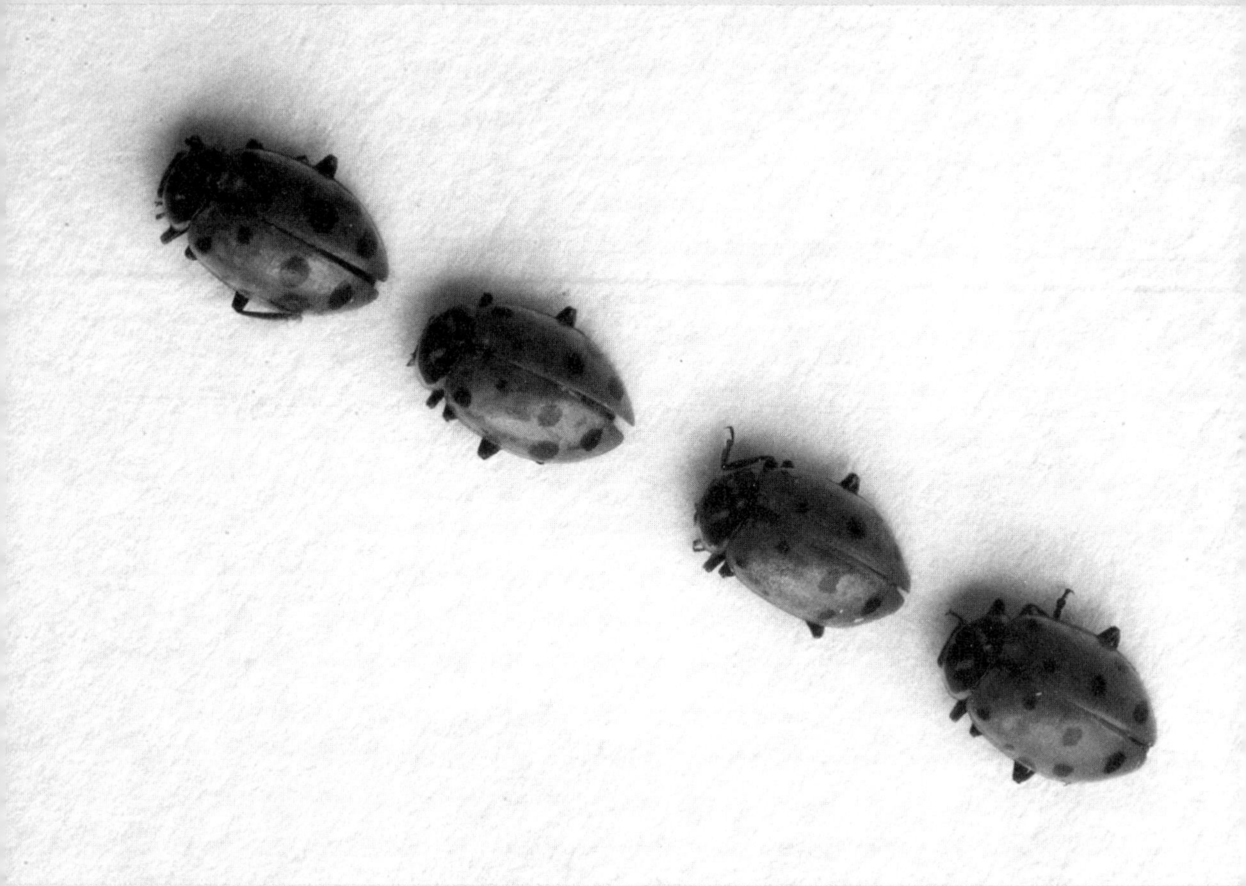

ALLGEMEINE FORM

Die Form $Ax + By + C = 0$ heißt allgemeine Form.

SONDERFALL

Geraden parallel zur y-Achse haben eine Gleichung der Form $x = a$. Dabei handelt es sich nicht um Graphen von Funktionen.

TIPPS

Diese Formeln sollten Sie auswendig wissen:

Steigung: $m = \frac{y_Q - y_P}{x_Q - x_P}$,

Steigungswinkel: $\tan(\alpha) = m$,

Gleichung: $y = m(x - x_P) + y_P$.

TIPPS

- Achten Sie beim Einsetzen der Koordinaten der Punkte auf die Vorzeichen.
- Welchen der zwei gegebenen Punkte man P bzw. Q nennt, ist gleichgültig.
- Zur Berechnung eines Steigungswinkels müssen Sie den Taschenrechner auf „Degree" einstellen.
- Achten Sie auf den Unterschied von z.B. $y = 2$ und $x = 2$ (vgl. Fig.).

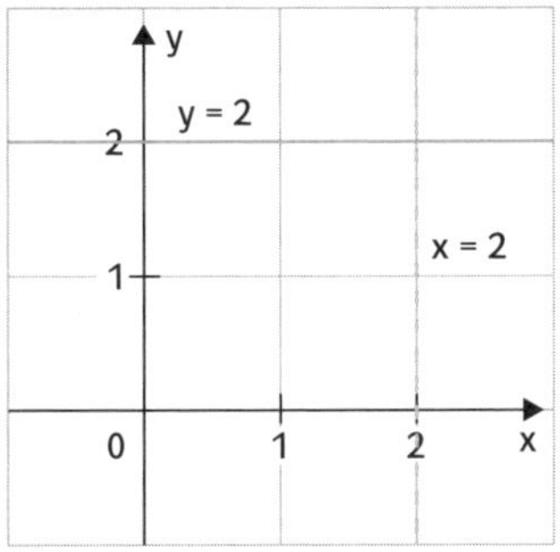

ORTHOGONALITÄT ZWEIER GERADEN

Gegeben sind zwei Geraden g und h mit den Steigungen m_1 bzw. m_2.

1. Sind g und h orthogonal, dann gilt $m_1 \cdot m_2 = -1$.
2. Gilt $m_1 \cdot m_2 = -1$, dann sind g und h orthogonal.

LÄNGE EINER STRECKE

Sind $P(x_P \mid y_P)$ und $Q(x_Q \mid y_Q)$ die Endpunkte einer Strecke, so gilt für die Länge der Strecke nach dem Satz des Pythagoras:

$d = \overline{PQ} = \sqrt{(x_Q - x_P)^2 + (y_Q - y_P)^2}.$

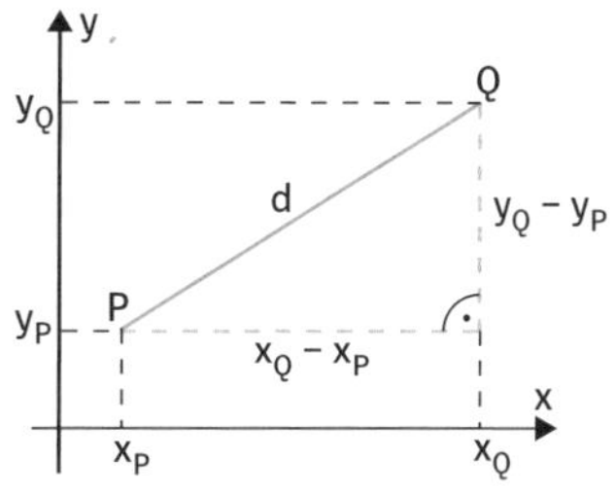

MITTE EINER STRECKE

Für die Mitte $M(x_M \mid y_M)$ gilt:

$x_M = \frac{1}{2} \cdot (x_P + x_Q),$

$y_M = \frac{1}{2} \cdot (y_P + y_Q).$

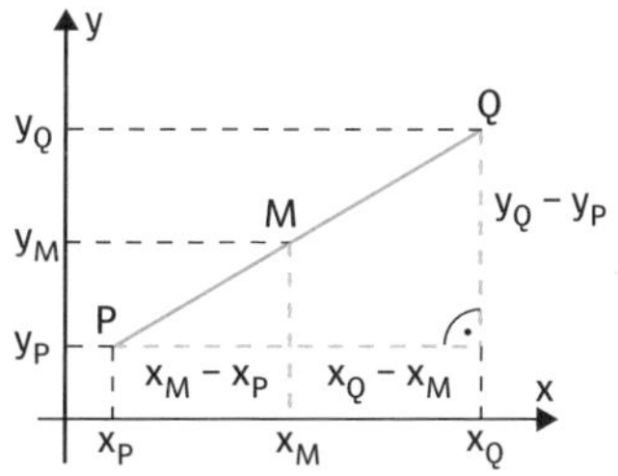

TIPPS

- Die angegebenen Formeln für die Länge bzw. Mitte einer Strecke sollten Sie auswendig wissen.
- Bei der Berechnung von m_2 aus m_1 ergibt sich oft ein Doppelbruch. Beachten Sie also die Regeln der Bruchrechnung.
- Die Mitte einer Strecke wird oft in der Analytischen Geometrie benötigt.
  Sind $P(x_1 | x_2 | x_3)$ und $Q(y_1 | y_2 | y_3)$ Punkte im Raum, so gilt für die Mitte $M(m_1 | m_2 | m_3)$ der Strecke $\overline{PQ}$:

  $m_1 = \frac{1}{2}(x_1 + y_1)$; $m_2 = \frac{1}{2}(x_2 + y_2)$; $m_3 = \frac{1}{2}(x_3 + y_3)$.

LINEARE FUNKTIONEN

1. Die Gerade g geht durch die Punkte P(−1 | −1) und Q(2 | 1).

a) Berechnen Sie die Steigung und ermitteln Sie eine Gleichung für g.

b) Untersuchen Sie, ob der Punkt R(40 | 26) auf g liegt.

c) Berechnen Sie den Steigungswinkel der Geraden g.

d) Ermitteln Sie den Schnittpunkt von g mit der x-Achse.

2. Gegeben sind die Punkte P(−4,5 | 9) und Q(−0,5 | −13,5).

a) Ermitteln Sie eine Gleichung der Geraden durch P, die orthogonal zur Geraden durch P und Q ist.

b) Bestimmen Sie die Länge der Strecke $\overline{PQ}$.

c) Bestimmen Sie die Koordinaten des Mittelpunktes M der Strecke $\overline{PQ}$.

LÖSUNGEN

1. a) Steigung: $m = \frac{1-(-1)}{2-(-1)} = \frac{2}{3}$; Gleichung: $y = mx + c$; $y = \frac{2}{3}x + c$

Punktprobe für Q(2 | 1): $1 = \frac{2}{3} \cdot 2 + c$; $c = 1 - \frac{4}{3} = -\frac{1}{3}$

Damit ist $y = \frac{2}{3}x - \frac{1}{3}$ eine Gleichung für g.

b) Punktprobe für R(40 | 26):
Da die Koordinaten von R die Gleichung von g nicht erfüllen, **liegt R nicht auf g.**

c) Aus $\tan(\alpha) = m = \frac{2}{3}$ folgt $\alpha \approx 33{,}69°$.

d) Die Bedingung für eine Nullstelle ist $y = 0$. $\frac{2}{3}x - \frac{1}{3} = 0$ ist erfüllt für $x = \frac{1}{2}$.
Schnittpunkt mit der x-Achse: $N\left(\frac{1}{2} \middle| 0\right)$.

2. a) Die Gerade g durch die Punkte P und Q hat die Steigung $m_1 = \frac{-13{,}5 - 9}{-0{,}5 - (-4{,}5)} = \frac{-22{,}5}{4} = -\frac{45}{8}$.

Eine Gerade orthogonal zu g hat die Steigung $m_2 = -\frac{1}{m_1} = \frac{8}{45}$.

Für die Gerade h orthogonal zu g durch P gilt: $h\colon y = \frac{8}{45}x + c$.

Punktprobe für P(−4,5 | 9) ergibt $9 = \frac{8}{45} \cdot (-4{,}5) + c$. Hieraus folgt $c = 9{,}8$.

Damit ist $y = \frac{8}{45}x + 9{,}8$ eine Gleichung für h.

b) Für die Länge der Strecke $\overline{PQ}$ ergibt sich:

$\overline{PQ} = \sqrt{(x_Q - x_P)^2 + (y_Q - y_P)^2} = \sqrt{(-0{,}5 - (-4{,}5))^2 + (-13{,}5 - 9)^2} = \sqrt{4^2 + (-22{,}5)^2} = \sqrt{\frac{2089}{4}} \approx 22{,}9$.

c) Für die Mitte M der Strecke $\overline{PQ}$ ergibt sich:

$x_M = \frac{1}{2}(-4{,}5 + (-0{,}5)) = -2{,}5$; $y_M = \frac{1}{2}(9 + (-13{,}5)) = -2{,}25$. Damit gilt: **M(−2,5 | −2,25).**

DEFINITIONSBEREICH, ASYMPTOTEN

n positiv:

- Der Definitionsbereich sind die reellen Zahlen, also ist $D = \mathbb{R}$.
- Für $x \to \pm\infty$ existiert kein Grenzwert von f.
  Daher existieren keine waagrechten Asymptoten.

n negativ:

- Aus $f(x) = x^{-n} = \frac{1}{x^n}$ ersieht man: $D = \mathbb{R} \setminus \{0\}$.
  Die y-Achse ist senkrechte Asymptote.
- Für $x \to \pm\infty$ geht $f(x) \to 0$.
  Daher ist die x-Achse waagrechte Asymptote.

SYMMETRIE

n gerade:
- Es gilt stets $f(-x) = (-x)^n = x^n = f(x)$, so dass die Graphen von f in diesem Fall symmetrisch zur y-Achse sind.

n ungerade:
- Es gilt stets $f(-x) = (-x)^n = -x^n = -f(x)$, so dass die Graphen von f in diesem Fall symmetrisch zum Ursprung sind.

TIPPS

- Skizzieren Sie sich weitere Graphen von Potenzfunktionen. Überprüfen Sie die Ergebnisse mit dem GTR.
- Für negative n zerfällt der Graph in zwei Äste. Verbinden Sie also niemals diese Äste über die Polstelle hinüber.
- Beachten Sie für die verschiedenen Exponenten auch das unterschiedliche Monotonieverhalten der Graphen.

POTENZFUNKTIONEN

1. Skizzieren Sie für $n = 2$ und $n = 3$ die Graphen der Potenzfunktion $f(x) = x^n$ $(x \in \mathbb{R})$.

2. Skizzieren Sie für $n = -2$ und $n = -3$ die Graphen der Potenzfunktion $f(x) = x^n$ $(x \in \mathbb{R})$.

3. Nennen Sie gemeinsame und unterschiedliche Eigenschaften der Graphen.

LÖSUNGEN

1. Graph von f mit $n = 2$

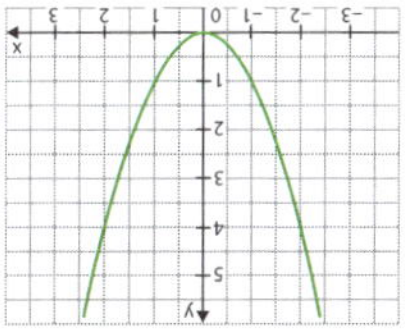

Graph von f mit $n = 3$

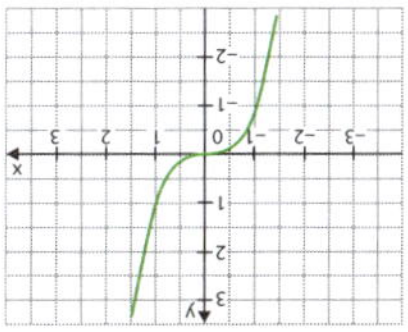

2. Graph von f mit $n = -2$

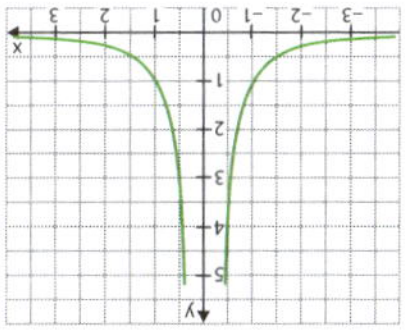

Graph von f mit $n = -3$

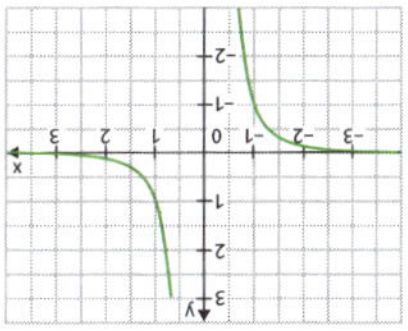

3. Eigenschaften:

positives n: keine Definitionslücke
negatives n: Pol mit (n ungerade), Pol ohne (n gerade) Vorzeichenwechsel
gerades n: Symmetrie bezüglich der y-Achse
ungerades n: Symmetrie bezüglich des Ursprungs

2 Ganzrationale Funktionen

Für eine ganzrationale Funktion f vom Grad n gilt:

1. Es existieren höchstens n Nullstellen.
2. Ist eine Nullstelle x_0 bekannt, kann man die Polynomdivision durchführen.
3. Ist x_0 Nullstelle, lässt sich $f(x)$ in der Form $f(x) = (x - x_0) \cdot g(x)$ schreiben. Dabei ist $g(x)$ vom Grad $n - 1$.
4. Wenn $f(x) = (x - x_0)^2 \cdot g(x)$ mit $g(x_0) \neq 0$ gilt, berührt der Graph von f die x-Achse an der Stelle x_0.

TIPPS

- Um die Nullstellen einer ganzrationalen Funktion zu berechnen, ist eine ganzrationale Gleichung zu lösen. Zu den möglichen Verfahren vgl. Seiten 8 bis 13.
- Beachten Sie: Bei der Polynomdivision wird durch $x - x_0$ dividiert. Ist z.B. $x_0 = -2$, muss durch $x + 2$ dividiert werden.
- Die Anzahl der Nullstellen ist höchstens n. Der Graph der Funktion f mit $f(x) = x^4 + 2x^2 + 2$ hat z.B. keine Nullstellen.
- Berührung zweier Graphen an der Stelle x_0 bedeutet: $f(x_0) = g(x_0)$ und $f'(x_0) = g'(x_0)$.

GANZRATIONALE FUNKTIONEN

1. Gegeben ist die Funktion f. Berechnen Sie die Nullstellen und beschreiben Sie den Verlauf des Graphen.

$f(x) = \frac{1}{2}x^3 - 3x^2 + \frac{9}{2}x$

2. Gegeben ist die Funktion f. Berechnen Sie die Nullstellen und beschreiben Sie den Verlauf des Graphen.

$f(x) = x^3 + 2x^2 - x - 2$

LÖSUNGEN

1. Nullstellen:

$$\frac{1}{2}x^3 - 3x^2 + \frac{9}{2}x = 0$$
$$x\left(\frac{1}{2}x^2 - 3x + \frac{9}{2}\right) = 0$$
$$x_1 = 0; \quad \frac{1}{2}x^2 - 3x + \frac{9}{2} = 0$$
$$x^2 - 6x + 9 = 0$$
$$x_{2,3} = \frac{6 \pm \sqrt{36 - 4 \cdot 9}}{2} = 3$$

Verlauf des Graphen:
Die Nullstellen sind 0 und 3 (doppelte Nullstelle); die höchste Potenz ist 3.
Der Graph kommt im 4. Quadranten von $-\infty$,
geht durch den Ursprung,
hat einen Hochpunkt im 1. Quadranten,
berührt die x-Achse im 1. Quadranten an der Stelle 3 von oben,
geht gegen $+\infty$ für x gegen $+\infty$.

2. Nullstellen:
$x^3 + 2x^2 - x - 2 = 0$
Durch Raten erhält man $x_1 = 1$.

Polynomdivision:

$$\begin{aligned}
&(x^3 + 2x^2 - x - 2) : (x - 1) = x^2 + 3x + 2\\
&\underline{-(x^3 - x^2)}\\
&\quad 3x^2 - 3x\\
&\quad \underline{-(3x^2 - 3x)}\\
&\qquad 2x - 2\\
&\qquad \underline{-(2x - 2)}\\
&\qquad\quad 0
\end{aligned}$$

Durch Probieren oder mit der Lösungsformel erhält man **$x_2 = -1$** und **$x_3 = -2$**.
Verlauf des Graphen:
Die höchste Potenz ist 3.
Der Graph kommt im 4. Quadranten von $-\infty$, schneidet die x-Achse in drei Stellen und geht gegen $+\infty$ für x gegen $+\infty$.

Eine gebrochenrationale Funktion f ist der Quotient aus zwei ganzrationalen Funktionen z und n.

Es gilt also $f(x) = \frac{z(x)}{n(x)}$.

DEFINITIONSBEREICH GEBROCHENRATIONALER FUNKTIONEN

Da die Teilbarkeit durch 0 auszuschließen ist, ist der Definitionsbereich gebrochenrationaler Funktionen durch die Nullstellen des Nennerpolynoms eingeschränkt. Hat das Nennerpolynom keine Nullstellen, so ist $D = \mathbb{R}$.

DEFINITIONSLÜCKEN

Hat das Nennerpolynom Nullstellen, so gilt folgende Fallunterscheidung:

1. Das Zählerpolynom hat bei der Definitionslücke x_0 **keine** Nullstelle, d.h. z(x) strebt für $x \to x_0$ gegen eine von null verschiedene reelle Zahl. Dann weist der Graph von f einen Pol auf, d.h. $x = x_0$ ist die Gleichung der **senkrechten Asymptote** des Graphen von f (vgl. Aufgabe 1 auf Seite 52).

2. Das Zählerpolynom hat bei der Definitionslücke x_0 **eine** Nullstelle, d.h. z(x) strebt für $x \to x_0$ gegen 0. Dann kann durch Ausklammern (Faktorisieren: ggf. mit Hilfe einer Polynomdivision) und anschließendem Kürzen mit $(x - x_0)$ der Verlauf des Graphen in der Nähe der Definitionslücke bestimmt werden. Hat das Nennerpolynom des gekürzten Funktionsterms von f an der Stelle x_0 keine Nullstelle mehr, so spricht man von einer **hebbaren Definitionslücke**. Die Funktion f lässt sich damit an der Stelle x_0 stetig fortsetzen.

TIPPS

- Bei einer gegebenen gebrochenrationalen Funktion sollten Sie zunächst den Zähler und den Nenner faktorisieren.
  Hilfsmittel hierzu sind: Ausklammern, Binomische Formeln, Polynomdivision
- An der gekürzten Form erkennt man den Verlauf des Graphen einfacher. Beachten Sie aber die weiterhin geltende Definitionsmenge.
- Handelt es sich um eine hebbare Definitionslücke, markieren Sie im Graphen den Punkt deutlich.

ASYMPTOTEN GEBROCHENRATIONALER FUNKTIONEN

Asymptoten sind Geraden, an die sich der Graph einer Funktion beliebig nahe annähert. Bei der Grenzwertbetrachtung für $x \to \pm\infty$ können bei Graphen gebrochenrationaler Funktionen Asymptoten nur dann auftreten, wenn der Grad des Zählerpolynoms (Zählergrad) um höchstens eins größer ist als der Grad des Nennerpolynoms (Nennergrad).

Bezeichnet n das Maximum von Nennergrad und Zählergrad, so kann man das Verhalten des Graphs für $x \to \pm\infty$ untersuchen, indem man den Term der gebrochenrationalen Funktion mit dem Kehrbruch von x^n erweitert.

1. **Nennergrad > Zählergrad:**
   $y = 0$ ist waagrechte Asymptote an den Graphen von f für $x \to \pm\infty$.

2. **Nennergrad = Zählergrad:**
   $y = \frac{a}{b}$ ist waagrechte Asymptote an den Graphen von f für $x \to \pm\infty$, wobei a der Leitkoeffizient des Zählers und b der Leitkoeffizient des Nenners ist.

3. **Nennergrad = Zählergrad − 1:**
   Mit Hilfe der Polynomdivision (= gemischte Schreibweise) kann man die Gleichung der schiefen Asymptote ermitteln.

TIPPS

Bei einer gebrochenrationalen Funktion sind unterschiedliche Schreibweisen des Terms hilfreich.

- Für die Untersuchung auf senkrechte Asymptoten hilft die Zerlegung von Zähler und Nenner in Produkte. Besonders ist darauf zu achten, ob Zähler und Nenner an der gleichen Stelle null werden.
- Für die Untersuchung auf waagrechte Asymptoten hilft die Form, die man nach einer Erweiterung erhält.
- An der Form nach einer Polynomdivision ersieht man direkt eine schiefe Asymptote.

senkrechte Asymptoten

waagrechte Asymtpten

schiefe Asymptoten

GEBROCHENRATIONALE FUNKTIONEN

1. Gegeben ist die Funktion f mit $f(x) = \frac{1}{x+2}$.

Geben Sie die Definitionsmenge von f an.
Untersuchen Sie das Verhalten von f bei Annäherung an die Definitionslücke.
Geben Sie die Gleichung der senkrechten Asymptote an.
Zeichnen Sie den Graphen von f.

2. Gegeben ist die Funktion g mit $g(x) = \frac{x^2 - 4}{x+2}$.

An welcher Stelle x_0 ist g nicht definiert?
Geben Sie die Definitionsmenge an.
Ermitteln Sie $\lim\limits_{x \to x_0} g(x)$.

Zeichnen Sie den Graphen von g.

LÖSUNGEN

1. Definitionsmenge: $\mathbf{D_f} = \mathbb{R} \setminus \{-2\}$.

   Verhalten für $x \to -2$: Für $x \to -2$ und $x < -2$ gilt: $x + 2 \to 0$ und $x + 2 < 0$, folglich $\frac{1}{x+2} \to -\infty$.

   Für $x \to -2$ und $x > -2$ gilt: $x + 2 \to 0$ und $x + 2 > 0$, folglich $\frac{1}{x+2} \to +\infty$ (Pol mit Vorzeichenwechsel).

   Gleichung der senkrechten Asymptote: $x = -2$.

   Graph: Siehe Fig. 1.

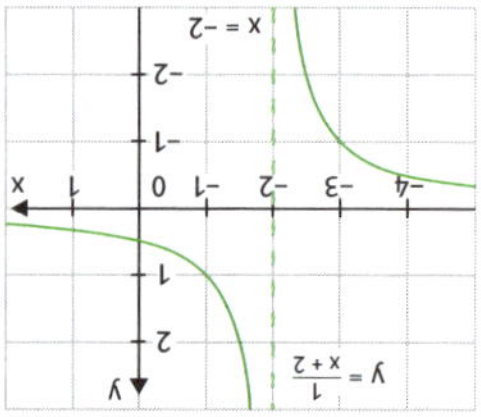

Fig. 1

2. Die Funktion g ist an der Stelle $x_0 = -2$ nicht definiert.

   Definitionsmenge: $\mathbf{D_g} = \mathbb{R} \setminus \{-2\}$

   Es ist $g(x) = x - 2$ für $x \neq -2$ und $\lim\limits_{x \to -2} (x - 2) = -4$.

   Der Graph von g hat eine **hebbare Definitionslücke** an der Stelle −2.

   Graph: Siehe Fig. 2.

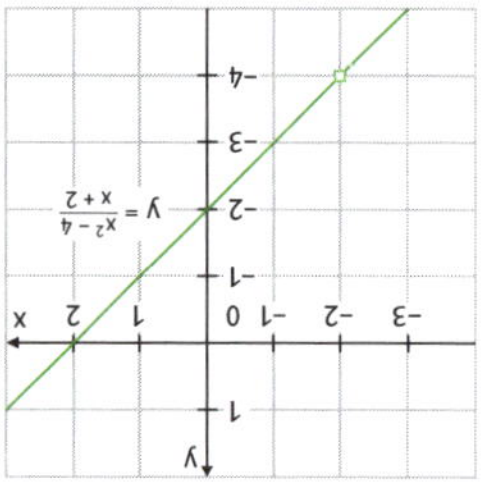

Fig. 2

3. Untersuchen Sie den Graphen der Funktion auf senkrechte, waagrechte und schiefe Asymptoten.

a) $f(x) = \frac{4x - 3}{2x + 1}$ b) $f(x) = \frac{3x - 1}{2x^2 - 4}$ c) $f(x) = \frac{x^3 - 4x}{x^2 + 2}$

LÖSUNGEN

3. a) Es ist $D = \mathbb{R} \setminus \left\{-\frac{1}{2}\right\}$. Der Zähler wird an der Stelle $-\frac{1}{2}$ nicht null.

Senkrechte Asymptote: $x = -\frac{1}{2}$.

$f(x) = \frac{4x - 3}{2x + 1} = \frac{4 - \frac{3}{x}}{2 + \frac{1}{x}}$

Also ist die Gerade mit der Gleichung $y = 2$ waagrechte Asymptote für $x \to \pm\infty$.

b) Es ist $f(x) = \frac{3x - 1}{2(x^2 - 2)} = \frac{3x - 1}{2(x + \sqrt{2}) \cdot (x - \sqrt{2})}$

Der Zähler wird an den Stellen $+\sqrt{2}$ und $-\sqrt{2}$ nicht null.

Senkrechte Asymptoten: $x = +\sqrt{2}$; $x = -\sqrt{2}$.

$f(x) = \frac{3x - 1}{2x^2 - 4} = \frac{\frac{3}{x} - \frac{1}{x^2}}{2 - \frac{4}{x^2}}$

Also ist die x-Achse mit der Gleichung $y = 0$ waagrechte Asymptote für $x \to \pm\infty$.

c) Es ist $f(x) = \frac{x^3 - 4x}{x^2 + 2} = \frac{x(x + 2) \cdot (x - 2)}{x^2 + 2}$. Der Zähler wird null, aber der Nenner wird nie null.

Es gibt keine senkrechte Asymptote.

Polynomdivision ergibt: $f(x) = \frac{x - 6x}{x^2 + 2}$.

Also ist die erste Winkelhalbierende mit der Gleichung $y = x$ schiefe Asymptote für $x \to \pm\infty$.

Exponentialfunktionen sind die Grundbausteine, um z. B. Wachstumsprozesse mathematisch zu beschreiben. Die spezielle Basis e (≈ 2,7183) ist die Eulersche Zahl. Sie ist eine irrationale (transzendente) Zahl, die als Grenzwert der Folge $\left(1+\frac{1}{n}\right)^n$ definiert ist.

EIGENSCHAFTEN JEDER EXPONENTIALFUNKTION f MIT $f(x) = a^x$; $a > 1$

- Der Definitionsbereich sind die reellen Zahlen: $D = \mathbb{R}$.
- Für $x \to \infty$ gilt $f(x) \to \infty$.
- Es ist $\lim\limits_{x \to -\infty} f(x) = 0$. Daher ist die x-Achse waagrechte Asymptote.
- Es gilt $a^0 = 1$ für jedes $a \neq 0$. Der Punkt $P(0\,|\,1)$ gehört also stets zum Graphen von f.
- Jede Exponentialfunktion ist streng monoton steigend.

EIGENSCHAFTEN DER EXPONENTIALFUNKTION f_1 MIT $f_1(x) = e^x$

Wegen $f_1(x) = f_1'(x)$ für alle $x \in \mathbb{R}$ stimmt die Tangentensteigung in jedem Punkt $P(x_0\,|\,f(x_0))$ (oder die momentane Änderungsrate an jeder Stelle x_0) mit dem Funktionswert überein (vgl. Seite 19).

SPIEGELUNG VON GRAPHEN

- **an der y-Achse**
  Gilt für eine Funktion g, dass $g(x) = f(-x)$ ist, entsteht der Graph von g aus dem von f durch Spiegelung an der y-Achse.

  Begründung:
  Die Funktion g nimmt an der Stelle x_0 denselben Funktionswert an wie die Funktion f an der Stelle $-x_0$.

- **an der x-Achse**
  Gilt für eine Funktion h, dass $h(x) = -f(x)$ ist, entsteht der Graph von h aus dem von f durch Spiegelung an der x-Achse.

  Begründung:
  Liegt der zum Graphen von f gehörende Punkt $P(x_0 | f(x_0))$ z. B. oberhalb der x-Achse, dann hat der zum Graphen von h gehörende (gespiegelte) Punkt die Koordinaten $P'(x_0 | -f(x_0))$ und liegt damit unterhalb der x-Achse. Da die Funktionswerte von f und h an jeder Stelle x_0 denselben Abstand zur x-Achse haben $(|h(x_0)| = |f(x_0)|)$, ergibt sich der gespiegelte Graph.

Verschiebungen und Streckungen gehören zu den einfachsten Verwandtschaftsbeziehungen innerhalb einer Funktionenklasse. Veränderungen am Funktionsterm lassen Rückschlüsse auf entsprechende Veränderungen des Graphen zu.

VERSCHIEBUNGEN

- **um c in y-Richtung:** $g(x) = f(x) \pm c;\ c > 0$

  Wird der Graph von f um c Einheiten in y-Richtung verschoben, so wird zu jedem Funktionswert c addiert (Verschiebung nach oben) oder c subtrahiert (Verschiebung nach unten).
  Eine Ordinatenaddition der beiden Funktionsterme von $y = f(x)$ und $y = \pm c$ liefert also den gesuchten Graphen.

- **um b in x-Richtung:** $g(x) = f(x \pm b);\ b > 0$

  Eine Verschiebung des Graphen nach rechts (z.B. um 2 Einheiten) bedeutet, dass der neue Funktionswert von g an der Stelle x_0 dem (alten) von f an der Stelle $x_0 - 2$ entspricht.
  Gilt also $g(x) = f(x - b)$, so ist der Graph von g aus dem von f durch Verschiebung um b **nach rechts** entstanden.
  Entsprechend gilt für $g(x) = f(x + b)$: der Graph von g ist aus dem von f durch Verschiebung um b **nach links** entstanden.

STRECKUNG

- **von der x-Achse in y-Richtung:** $g(x) = k \cdot f(x)$

  Streckung von der x-Achse in y-Richtung bedeutet eine Ver-k-fachung jedes Funktionswerts. Ist k dabei eine negative Zahl, so entsteht der Graph von g aus dem von f durch eine zusätzliche Spiegelung an der x-Achse.

- **von der y-Achse in x-Richtung:** $g(x) = f(a \cdot x)$

  Streckung von der y-Achse in x-Richtung bedeutet in diesem Fall eine Stauchung um den Faktor $\frac{1}{a}$. Ist z. B. $a = 2$, so bekommt man den neuen Funktionswert an einer beliebigen Stelle, indem man den Funktionswert des doppelten x-Werts von f nimmt. Die x-Werte der neuen Funktion g werden also bei gleichem y-Wert halbiert. Ist a negativ, so entsteht der Graph von g aus dem von f durch zusätzliche Spiegelung an der y-Achse.

TIPPS

- Um z. B. den Term für $f(2x-3)$ zu ermitteln, muss im Term von f die Variable x durch $2x-3$ ersetzt werden.
- Beachten Sie, dass Verschiebungen und Streckungen in **x-Richtung** sich anders auswirken, als man zunächst glaubt:
  $g(x) = f(x-b)$ bedeutet für $b > 0$ eine Verschiebung nach **rechts,**
  $g(x) = f(a \cdot x)$ bedeutet für $a > 1$ eine **Stauchung um den Faktor** $\frac{1}{a}$.

EXPONENTIALFUNKTIONEN

1. Skizzieren Sie die Graphen der Funktionen f_1 und f_2 mit $f_1(x) = e^x$ und $f_2(x) = e^{-x}$.

2. Welche Eigenschaften hat der Graph von f_1?

- ☐ **A** streng monoton steigend
- ☐ **B** alle Funktionswerte sind positiv
- ☐ **C** gemeinsamer Punkt mit den Koordinatenachsen ist $P(0|1)$
- ☐ **D** keine waagrechte Asymptote für $x \to -\infty$ mit der Gleichung $y = 0$.
- ☐ **E** In jedem Punkt des Graphen entspricht die Tangentensteigung an den Graphen genau dem zugehörigen y-Wert.

3. Wie entsteht der Graph von f_2 aus dem Graphen von f_1?

☐ **A** Spiegelung ☐ **B** Schiebung ☐ **C** Streckung

LÖSUNGEN

1. Graph von f_1

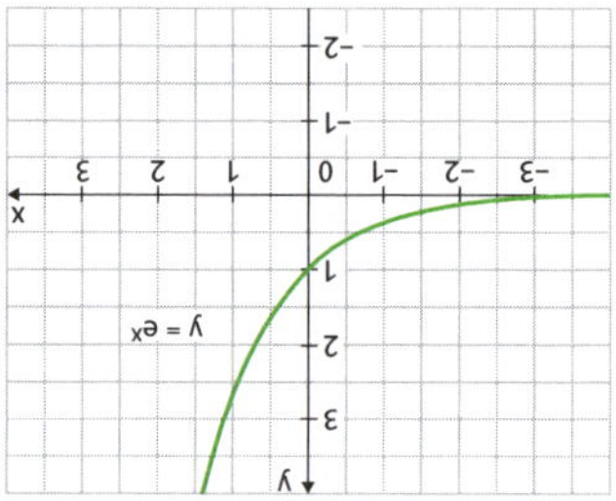

Graph von f_2

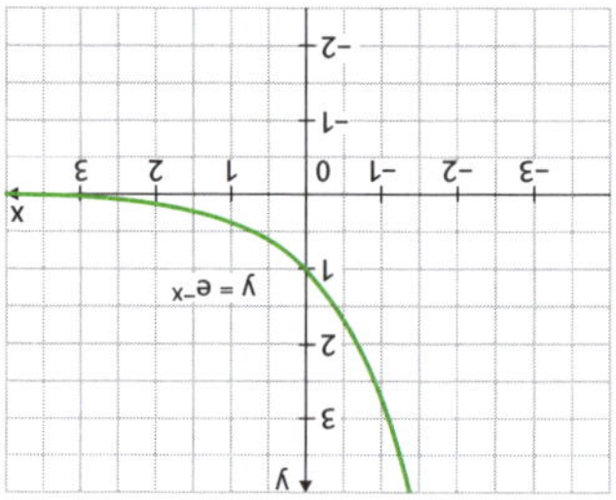

2. **A, B, E**
3. **A**

4. Gegeben ist die Funktion f mit $f(x) = e^x$.
Beschreiben Sie, wie der Graph von g aus dem von f gewonnen werden kann. Geben Sie für g einen Term an.

a) $g(x) = 5 \cdot f(x) + 4$

b) $g(x) = f(x - 2)$

c) $g(x) = f(3x)$

d) $g(x) = f\left(\frac{1}{2}x + 2\right)$

LÖSUNGEN

4. a) Streckung des Graphen von f mit dem Faktor 5 von der x-Achse in y-Richtung. Anschließende Verschiebung in positive y-Richtung („nach oben") um 4 Einheiten.
   $g(x) = 5 \cdot e^x + 4$

   b) Verschiebung um 2 Einheiten in positive x-Richtung („nach rechts").
   $g(x) = e^{x-2}$

   c) Stauchung des Graphen von f von der y-Achse in x-Richtung auf $\frac{1}{3}$.
   $g(x) = e^{3x}$

   d) Man formt zunächst den Term um:
   $g(x) = e^{\frac{1}{2}x+2} = e^{\frac{1}{2}(x+4)}$
   Stauchung des Graphen von f von der y-Achse in x-Richtung mit Streckfaktor 2; Verschiebung um 4 Einheiten nach links.

Trigonometrische Funktionen spielen bei der Beschreibung periodischer Vorgänge eine zentrale Rolle.

SINUS UND KOSINUS

Die Sinus- und Kosinusfunktion sind periodisch mit der Periode 2π.
Damit ergeben sich für die Koordinaten der Hochpunkte des Graphen der Sinusfunktion
$H_k\left(\frac{\pi}{2} + k \cdot 2\pi \,\middle|\, 1\right)$; $k \in \mathbb{Z}$
und für die Tiefpunkte entsprechend
$T_k\left(\frac{3}{2}\pi + k \cdot 2\pi \,\middle|\, -1\right)$; $k \in \mathbb{Z}$.

Die Schnittpunkte mit der x-Achse sind Vielfache von π: $N_k(k \cdot \pi \mid 0)$; $k \in \mathbb{Z}$
Da der Graph der Kosinusfunktion aus dem Graphen der Sinusfunktion durch Verschiebung um $\frac{\pi}{2}$ nach links hervorgeht, werden die Extremstellen der Sinusfunktion zu den Nullstellen der Kosinusfunktion und umgekehrt.

Der Graph der Sinusfunktion ist punktsymmetrisch zum Ursprung, da $\sin(x) = -\sin(-x)$ für alle x gilt.

Der Graph der Kosinusfunktion ist achsensymmetrisch zur y-Achse, da $\cos(x) = \cos(-x)$ für alle x gilt.

WICHTIGSTE BEZIEHUNG ZWISCHEN SINUS- UND KOSINUSFUNKTION

$\sin^2(x) + \cos^2(x) = 1$

Dies geht zurück auf die Definition von Sinus und Kosinus im rechtwinkligen Dreieck:

$$\sin(\alpha) = \frac{\text{Gegenkathete}}{\text{Hypotenuse}}$$

$$\cos(\alpha) = \frac{\text{Ankathete}}{\text{Hypotenuse}}$$

VERÄNDERUNG DER PERIODE

Die Sinus- und Kosinusfunktion sind periodisch mit Periode 2π. Aufgrund der Stauchung des Graphen der trigonometrischen Grundfunktionen von der y-Achse in x-Richtung ergibt sich für die Periode der Funktionen f und g mit

$$f(x) = \sin(k \cdot x) \text{ bzw. } g(x) = \cos(k \cdot x)$$

eine Periode

$$p = \left|\frac{2\pi}{k}\right|.$$

Um den Graphen einer Sinus- oder Kosinusfunktion der Form

$f(x) = a \cdot \sin(b \cdot x + c) + d$ bzw.

$f(x) = a \cdot \cos(b \cdot x + c) + d$

skizzieren zu können, muss man den Term zunächst umformen:

$f(x) = a \cdot \sin(b \cdot (x + e)) + d$ bzw. $f(x) = a \cdot \cos(b \cdot (x + e)) + d$. (1)

Dann gibt

$|a|$ die Amplitude,

$\left|\frac{2\pi}{b}\right|$ die Periode,

e die Verschiebung nach links (e positiv) bzw. rechts (e negativ),

d die Verschiebung nach oben (d positiv) bzw. unten (d negativ) an.

TIPPS

- Formen Sie zunächst den Term in die Form (1) um.
- Beachten Sie die Reihenfolge der Veränderungen:
  1. Streckung in y-Richtung
  2. Streckung in x-Richtung
  3. Verschiebung in x-Richtung
  4. Verschiebung in y-Richtung
- „Streckung" kann auch „Stauchung" bedeuten.
- Beachten Sie die Vorzeichen der Konstanten.

Eine Sinus- oder Kosinusfunktion der Form
$f(x) = a \cdot \sin(b \cdot x + c) + d$ bzw. $f(x) = a \cdot \cos(b \cdot x + c) + d$
kann umgeformt werden in
$f(x) = a \cdot \sin(b \cdot (x + e)) + d$ bzw. $f(x) = a \cdot \cos(b \cdot (x + e)) + d$.

Dabei gibt
$|a|$ die Amplitude,
$\left|\frac{2\pi}{b}\right|$ die Periode,
e die Verschiebung nach links (e positiv) bzw. rechts (e negativ),
d die Verschiebung nach oben (d positiv) bzw. unten (d negativ) an.

Aus einem vorgelegten Graphen kann man schrittweise die Konstanten ermitteln.

Wird in einer Anwendungssituation ein periodischer Vorgang beschrieben, geht man entsprechend vor. Man skizziert den Graphen und bestimmt schrittweise die Konstanten.

TIPPS

- Skizzieren Sie sich zunächst die „Mittellage“ der Schwingung als Parallele zur x-Achse. Dann erkennt man eine Verschiebung in y-Richtung und die Amplitude $|a|$.
- Lesen Sie die Periode p ab.
  Aus $\left|\frac{2\pi}{b}\right| = p$ ergibt sich b.
- Die Verschiebung nach rechts bzw. links erkennt man aus der „Mittellage“.

HINWEISE ZUM GEBRAUCH EINES GTR BEI EINER TERMSUCHE

Liegt eine Wertetabelle vor, deren Werte einen sinusförmigen Verlauf beschreiben, kann man eine sogenannte Funktionsanpassung durchführen.

Hierzu gibt man die Wertetabelle als Liste in den GTR ein und führt mit dem Befehl *SinReg* eine Regression durch.

Der GTR liefert einen Term in der Form $y = a \cdot \sin(bx + c) + d$.

TRIGONOMETRISCHE FUNKTIONEN

1. Gegeben ist die Funktion f mit $f(x) = \sin(x)$.
   Skizzieren Sie den Graphen von f für $0 \le x \le 2\pi$.

   Geben Sie die Hoch- und Tiefpunkte sowie die Schnittpunkte mit der x-Achse an für $0 \le x \le 2\pi$ bzw. für $x \in \mathbb{R}$.

2. Skizzieren Sie die Graphen der Funktionen f und g mit $f(x) = \sin(x)$ bzw. $g(x) = \sin(2x)$.
   Geben Sie die Periode von f und g an.

LÖSUNGEN

1. Skizze: Siehe Fig. 1.

   Punkte im Intervall $0 \le x \le 2\pi$:
   Der Graph von f hat im Intervall $0 \le x \le 2\pi$ den Hochpunkt $H\left(\frac{\pi}{2} \middle| 1\right)$ und den Tiefpunkt $T\left(\frac{3\pi}{2} \middle| -1\right)$.

   Die Schnittpunkte mit der x-Achse sind $N_1(0|0)$, $N_2(\pi|0)$ und $N_3(2\pi|0)$.

   Punkte für $x \in \mathbb{R}$:
   Hochpunkte: $H_k\left(\frac{\pi}{2} + k \cdot 2\pi \middle| 1\right)$; $k \in \mathbb{Z}$
   Tiefpunkte: $T_k\left(\frac{3}{2}\pi + k \cdot 2\pi \middle| -1\right)$; $k \in \mathbb{Z}$
   Schnittpunkte mit der x-Achse: $N_k(k \cdot \pi|0)$; $k \in \mathbb{Z}$

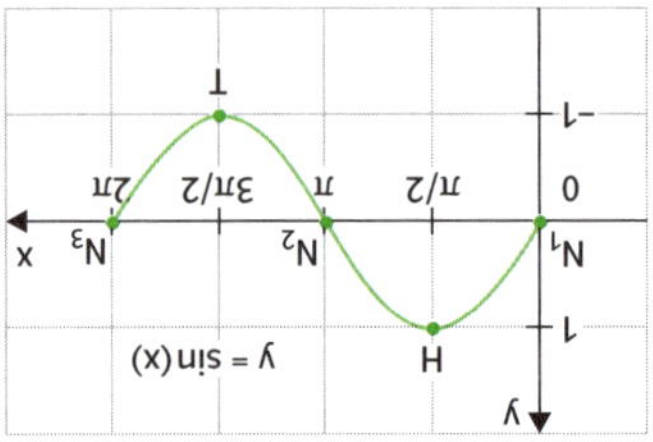

Fig. 1

2. Graph von f

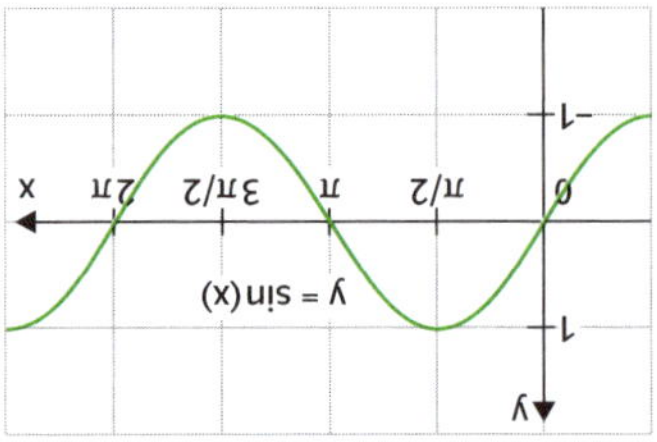

f besitzt die Periode 2π.

Graph von g

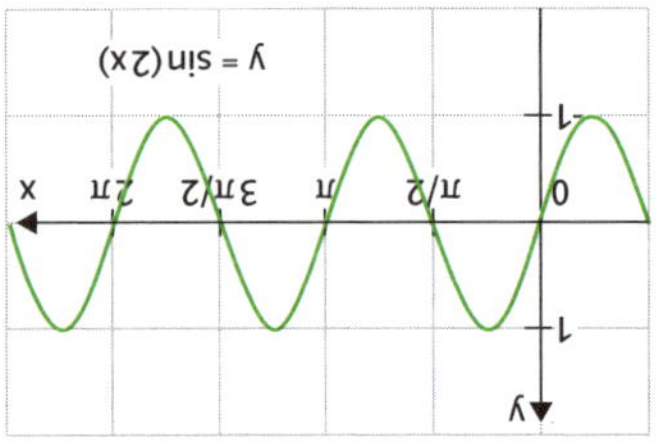

g besitzt die Periode π.

3. Gegeben ist die Funktion h mit $h(x) = 2 \cdot \cos(0{,}25\,x + 0{,}5)$. Geben Sie die Amplitude, die Periode und den Wertebereich von h an. Wie entsteht der Graph von h aus dem Graphen der Kosinusfunktion?

4. Gegeben ist der Graph einer trigonometrischen Funktion f. Ermitteln Sie einen möglichen Term von f.

a)

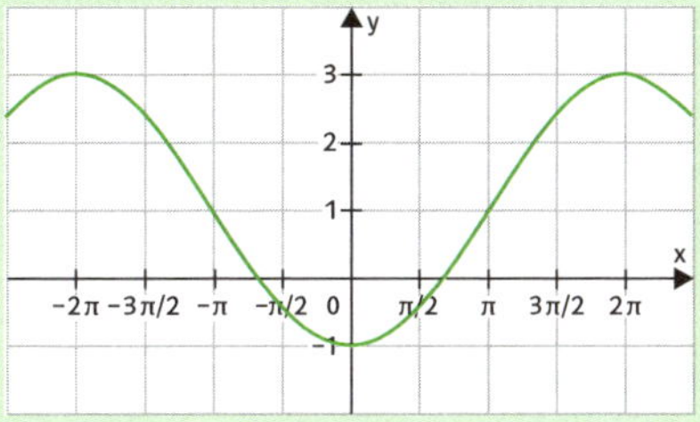

b)

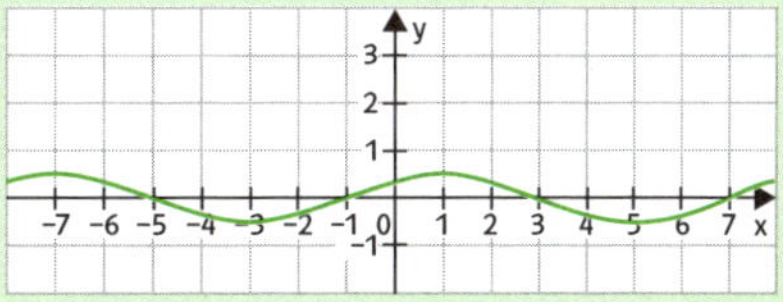

c)

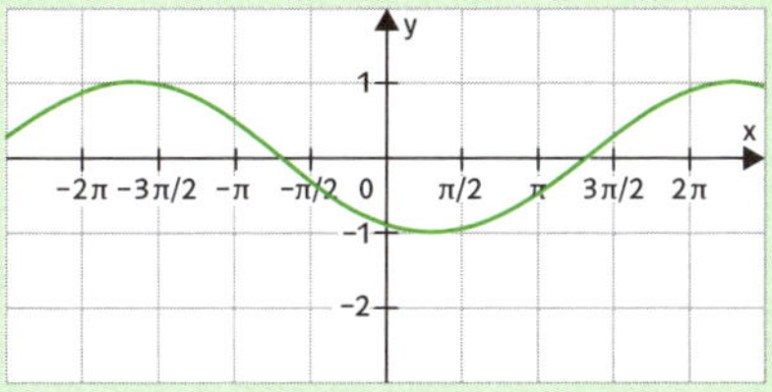

d)

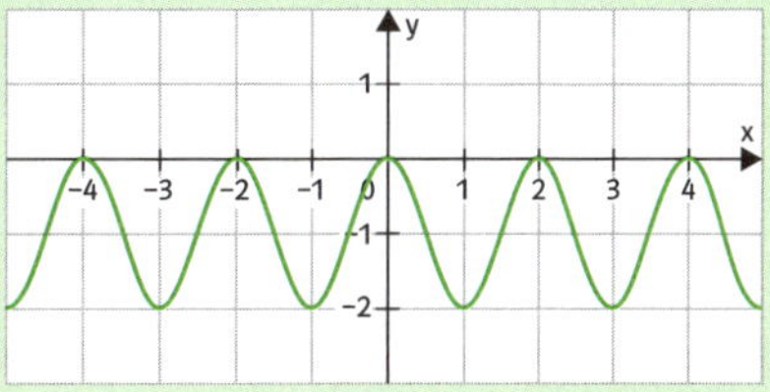

LÖSUNGEN

3. Umformung des Terms von h liefert $h(x) = 2 \cdot \cos(0{,}25 \cdot (x + 2))$
Amplitude 2; Periode $\frac{2\pi}{0{,}25} = 8\pi$; Wertebereich $[-2; 2]$
Entstehung des Graphen aus dem der Kosinusfunktion:
- Streckung in y-Richtung um den Faktor 2
- Streckung in x-Richtung um den Faktor 4
- Verschiebung in x-Richtung um 2 nach links

4. a) $f(x) = 2 \cdot \sin\left(\frac{1}{2} \cdot (x - \pi)\right) + 1$
b) $f(x) = \frac{1}{2} \cdot \sin\left(\frac{1}{4}\pi \cdot (x + 1)\right)$
c) $f(x) = -\cos\left(\frac{1}{2} \cdot (x - 1)\right)$
d) $f(x) = \sin\left(\pi \cdot \left(x + \frac{1}{2}\right)\right) - 1$

ACHSENSYMMETRIE BEZÜGLICH DER Y-ACHSE

Der Graph der Funktion f ist genau dann symmetrisch zur y-Achse, wenn gilt:
$f(-x) = f(x)$
für alle x des Definitionsbereiches.

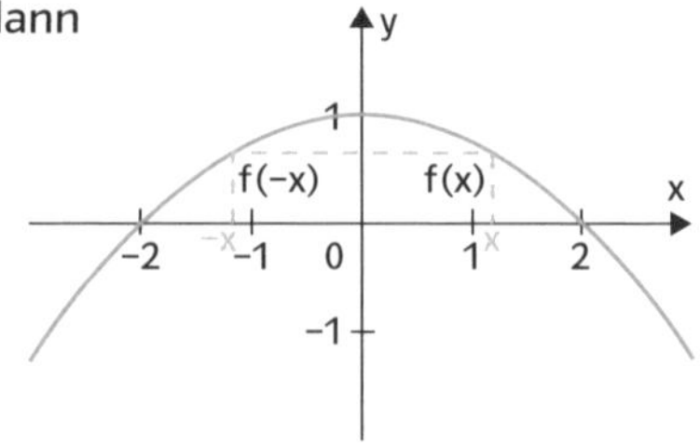

Diese Bedingung ist also rechnerisch zu überprüfen.
Es gibt aber Funktionenklassen, bei denen man eine Symmetrie ohne diese Rechnung direkt am Term erkennen kann.

1. Eine **ganzrationale Funktion** ist achsensymmetrisch zur y-Achse, falls **alle** auftretenden **Exponenten gerade** sind.

   Beispiel:
   Der Graph von f mit $f(x) = x^8 + 3x^6 + 2x^5 - x^4 + 5x^2$ ist nicht achsensymmetrisch zur y-Achse, da nicht alle Exponenten gerade sind.

2. Eine **gebrochenrationale Funktion** ist achsensymmetrisch zur y-Achse, falls **alle** auftretenden **Exponenten ausschließlich gerade oder ungerade** sind.

   Beispiel:
   Der Graph von f mit $f(x) = \frac{x^3 + x}{x^5 - 3x^3 + 2x}$ ist achsensymmetrisch zur y-Achse, da $f(x) = f(-x)$ für alle x gilt.

TIPPS

- Betrachten Sie zunächst den Term der Funktion. Gehört dieser zu den ganzrationalen bzw. gebrochenrationalen Funktionen, können Sie oft ohne weitere Rechnung über die Symmetrie entscheiden.
  Bei den gebrochenrationalen Funktionen ist aber Vorsicht geboten (vgl. Beispiel).
- Ist die Überprüfung der Bedingung $f(-x) = f(x)$ erforderlich, ersetzen Sie im gegebenen Term x durch $-x$ und vereinfachen Sie den Term, bis Sie über eine eventuelle Symmetrie entscheiden können.

Beispiel:

$f(x) = \frac{5x}{x^2 - 1}$

Ersetzt man im Term x durch $-x$, ergibt sich:

$\frac{5 \cdot (-x)}{(-x)^2 - 1} = \frac{-5x}{x^2 - 1} = -\frac{5x}{x^2 - 1} = -f(x).$

Es gilt $f(-x) = -f(x)$. Der Graph von f ist punktsymmetrisch zum Ursprung.

PUNKTSYMMETRIE ZUM URSPRUNG O (0 | 0)

Der Graph der Funktion f ist genau dann symmetrisch zum Ursprung, wenn gilt:

$f(-x) = -f(x)$

für alle x des Definitionsbereiches.

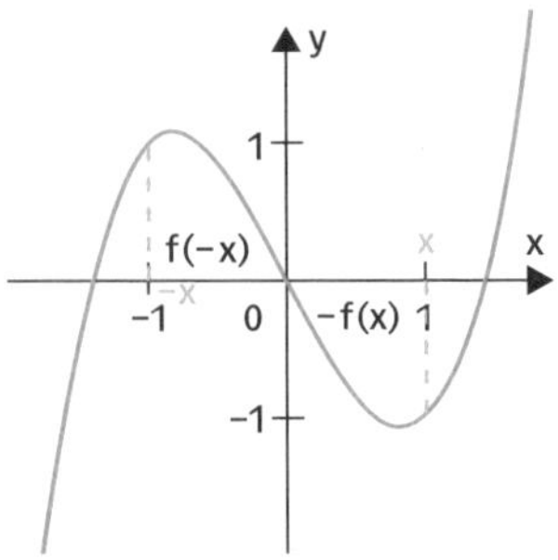

Diese Bedingung ist also rechnerisch zu überprüfen. Bei ganzrationalen Funktionen geht die Prüfung auf Symmetrie zum Ursprung aber schneller, denn es gilt:

Eine ganzrationale Funktion ist punktsymmetrisch zum Ursprung, falls alle auftretenden Exponenten ungerade sind.

Beispiel:

Der Graph von f mit $f(x) = 2x^9 + 5x^7 - 13x^5 - 1{,}5x^3 + 5x - 2$
ist nicht punktsymmetrisch zum Ursprung, da nicht alle Exponenten ungerade sind.
Zur Erinnerung: $2 = 2 \cdot x^0$. Null ist eine gerade Zahl.

TIPPS

- Ist die gegebene Funktion ganzrational, erkennt man eine Symmetrie ohne weitere Rechnung an den Exponenten.
- Ist die Überprüfung der Bedingung $f(-x) = -f(x)$ erforderlich, ersetzen Sie im gegebenen Term x durch $-x$ und vereinfachen Sie den Term, bis Sie über eine Symmetrie entscheiden können.

SYMMETRIE BEI FUNKTIONEN

1. Untersuchen Sie den Graphen der Funktion auf Achsensymmetrie zur y-Achse.

a) $f(x) = 4x^6 + x^4 + 3x^2 - 2$

b) $f(x) = -3x^3 + 2x^4 - x$

c) $f(x) = \frac{1}{x^2 - 1}$

d) $f(x) = \cos(x)$

LÖSUNGEN

1. a) Man ersetzt im Term x durch −x und erhält $4 \cdot (-x)^6 + (-x)^4 + 3 \cdot (-x)^2 - 2 = 4x^6 + x^4 + 3x^2 - 2 = f(x)$.
Die Bedingung $f(-x) = f(x)$ ist erfüllt. Damit ist der Graph **achsensymmetrisch zur y-Achse**.
Eine andere Möglichkeit zur Entscheidung über Symmetrie ergibt sich aus einem Satz über die Symmetrie bei ganzrationalen Funktionen (vgl. Seite 69).

b) Man ersetzt im Term x durch −x und erhält $-3 \cdot (-x)^3 + 2 \cdot (-x)^4 - (-x) = +3x^3 + 2x^4 + x$.
Die Bedingung $f(-x) = f(x)$ ist nicht erfüllt. Der Graph ist **nicht achsensymmetrisch zur y-Achse**.
Der Graph ist auch nicht symmetrisch zum Ursprung (vgl. Seite 70).

c) Man ersetzt im Term x durch −x und erhält $\frac{1}{(-x)^2 - 1} = \frac{1}{x^2 - 1} = f(x)$.
Die Bedingung $f(-x) = f(x)$ ist erfüllt. Damit ist der Graph **achsensymmetrisch zur y-Achse**.

d) Man ersetzt im Term x durch −x und erhält (vgl. Formelsammlung)
$\cos(-x) = +\cos(x) = f(x)$.
Die Bedingung $f(-x) = f(x)$ ist erfüllt. Damit ist der Graph **achsensymmetrisch zur y-Achse**.

2. Untersuchen Sie den Graphen auf Punktsymmetrie zum Ursprung.

a) $f(x) = 2x^5 - \frac{1}{2}x^3 + 3x$

b) $f(x) = -x^3 + 2x^2 + 10$

c) $f(x) = x - \frac{1}{x}$

d) $f(x) = \sin(x)$

LÖSUNGEN

2. a) Man ersetzt im Term x durch −x und erhält
$2 \cdot (-x)^5 - \frac{1}{2} \cdot (-x)^3 + 3 \cdot (-x) = -(2x^5 + \frac{1}{2}x^3 - 3x) = -\left(2x^5 - \frac{1}{2}x^3 + 3x\right) = -f(x)$.
Die Bedingung $f(-x) = -f(x)$ ist erfüllt. Damit ist der Graph **punktsymmetrisch zum Ursprung**.
Eine andere Möglichkeit zur Entscheidung über Symmetrie ergibt sich aus einem Satz über die Symmetrie bei ganzrationalen Funktionen (vgl. Seite 70).

b) Man ersetzt im Term x durch −x und erhält
$-(-x)^3 + 2 \cdot (-x)^2 + 10 = x^3 + 2x^2 + 10$.
Dieser Term ist weder $f(x)$ noch $-f(x)$. Eine Symmetrie ist also **nicht erkennbar**.

c) Man ersetzt im Term x durch −x und erhält
$(-x) - \frac{1}{(-x)} = -x + \frac{1}{x} = -\left(x - \frac{1}{x}\right) = -f(x)$.
Die Bedingung $f(-x) = -f(x)$ ist erfüllt. Damit ist der Graph **punktsymmetrisch zum Ursprung**.

d) Man ersetzt im Term x durch −x und erhält (vgl. Formelsammlung)
$\sin(-x) = -\sin(x)$.
Die Bedingung $f(-x) = -f(x)$ ist erfüllt. Damit ist der Graph **punktsymmetrisch zum Ursprung**.

3 DIFFERENZIALRECHNUNG

Ableitung – Änderungsraten bei Größen

ÄNDERUNGSRATE

Ist eine Größe f in einem Intervall $[x;x_0]$ definiert, nennt man den Quotienten $\frac{f(x)-f(x_0)}{x-x_0}$ auch die Änderungsrate von f im Intervall $[x;x_0]$.

MOMENTANE ÄNDERUNGSRATE

Wenn die Änderungsrate $\frac{f(x) - f(x_0)}{x - x_0}$ für $x \rightarrow x_0$ gegen einen Grenzwert strebt, nennt man diesen Grenzwert auch die momentane Änderungsrate der Funktion f.

Je nach Größe hat die Änderungsrate einen speziellen Namen. Beschreibt der Quotient z. B. die Differenz von Strecken in einem Zeitintervall spricht man von einer Durchschnittgeschwindigkeit. Der Grenzwert ist dann die Momentangeschwindigkeit.

Liegt die Funktion nur grafisch vor, kann man für eine Änderungsrate und eine momentane Änderungsrate nur Näherungswerte ermitteln.

BEISPIELE FÜR MOMENTANE ÄNDERUNGSRATEN VON GRÖSSEN

- Strecke s (in m) im Zeitintervall $[t_1; t_2]$ (in s)
  Momentane Änderungsrate von s(t): „Momentangeschwindigkeit zum Zeitpunkt t_0"
  Einheit der Änderungsrate: $\frac{m}{s}$.
- Höhe h (in m) eines Bergprofils auf dem Streckenabschnitt $[x_1; x_2]$ (in km)
  Momentane Änderungsrate von h(x): „Lokale Höhenzunahme (oder -abnahme) an der Stelle x_0", auch Steigung oder Gefälle an der Stelle x_0.
  Einheit der Änderungsrate: $\frac{m}{km}$.
- Länge L (in m) eines Pflanzenkeimlings im Zeitintervall $[t_1; t_2]$ (in s)
  Momentane Änderungsrate von L(t): „Wachstumsgeschwindigkeit zum Zeitpunkt t_0"
  Einheit der Änderungsrate: $\frac{m}{s}$.
- Wassermenge V (in m^3) einer Quelle im Zeitintervall $[t_1; t_2]$ (in s)
  Momentane Änderungsrate von V(t): „Schüttung zum Zeitpunkt t_0"
  Einheit der Änderungsrate: $\frac{m^3}{s}$.

ABLEITUNG – ÄNDERUNGSRATEN BEI GRÖSSEN

1. Nebenstehend ist das Höhenprofil für eine Skitour auf den Großvenediger zu sehen.

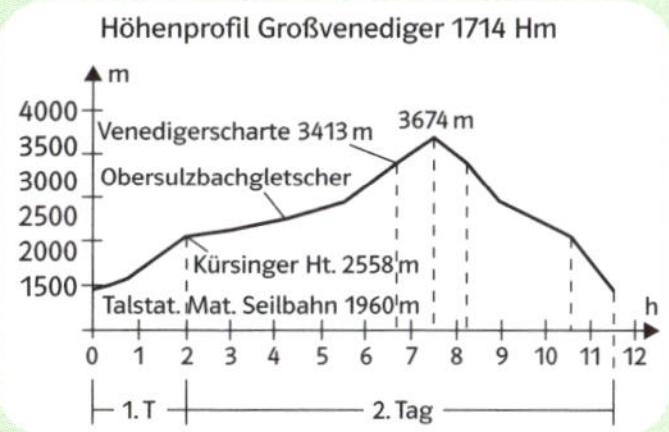

a) Welche Größen werden im Graphen einander zugeordnet?

b) Was wird bei diesem Beispiel durch die Änderungsrate beschrieben?

c) Wie groß ist die Änderungsrate zwischen Beginn des 2. Tages (Abmarsch Hütte) und Gipfel?

d) Geben Sie einen ungefähren Wert für die momentane Höhenzunahme in der Venedigerscharte nach 7 h Gehzeit an.

LÖSUNGEN

1. a) Der Gehzeit t (in h) wird die Höhe h (in m) über dem Meeresspiegel zugeordnet:
$h: t \mapsto h(t)$

b) Die Änderungsrate beschreibt die durchschnittliche Höhenzunahme (nach dem Gipfel Höhenabnahme) in einem Zeitintervall, das innerhalb von 0 und 11,5 h (Definitionsbereich) liegen muss.

c) Änderungsrate: $\frac{h(7{,}5) - h(2)}{7{,}5 - 2} = \frac{3674 - 2558}{5{,}5} = \frac{1116}{5{,}5} \approx 202{,}9$

Die durchschnittliche Höhenzunahme beträgt ca. 203 m pro h.

d) $\lim\limits_{t \to 7} \frac{h(t) - h(7)}{t - 7} \approx \frac{h(7{,}5) - h(6{,}7)}{7{,}5 - 6{,}7} = \frac{3674 - 3413}{0{,}8} = \frac{261}{0{,}8} \approx 326$

Die momentane Höhenzunahme bei 7 h (in der Venedigerscharte) beträgt ca. 326 m pro h.

ÄNDERUNGSRATE

Ist eine Größe f in einem Intervall $[x; x_0]$ definiert, nennt man den Quotienten $\frac{f(x) - f(x_0)}{x - x_0}$ auch die Änderungsrate von f im Intervall $[x; x_0]$.

Am Graphen entspricht eine Änderungsrate der Steigung der Sekante im Intervall $[x; x_0]$.

MOMENTANE ÄNDERUNGSRATE

Wenn die Änderungsrate $\frac{f(x) - f(x_0)}{x - x_0}$ für $x \to x_0$ gegen einen Grenzwert strebt, nennt man diesen Grenzwert auch die momentane Änderungsrate der Funktion f.

Ist die Funktion f durch einen Term gegeben, kann man eine momentane Änderungsrate als Grenzwert rechnerisch bestimmen (vgl. Seite 79).

TIPPS

- Um rechnerisch eine momentane Änderungsrate als Grenzwert bestimmen zu können, muss man den Term umformen. Hierbei helfen
  1. ausklammern,
  2. binomische Formeln,
  3. Polynomdivision.
- Beachten Sie: Die Umformungen gelten nur für $x \to x_0$. Deshalb darf man kürzen.
- Mit den Ableitungsregeln kann man die umfangreichen Rechnungen zur Ermittlung einer momentanen Änderungsrate vermeiden.

ABLEITUNG – ÄNDERUNGSRATEN BEI GEGEBENER FUNKTION

Für Snowboarder werden besondere Pisten, sogenannte Halfpipes präpariert. Für ihre Sprünge benötigen sie besondere Anlaufkurven. Die Anlaufkurve lässt sich näherungsweise durch die Funktion f mit $f(x) = 0{,}2x^2$ beschreiben.

a) Geben Sie geeignete Größen und Einheiten für x und f(x) an. Zeichnen Sie den Graphen der Funktion f.

b) Berechnen Sie die Änderungsrate im Intervall [0 ; 3]. Interpretieren Sie den ermittelten Wert in der vorliegenden Situation und am Graphen.

c) Wie groß ist die momentane Änderungsrate an der Stelle $x_0 = 2$?

LÖSUNGEN

a) x ist die **horizontale Strecke in m** (Breite), f(x) gibt die **Höhe über dem tiefsten Punkt** an.
Graph: Siehe Fig.

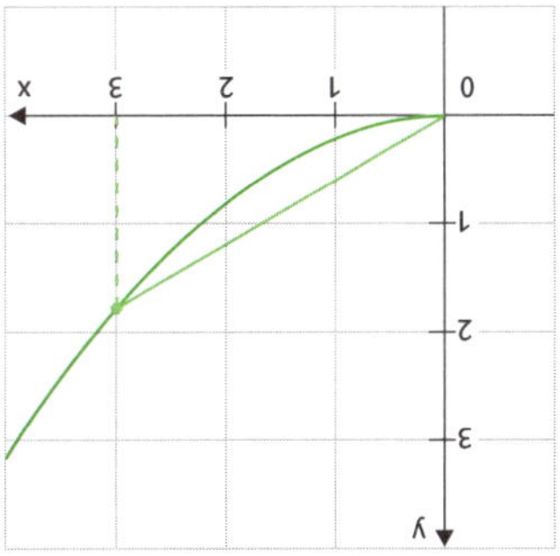

b) Änderungsrate in [0 ; 3]: $\frac{f(3) - f(0)}{3 - 0} = 0{,}6$

Die durchschnittliche Höhenzunahme auf dem Streckenabschnitt von 0 m bis 3 m **beträgt 0,6 Höhenmeter pro Meter**. Am Graphen entspricht dieser Wert der **Steigung der Sekante** durch die Punkte O(0 | 0) und P(3 | 1,8).

c) Momentane Änderungsrate:
Für $x \neq 2$ gilt

$$\lim_{x \to 2} \frac{f(x) - f(x_0)}{x - x_0} = \lim_{x \to 2} \frac{0{,}2x^2 - 0{,}2 \cdot 2^2}{x - 2} = \lim_{x \to 2} \frac{0{,}2(x^2 - 2^2)}{x - 2}$$

$$= \lim_{x \to 2} \frac{0{,}2(x + 2)(x - 2)}{x - 2} = \lim_{x \to 2} 0{,}2(x + 2) = 0{,}8$$

Die momentane Höhenzunahme nach 2 m **beträgt 0,8 Höhenmeter pro Meter**.

DEFINITION

Ist eine Funktion f definiert auf dem Intervall I und ist $x_0 \in I$, so nennt man den Grenzwert des Differenzenquotienten $\frac{f(x) - f(x_0)}{x - x_0}$ die **Ableitung** von f an der Stelle x_0.

Man schreibt $f'(x_0) = \lim\limits_{x \to x_0} \frac{f(x) - f(x_0)}{x - x_0}$.

Am Graphen entspricht der Ableitung von f an der Stelle x_0 die **Steigung der Tangente** an dieser Stelle.

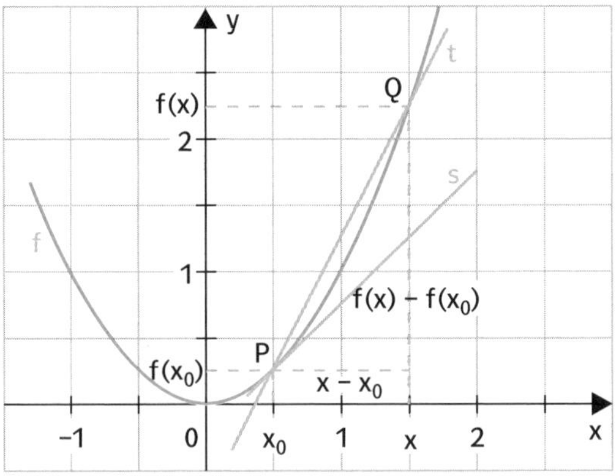

Es entsprechen sich:
Differenzenquotient und Änderungsrate
sowie
Ableitung und **momentane Änderungsrate**.

Die Ableitung einer Funktion an einer Stelle kann mit dem GTR ermittelt werden.

```
nDeriv(2/X,X,1)
        -2.000002
```

TIPPS

- Um die Ableitung an einer Stelle mit der Definition zu berechnen, sollten Sie schrittweise vorgehen:
  1. Differenzenquotient.
  2. Grenzwert des Differenzenquotienten.
     Bei der Berechnung des Differenzenquotienten sind die auf Seite 78 angegebenen Umformungen hilfreich.
- Mit den Ableitungsregeln ist die Berechnung einer Ableitung einfacher.
- Mit der h-Schreibweise gilt für die Ableitung (vgl. Fig.):

  $f'(x) = \lim\limits_{h \to 0} = \frac{f(x+h) - f(x)}{h}$.

  Diese ist häufig übersichtlicher.

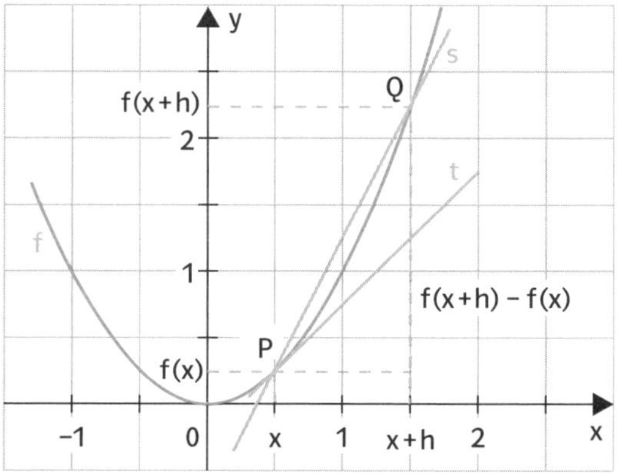

ABLEITUNG – ABLEITUNG AN EINER STELLE

Gegeben ist die Funktion f mit $f(x) = \frac{2}{x}$, $x \neq 0$.

a) Berechnen Sie die Ableitung an der Stelle $x_0 = 1$.

b) Zeichnen Sie den Graphen von f und die Gerade durch $P(1\,|\,f(1))$ mit der Steigung $m = f'(1)$.

LÖSUNGEN

a) Differenzenquotient m(x):

$$m(x) = \frac{f(x) - f(x_0)}{x - x_0} = \frac{\frac{2}{x} - 2}{x - 1} = \frac{\frac{2 - 2x}{x}}{x - 1} = \frac{2(1 - x)}{x(x - 1)} = \frac{-2}{x}$$

Grenzwert von m(x) für $x \to 1$:

$$f'(1) = \lim_{x \to 1} m(x) = \frac{-2}{1} = \mathbf{-2}$$

b) Siehe Fig.

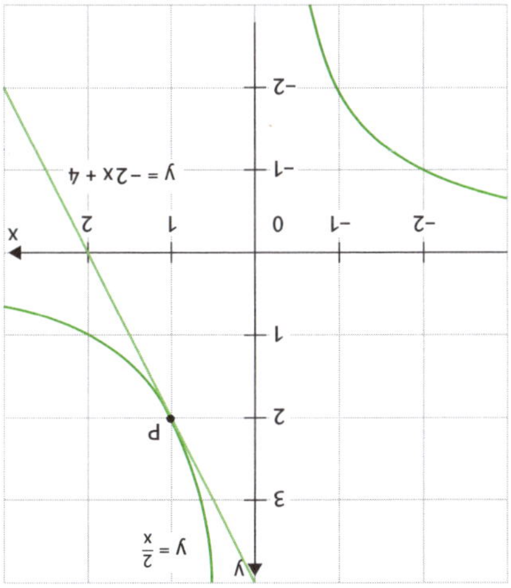

ZUSAMMENHÄNGE VON f, f' UND f''

Für eine Funktion f mit der Ableitungsfunktion f' gibt $f'(x_0)$ die Steigung der Tangente an den Graphen K von f im Punkt $P(x_0 \mid f(x_0))$ auf K an.

Deshalb ist die Monotonie von f am Graphen von f' ablesbar. Ebenso können die Extrempunkte und mit etwas mehr Aufwand auch die Wendepunkte von K bestimmt werden.

Bezeichnet K' den Graphen der Ableitungsfunktion f' einer Funktion f mit Graph K, so gilt:

- Wenn die Funktionswerte $f'(x)$ von K' $\begin{Bmatrix}\text{positiv}\\ \text{negativ}\end{Bmatrix}$ sind, so ist f streng monoton $\begin{Bmatrix}\text{steigend}\\ \text{fallend}\end{Bmatrix}$.
- Wenn die Funktionswerte $f''(x)$ von K'' $\begin{Bmatrix}\text{positiv}\\ \text{negativ}\end{Bmatrix}$ sind, so ist f' streng monoton $\begin{Bmatrix}\text{steigend}\\ \text{fallend}\end{Bmatrix}$ und damit ist K eine $\begin{Bmatrix}\text{Linkskurve}\\ \text{Rechtskurve}\end{Bmatrix}$.
- An den Stellen, an denen K Extrempunkte hat, hat K' Nullstellen (für Extremstellen gilt: $f'(x) = 0$).
- An den Stellen, an denen K Wendepunkte hat, hat K' Extremstellen (für Wendestellen gilt $f''(x) = 0$, also hat K' Extremstellen).

TIPPS

- Liegt der Graph einer Funktion f gezeichnet vor und ist der Graph der Ableitungsfunktion f' zu skizzieren, sollten Sie wie folgt vorgehen:
  1. An den Extremstellen von f hat f' Nullstellen, also markieren Sie diese.
  2. Stellen Sie in den einzelnen Intervallen das Vorzeichen der Steigung fest.
  3. Schätzen Sie ab, zwischen welchen Werten ungefähr sich die Steigungen bewegen. Skizzieren Sie entsprechend den Graphen von f'.
- Mit dem GTR können Sie Ihre Überlegungen überprüfen (vgl. Fig. 1 und Fig. 2).

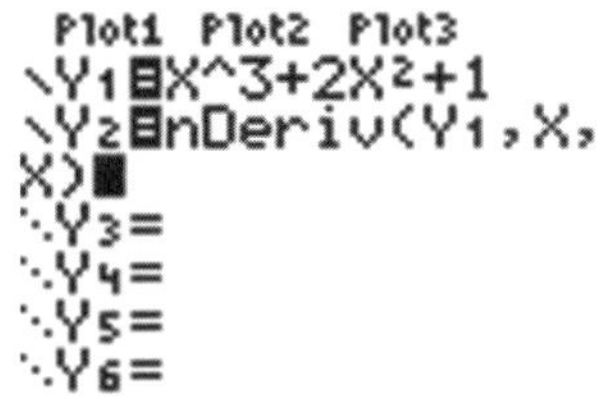

Fig. 1

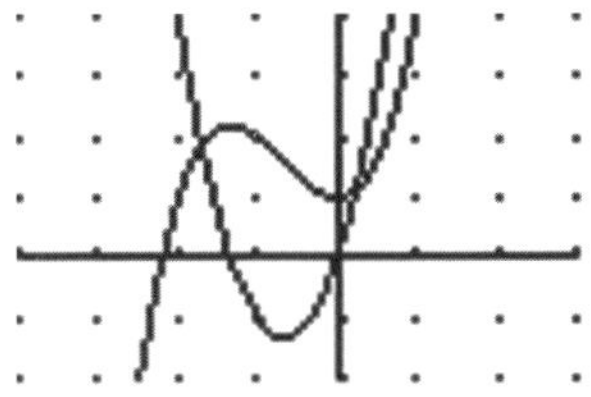
Fig. 2

ZUSAMMENHÄNGE ZWISCHEN DEM GRAPHEN K′ VON f′ UND DEM GRAPHEN K VON f

- Wenn K′ $\left\{\begin{matrix}\text{oberhalb}\\ \text{unterhalb}\end{matrix}\right\}$ der x-Achse verläuft, ist f streng monoton $\left\{\begin{matrix}\text{zunehmend}\\ \text{abnehmend}\end{matrix}\right\}$.
- Wenn K′ die x-Achse an der Stelle x_0 schneidet, hat K an dieser Stelle ein Extremum.
- Wenn K′ streng monoton $\left\{\begin{matrix}\text{zunehmend}\\ \text{abnehmend}\end{matrix}\right\}$ verläuft, ist K eine $\left\{\begin{matrix}\text{Linkskurve}\\ \text{Rechtskurve}\end{matrix}\right\}$.
- Wenn K′ an der Stelle x_0 ein Extremum hat, so hat K an dieser Stelle einen Wendepunkt.

TIPPS

- Besonders zu beachten ist:
  Da f und g mit $g(x) = f(x) + c$ dieselbe Ableitungsfunktion f′ besitzen, ist der Graph K von f bei Vorgabe von K′ nicht eindeutig festgelegt.
- Markieren Sie charakteristische Punkte wie Schnittpunkte mit der x-Achse und Extrempunkte auf K′.
  Nullstellen von K′ ergeben Extremstellen von K;
  Extremstellen von K′ ergeben Wendestellen von K.
- Mit dem GTR können Sie Ihre Überlegungen überprüfen (vgl. Fig. 1 und Fig. 2).

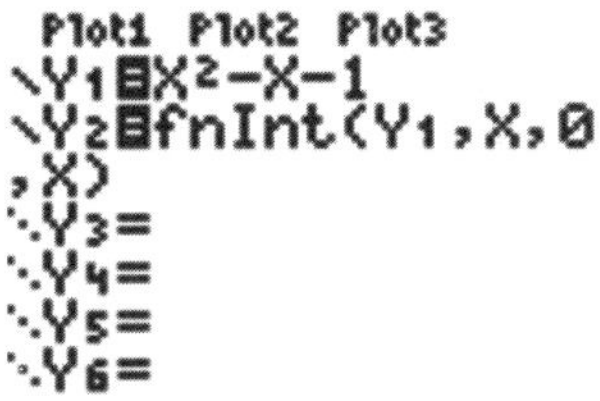

Fig. 1

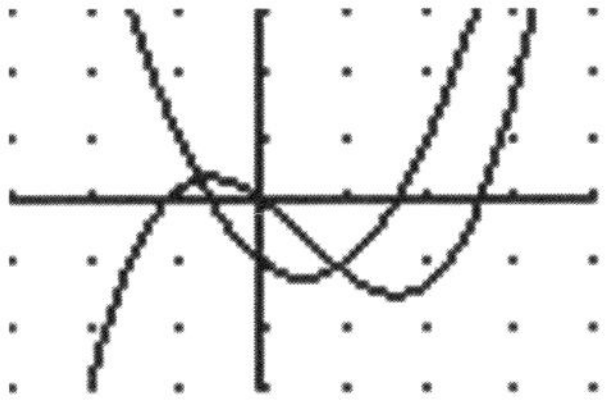

Fig. 2

ABLEITUNG – SCHLIESSEN VON f AUF f′ BZW. f′ AUF f

1. Die Figur zeigt den Graphen einer Funktion f. Skizzieren Sie den Graphen der Ableitungsfunktion f′.

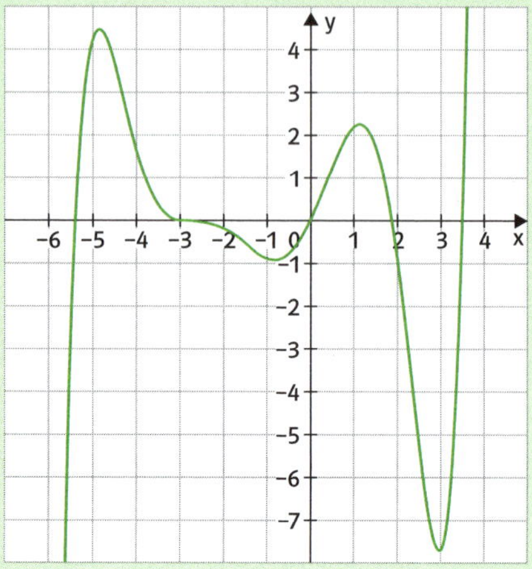

LÖSUNGEN

1.

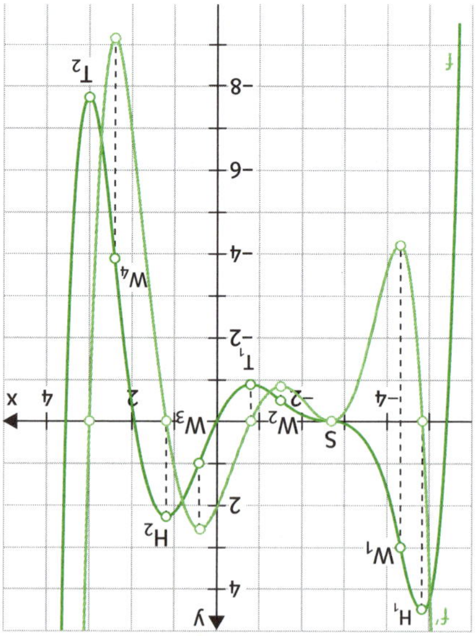

2. Die Figur zeigt den Graphen der Ableitungsfunktion f′ einer Funktion f. Entscheiden Sie, ob die folgenden Aussagen über die Funktion f wahr, falsch oder unentscheidbar sind.

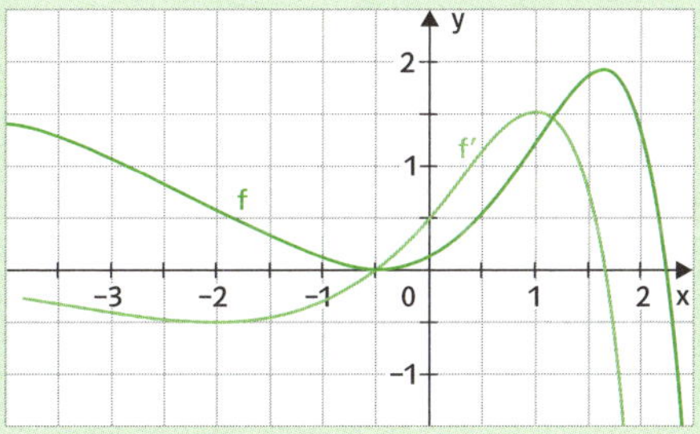

☐ A wahr ☐ B falsch ☐ C unentscheidbar

a) An der Stelle $x = -0{,}5$ hat der Graph von f einen Tiefpunkt.

b) Für $x < -1$ ist f monoton steigend.

c) An der Stelle $x = 1$ hat der Graph von f eine waagrechte Tangente.

d) Für $0 \leq x \leq 1$ sind die Funktionswerte von f positiv.

e) Bei $x = 0$ hat der Graph von f eine Tangente, die parallel ist zur Geraden mit der Gleichung $y = 0{,}5x - 3$.

LÖSUNGEN

2. a) A; b) B; c) B; d) C; e) A

Die Figur zeigt einen möglichen Graphen von f.
Alle in y-Richtung verschobenen Graphen von f wären auch richtig.

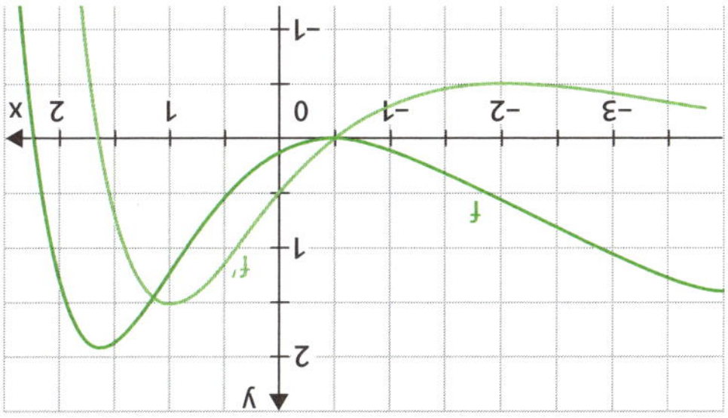

Potenzregel: Eine Funktion f der Form $f(x) = x^n$ mit $n \in \mathbb{Z}$ hat als Ableitung die Funktion f′ mit $f'(x) = n \cdot x^{n-1}$.

Summenregel: Eine Summe wird „summandenweise" abgeleitet, d.h. für eine differenzierbare Funktion f mit $f(x) = u(x) + v(x)$ gilt: $f'(x) = u'(x) + v'(x)$.

Faktorregel: Ein konstanter Faktor bleibt beim Ableiten erhalten, d.h. für eine differenzierbare Funktion f mit $f(x) = k \cdot u(x)$ gilt: $f'(x) = k \cdot u'(x)$.

TIPPS

Die Ableitungen der folgenden Grundfunktionen sollten Sie auswendig kennen.

$f(x)$	$f'(x)$
c	0
x	1
$\frac{1}{x}$	$-\frac{1}{x^2}$
$\sqrt{x}$	$\frac{1}{2\sqrt{x}}$
$\sin(x)$	$\cos(x)$
$\cos(x)$	$-\sin(x)$
e^x	e^x

Funktionsterme wie $\frac{1}{x^2}$ bzw. $\frac{1}{x^3}$ sollten Sie zunächst in x^{-2} bzw. x^{-3} umschreiben und erst dann ableiten.

ABLEITUNGSREGELN – KONSTANTEN-, SUMMEN-, FAKTORREGEL

Bestimmen Sie die Ableitung f′(x) der Funktion f mit

a) $f(x) = 2x^4 + 3x + 7$

b) $f(x) = -\frac{5}{3}x^3 - x + \sin(x) + e^x$

c) $f(x) = \frac{2}{x} - 3 \cdot \sqrt{x}$

LÖSUNGEN

a) (Regeln)

$f(x) = 2x^4 + 3x + 7$ — Potenz-, Summen- und Faktorregel

$f'(x) = 8x^3 + 3$

b) (Grundfunktionen)

$f(x) = -\frac{5}{3}x^3 - x + \sin(x) + e^x$ — Ableitungen von Grundfunktionen

$f'(x) = -5x^2 - 1 + \cos(x) + e^x$

c) (Potenzregel bei rationalen Hochzahlen)

$f(x) = \frac{2}{x} - 3 \cdot \sqrt{x}$ — Umschreiben erleichtert das Ableiten

$= 2 \cdot x^{-1} - 3 \cdot x^{\frac{1}{2}}$

$f'(x) = -2 \cdot x^{-2} - \frac{3}{2}x^{-\frac{1}{2}}$

$f'(x) = -\frac{2}{x^2} - \frac{3}{2\sqrt{x}}$

Produktregel

Sind zwei Funktionen u und v differenzierbar im Intervall I mit $x \in I$, so ist auch das Produkt f mit
$f(x) = u(x) \cdot v(x)$ differenzierbar, und es gilt:
$f'(x) = u'(x) \cdot v(x) + u(x) \cdot v'(x)$,
kurz: $(u \cdot v)' = u' \cdot v + u \cdot v'$.

Die Produktregel gilt auch für mehr als zwei Faktoren:
$(u \cdot v \cdot w)' = u' \cdot v \cdot w + u \cdot v' \cdot w + u \cdot v \cdot w'$.

Quotientenregel

Sind zwei Funktionen u und v differenzierbar im Intervall I mit $x \in I$ und $v(x) \neq 0$, so ist auch der Quotient f mit $f(x) = \frac{u(x)}{v(x)}$ differenzierbar, und es gilt:

$$f'(x) = \frac{u'(x) \cdot v(x) - u(x) \cdot v'(x)}{(v(x))^2},$$

kurz: $\left(\frac{u}{v}\right)' = \frac{u'v - uv'}{v^2}$.

TIPPS

- Bedenken Sie:
  Ist die erste Ableitung falsch berechnet worden, sind bei einer Funktionsuntersuchung auch alle weiteren Berechnungen falsch. Überprüfen Sie also immer Ihre Bestimmung der ersten Ableitung.
- Achten Sie bei negativen Faktoren besonders darauf, genügend Klammern zu setzen, um Vorzeichenfehler zu vermeiden.
- Nach dem Ableiten sollten Sie zuerst zusammenfassen und ausklammern bevor Sie die zweite Ableitung bilden.
- Beachten Sie bei der Quotientenregel das Minuszeichen im Zähler, d.h. setzen Sie Klammern beim Berechnen der Ableitung.

ABLEITUNGSREGELN – PRODUKT-, QUOTIENTENREGEL

Bestimmen Sie die Ableitungsfunktion f′(x) der Funktion f mit

a) $f(x) = \left(\frac{4}{3}x^3 - 2\right) \cdot e^x$

b) $f(x) = (x^2 + x) \cdot \cos(x)$

c) $f(x) = \frac{3x}{x^2 - 8}$

LÖSUNGEN

a) $f(x) = \left(\frac{4}{3}x^3 - 2\right) \cdot e^x$

$u(x) = \frac{4}{3}x^3 - 2;\quad v(x) = e^x$

$u'(x) = 4x^2;\quad v'(x) = e^x$

Anwendung der Produktregel

$f'(x) = 4x^2 \cdot e^x + \left(\frac{4}{3}x^3 - 2\right) \cdot e^x$

$f'(x) = \left(\frac{4}{3}x^3 + 4x^2 - 2\right) \cdot e^x$

b) $f(x) = (x^2 + x) \cdot \cos(x)$

$u(x) = x^2 + x;\quad v(x) = \cos x$

$u'(x) = 2x + 1;\quad v'(x) = -\sin x$

Anwendung der Produktregel

$f'(x) = (2x + 1) \cdot \cos(x) - (x^2 + x) \cdot \sin(x)$

c) $f(x) = \frac{3x}{x^2 - 8}$

$u(x) = 3x;\quad v(x) = x^2 - 8$

$u'(x) = 3;\quad v'(x) = 2x$

Anwendung der Quotientenregel

$f'(x) = \frac{3 \cdot (x^2 - 8) - 3x \cdot 2x}{(x^2 - 8)^2}$

$f'(x) = \frac{-3x^2 + 24}{(x^2 - 8)^2}$

Kettenregel

Ist eine Funktion f durch eine Verkettung $f(x) = u(v(x))$ gegeben und sind die äußere Funktion u und die innere Funktion v differenzierbar, so ist f ebenfalls differenzierbar und es gilt für die Ableitung:

$f'(x) = u'(v(x)) \cdot v'(x)$.

Merkregel

Für die Ableitung einer Verkettung gilt: **„äußere Ableitung mal innere Ableitung"**, kurz: $f' = u'(v) \cdot v'$.

Beispiel:

$f(x) = 5 \cdot (2x^3 + 4x^2 + 2x + 1)^2$
äußere Funktion: $u(x) = 5x^2$ mit $u'(x) = 10x$
innere Funktion: $v(x) = 2x^3 + 4x^2 + 2x + 1$ mit $v'(x) = 6x^2 + 8x + 2$
Ableitung: $f'(x) = 10 \cdot (2x^3 + 4x^2 + 2x + 1)^1 \cdot (6x^2 + 8x + 2)$

TIPPS

- Die **Kettenregel** ist eine der wichtigsten Regeln der Analysis. Entscheidend bei der Anwendung der Kettenregel ist es, zu erkennen, welche Funktion die **äußere** und welche Funktion die **innere** Funktion ist und dann die **innere Ableitung** nicht zu vergessen. So hat z.B. die Funktion f mit $f(x) = \sin^2(x)$ die Ableitung $f'(x) = 2 \cdot \sin(x) \cdot \cos(x)$.
- Bei ganzrationalen Funktionen wie $f(x) = (5 - 2x)^3$ ist es geschickter, vor dem Ableiten **nicht** auszumultiplizieren, sondern direkt die **Kettenregel** anzuwenden.
  Dies ist in der Regel viel einfacher und weniger fehleranfällig.
  Aber auch hier darf die innere Ableitung nicht vergessen werden: $f'(x) = 3 \cdot (5 - 2x)^2 \cdot (-2)$.
- Funktionen mit Termen wie $\sin(2x)$, $\cos(x^2)$, e^{2x+5} lassen sich nur mit Hilfe der Kettenregel ableiten.
- Die Kettenregel kommt oft in **Kombination** mit Produkt- oder Quotientenregel vor (Seite 96).

ABLEITUNGSREGELN – KETTENREGEL

Bestimmen Sie die Ableitung f′(x) der Funktion f mit

a) $f(x) = 6 \cdot (3x - 2)^4$

b) $f(x) = -4 \cdot e^{2x^{3}+3}$

c) $f(x) = \sin(4x + 1) + \cos(3x^2 + x)$

LÖSUNGEN

a) $f(x) = 6 \cdot (3x - 2)^4$

$f'(x) = 6 \cdot 4 \cdot (3x - 2)^3 \cdot 3$

$f'(x) = 72 \cdot (3x - 2)^3$

äußere Funktion: $u(x) = 6x^4$
innere Funktion: $v(x) = 3x - 2$

b) $f(x) = -4 \cdot e^{2x^{3}+3}$

$f'(x) = -4 \cdot e^{2x^{3}+3} \cdot 6x^2$

$f'(x) = -24x^2 \cdot e^{2x^{3}+3}$

äußere Funktion: $u(x) = -4 \cdot e^x$
innere Funktion: $v(x) = 2x^3 + 3$

c) $f(x) = \sin(4x + 1) + \cos(3x^2 + x)$

$f'(x) = [\cos(4x + 1)] \cdot 4 - [\sin(3x^2 + x)] \cdot (6x + 1)$

$f'(x) = 4\cos(4x + 1) - 6x\sin(3x^2 + x) - \sin(3x^2 + x)$

Summenregel und Kettenregel mit den äußeren Funktionen $u(x) = \sin(x)$ bzw. $u(x) = \cos(x)$

3 Ableitungsregeln – Produkt- und Quotientenregel mit Kettenregel

Um komplizierte Funktionen ableiten zu können, müssen oft die Produktregel und die Kettenregel sowie die Quotientenregel und die Kettenregel **in Kombination** angewendet werden.

Entscheidend ist, bei einem vorgegebenen Funktionsterm die **Struktur** zu erkennen:
Welche Terme werden multipliziert bzw. dividiert und wo ist die Kettenregel anzuwenden?

Bei gebrochenrationalen Funktionen kann man häufig den Term der Ableitungsfunktion **kürzen**.

TIPPS

- Verwenden Sie u und v, um die Teilfunktionen zu definieren. Bei den Ableitungen u′ und v′ ist dann die Kettenregel zu beachten.
- Achten Sie bei negativen Faktoren besonders darauf, genügend **Klammern zu setzen**, um Vorzeichenfehler zu vermeiden.
- Nach dem Ableiten sollten Sie den Term **zusammenfassen** und gegebenenfalls **kürzen**. Dies gilt insbesondere dann, wenn höhere Ableitungen zu bestimmen sind.
- Es ist hilfreich, die Ableitungen aller wichtigen Grundfunktionen wie z.B. $\sqrt{x}$, $\frac{1}{x}$, x^r usw. zu kennen.

ABLEITUNGSREGELN – PRODUKT- UND QUOTIENTENREGEL MIT KETTENREGEL

Bestimmen Sie die Ableitung f′(x) der Funktion f mit

a) $f(x) = x^2 \cdot (6 - x^3)^2$

b) $f(x) = (x - x^2) \cdot e^{2x+1}$

c) $f(x) = \frac{1 - 2x}{(2 - x)^2}$

LÖSUNGEN

a) $f(x) = x^2 \cdot (6 - x^3)^2$	$u(x) = x^2$; $u'(x) = 2x^1$
$= 2x \cdot (6 - x^3)^2 + x^2 \cdot 2 \cdot (6 - x^3) \cdot (-3x^2)$	$v(x) = (6 - x^3)^2$; $v'(x) = 2 \cdot (6 - x^3)^1 \cdot (-3x^2)$
$= 2x \cdot (6 - x^3)^2 - 2x \cdot (6 - x^3) \cdot 3x^3$	Anwendung von Produkt- und Kettenregel
$= 2x(6 - x^3) \cdot (6 - x^3 - 3x^3)$	Umformen und zusammenfassen
$f(x) = 4x(6 - x^3)(3 - 2x^3)$	
b) $f(x) = (x - x^2) \cdot e^{2x+1}$	$u(x) = x - x^2$; $u'(x) = 1 - 2x$
$f'(x) = (1 - 2x) \cdot e^{2x+1} + (x - x^2) \cdot 2e^{2x+1}$	$v(x) = e^{2x+1}$; $v'(x) = 2 \cdot e^{2x+1}$
$= e^{2x+1} \cdot (1 - 2x + 2x - 2x^2)$	Anwendung von Produkt- und Kettenregel
$f'(x) = (1 - 2x^2) \cdot e^{2x+1}$	
c) $f(x) = \frac{1 - 2x}{(2 - x)^2}$	$u(x) = 1 - 2x$; $u'(x) = -2$
$f'(x) = \frac{-2 \cdot (2 - x)^2 - (1 - 2x) \cdot 2 \cdot (2 - x) \cdot (-1)}{(2 - x)^4}$	$v(x) = (2 - x)^2$; $v'(x) = 2 \cdot (2 - x) \cdot (-1)$
$= \frac{-2 \cdot (2 - x) + 2 \cdot (1 - 2x)}{(2 - x)^3}$	Anwendung von Quotienten- und Kettenregel
$f'(x) = -\frac{2 \cdot (1 + x)}{(2 - x)^3}$	

TANGENTENGLEICHUNG

Da in der Analysis Gleichungen von Tangenten häufig zu bestimmen sind, sollten Sie sich eine der allgemeinen Formen einer Tangentengleichung merken.

$$f'(x_B) = \frac{y - f(x_B)}{x - x_B}$$

$$y = f'(x_B) \cdot (x - x_B) + f(x_B)$$

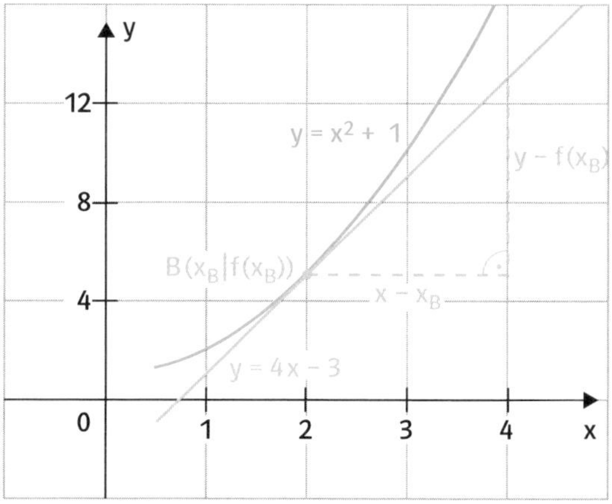

TANGENTE IM BERÜHRPUNKT B

Gesucht ist die Gleichung der Tangente im Berührpunkt $B(x_B \mid f(x_B))$: B ist ein Punkt des Graphen von f, damit haben Tangente und Funktion diesen Punkt gemeinsam. Die Tangente t hat die Steigung $f'(x_B)$, ihre Gleichung erhält man mit der Punktsteigungsform einer Geradengleichung.

TANGENTE MIT STEIGUNG m

Gesucht ist die Gleichung einer Tangente mit der vorgegebenen Steigung m.
Aus $f'(x_B) = m$ erhält man den x-Wert x_B des Berührpunktes $B(x_B \mid f(x_B))$ und dann wie oben eine Gleichung von t.

TANGENTE VON EINEM PUNKT P AUS

Gesucht ist die Gleichung einer Tangente durch den Punkt $P(x_0 \mid y_0)$, der nicht auf dem Graphen von f liegt.
Es ist $y - f(x_B) = f'(x_B) \cdot (x - x_B)$ eine Gleichung von t mit Berührpunkt B. Da $P(x_0 \mid y_0) \in t$ ist, gilt $y_0 - f(x_B) = f'(x_B) \cdot (x_0 - x_B)$, woraus man x_B und dann eine Gleichung von t bestimmt.

TIPPS

Besonders wichtig für die ganze Analysis ist der Begriff der Steigung: Eine Steigung ist der Quotient zweier Differenzen; die Differenz der y-Werte steht im Zähler.

$$\tan(\alpha) = \frac{y_Q - y_P}{x_Q - x_P} = m$$

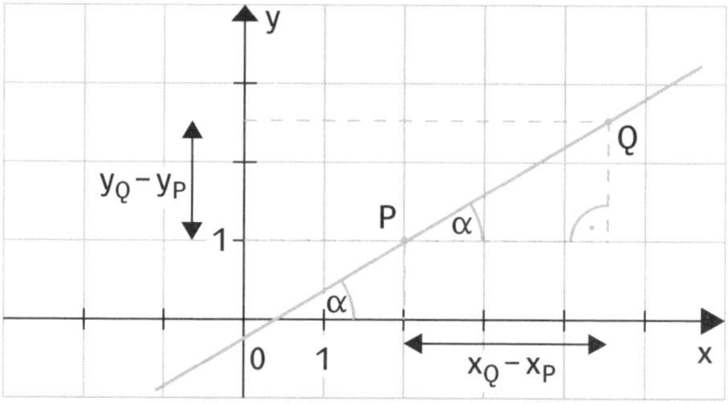

GLEICHUNG EINER TANGENTE

Gegeben ist die Funktion f durch $f(x) = \frac{1}{2}x^2 - x - \frac{3}{2}$; $x \in \mathbb{R}$.

Bestimmen Sie eine Gleichung der Tangente

a) im Berührpunkt $B(5\,|\,f(5))$.

b) mit der Steigung 1.

c) die durch den Punkt $P(0\,|\,-9{,}5)$ geht.

LÖSUNGEN

Für $f(x) = \frac{1}{2}x^2 - x - \frac{3}{2}$ ist $f'(x) = x - 1$.

a) $B(5\,|\,f(5))$, also ist $f(5) = 6$ und $m = f'(5) = 4$.

Aus der Punktsteigungsform $m = f'(x_B) = \frac{y - f(x_B)}{x - x_B}$ erhält man $y = f'(x_B) \cdot (x - x_B) + f(x_B)$.

Eingesetzt ergibt sich: **$y = 4x - 14$.**

b) Steigung $m = 1$, d.h. aus $f'(x_B) = x_B - 1 = 1$ erhält man $x_B = 2$.

Da $f(2) = -1{,}5$ ist, liefert die Punktsteigungsform die Tangentengleichung
$y = x - 3{,}5$.

c) Die Tangente mit Berührpunkt $B(x_B\,|\,f(x_B))$ hat die Gleichung $y = f'(x_B) \cdot (x - x_B) + f(x_B)$.

Der Punkt $P(0\,|\,-9{,}5)$ liegt auf der Tangente. Setzt man die Koordinaten von P, $f(x_B)$ und $f'(x_B)$ ein, erhält man eine quadratische Gleichung für x_B:

$-9{,}5 = (x_B - 1)(0 - x_B) + \frac{1}{2}x_B^2 - x_B - \frac{3}{2}$, vereinfacht $x^2 - 16 = 0$.

Dann ist $x_B = 4$ oder $x_B = -4$; die Berührpunkte sind $B_1(4\,|\,2{,}5)$ und $B_2(-4\,|\,10{,}5)$.

Tangentengleichungen:
$y_1 = 3x - 9{,}5$ und **$y_2 = -5x - 9{,}5$.**

ORTHOGONALE GERADEN

Dreht man eine Ursprungsgerade g durch P um 90° um den Ursprung, erhält man eine orthogonale Gerade h. Wenn der Punkt P(a | b) ein Punkt der Geraden g ist, liegt Q(− b | a) auf h.

Nach Definition der Steigung ergibt sich für die Gerade g:

$$m_g = \frac{b}{a}.$$

Für die Steigung von h erhält man

$$m_h = \frac{a-0}{-b-0} = -\frac{a}{b}.$$ Somit gilt $m_g \cdot m_h = -1$.

Es gilt auch umgekehrt:
Aus $m_g \cdot m_h = -1$ folgt, dass die zugehörigen Geraden orthogonal sind.

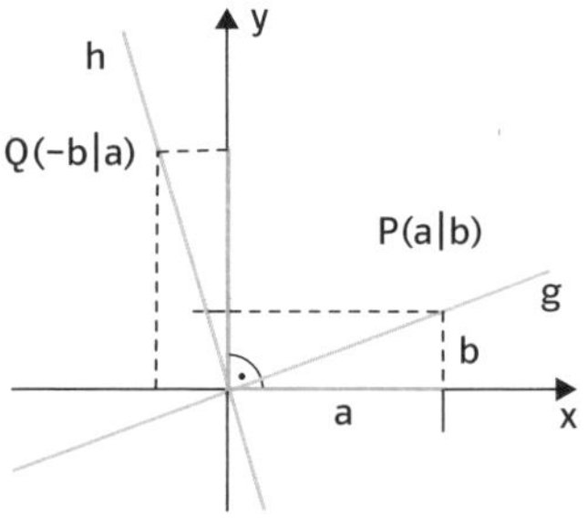

TANGENTE UND NORMALE

Bei gegebenem Funktionsterm f(x) wird oft auch nach der Normalen des Graphen in einem Punkt P gefragt.
Sie verläuft orthogonal zur Tangente im Punkt $P(x_P \mid f(x_P))$.
Die Normale an den Graphen von f im Punkt $P(x_P \mid f(x_P))$ hat die Steigung $-\frac{1}{f'(x_P)}$.

BEISPIEL

Gegeben ist die Funktion f durch $f(x) = e + e^x$.
Skizzieren Sie den Graphen von f.
Bestimmen Sie Gleichungen für die Tangente und die Normale im Punkt $P(1 \mid f(1))$.

LÖSUNG

$f(1) = 2e$, also ist $P(1|2e)$.
$f'(x) = e^x$, damit ist $m_t = f'(1) = e$.

Mit der Punktsteigungsform erhält man

$t\colon\ y = ex + e$.

Mit der Bedingung $m_t \cdot m_n = -1$ folgt für die Steigung der Normalen $m_n = -\frac{1}{e}$.

Mit der Punktsteigungsform und $P(1|2e)$ folgt für die Gleichung der Normalen:

$y = -\frac{1}{e} \cdot (x - 1) + 2e$

bzw.

$n\colon\ y = -\frac{1}{e}x + \frac{2e^2 + 1}{e}$.

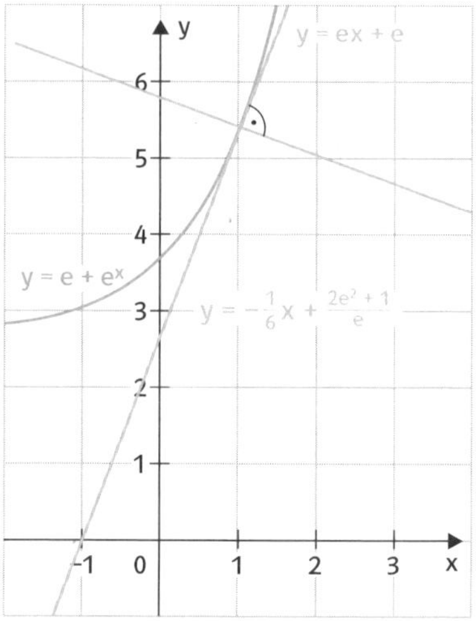

GLEICHUNG EINER NORMALEN

Gegeben ist die Funktion f durch $f(x) = 2\sqrt{x}$.

a) Bestimmen Sie Gleichungen der Tangente und der Normalen im Punkt $P(4\,|\,f(4))$.

b) Zeigen Sie, dass die Gerade mit der Gleichung $y = -x + 3$ eine Normale an den Graphen von f ist.

LÖSUNGEN

a) $f(x) = 2\sqrt{x}$ und $f(4) = 4$. Mit der Potenzregel ist $f'(x) = \frac{1}{\sqrt{x}}$.

Steigung der Tangente in $P(4\,|\,4)$: $m_t = f'(4) = \frac{1}{2}$.

Mit der Punktsteigungsform (Seite 98) ergibt sich $y = \frac{1}{2}(x - 4) + 4$ bzw. **t: $y = \frac{1}{2}x + 2$.**

Ist m_n die Steigung der Normalen, gilt: $m_t \cdot m_n = -1$; somit ist: $m_n = -\frac{1}{m_t} = -2$.

Mit der Punktsteigungsform ergibt sich $y = -2 \cdot (x - 4) + 4$ bzw. **n: $y = -2x + 12$.**

b) Aus n: $y = -x + 3$ folgt $m_n = -1$.

Bestimmung der Schnittpunkte von n und f:

$2\sqrt{x} = -x + 3,$	Quadrieren
$4x = x^2 - 6x + 9$	Umformen
$x^2 - 10x + 9 = 0$	Lösungsformel
$x = 1$ oder $x = 9$	

Die Probe in der Ausgangsgleichung (nötig, da Quadrieren keine Äquivalenzumformung ist) liefert nur **$x = 1$** als Lösung.

Es ist $m_t = f'(1) = 1$. Da $m_t \cdot m_n = -1$ gelten muss, zeigt der Vergleich mit $m_n = -1$, dass n eine **Normale** an den Graphen von f **im Punkt $P(1\,|\,2)$** ist.

BERÜHRBEDINGUNGEN

Die Graphen zweier Funktionen f und g berühren sich in einem Punkt $B(x_0 | y_0)$, wenn sie diesen Punkt gemeinsam haben und an der Stelle x_0 eine gemeinsame Tangente besitzen, d.h., wenn gilt:

1. $f(x_0) = g(x_0)$

und

2. $f'(x_0) = g'(x_0)$.

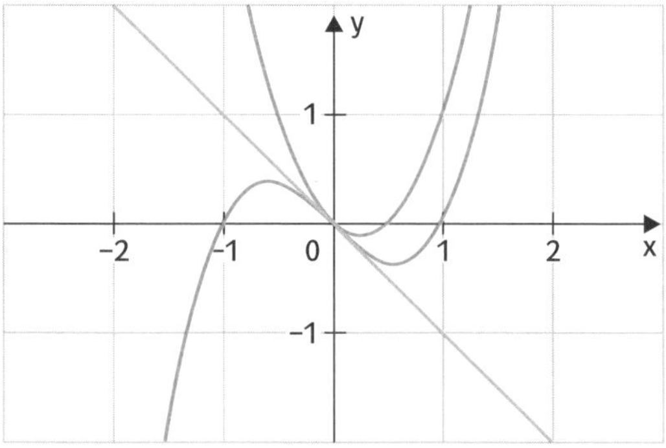

Wären die beiden Tangentensteigungen im gemeinsamen Punkt B verschieden, so würden sich die Graphen der beiden Funktionen schneiden und nicht berühren.

TIPPS

Die Berührung zweier Graphen kann in unterschiedlichen Fragestellungen eine Rolle spielen. Hier einige Beispiele:

- Gegeben sind f und g_a. Gesucht sind a und die zugehörigen Berührpunkte, sodass sich die Graphen von f und g_a berühren.
- Bestimmen Sie eine ganzrationale Funktion f vom Grad 3 so, dass der Graph von f die x-Achse im Punkt P(5 | 0) berührt (weitere Bedingungen sind notwendig).
- Zwei Kurven (Straßenstücke) sollen knickfrei verbunden werden. Dabei müssen an den „Verbindungsstellen" ebenfalls die Berührbedingungen gelten (vgl. Fig.).

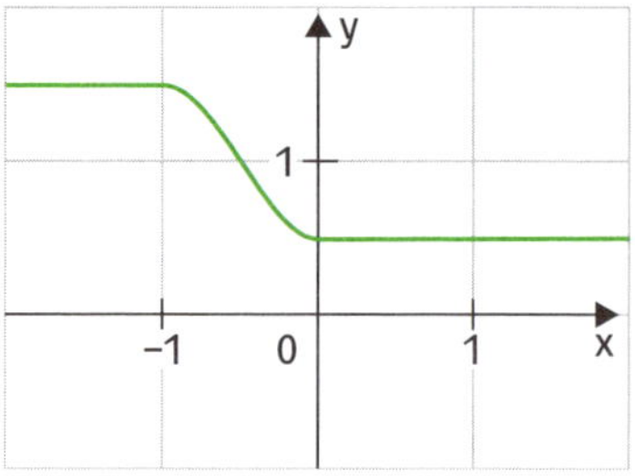

Wichtig bei diesen Aufgaben:
Es müssen die **Funktionswerte** übereinstimmen **und** die **ersten Ableitungen** übereinstimmen.

BERÜHRUNG ZWEIER GRAPHEN

Gegeben sind die Funktion f durch $f(x) = 2x^2 - x$ sowie für jedes a eine Funktion g_a durch $g_a(x) = x^3 - ax$ mit $a \in \mathbb{R}$.

a) Bestimmen Sie die Werte von a, für die der Graph der Funktion g_a den Graphen von f berührt.

b) Bestimmen Sie auch die Koordinaten der Berührpunkte.

LÖSUNGEN

Mit $f(x) = 2x^2 - x$ und $g_a(x) = x^3 - ax$ ist $f'(x) = 4x - 1$ und $g_a'(x) = 3x^2 - a$.

a) Bedingung: Die Funktionswerte an den Berührstellen sind gleich.

$$f(x) = g_a(x)$$
$$x^3 - 2x^2 + (1-a)x = 0$$
$$x \cdot (x^2 - 2x + 1 - a) = 0$$
$$x_1 = 0$$

$$x_{2,3} = \frac{2 \pm \sqrt{4 - 4 + 4a}}{2}$$
$$x_{2,3} = 1 \pm \sqrt{a}$$

b) Bedingung: Die Steigungen an den Berührstellen sind gleich.

i) $x_1 = 0$: $f'(0) = g_a'(0)$ führt auf $-1 = -a$, also $a_1 = 1$; zugehöriger Berührpunkt ist $B_1(0\,|\,0)$.

ii) $x_{2,3} = 1 \pm \sqrt{a}$: $f'(1 \pm \sqrt{a}) = g_a'(1 \pm \sqrt{a})$ führt auf $4 \cdot (1 \pm \sqrt{a}) - 1 = 3 \cdot (1 \pm \sqrt{a})^2 - a$.

Umgeformt und vereinfacht ergibt sich $a = -\sqrt{a}$ bzw. $a = \sqrt{a}$.

Damit ist $a_2 = 0$ eine weitere Lösung; zugehöriger Berührpunkt ist $B_2(1\,|\,1)$.

DEFINITION DER MONOTONIE

Sei $x_1 < x_2$ mit x_1, x_2 aus einem Intervall I.
Gilt für alle x_1, x_2 in I, dass $f(x_1) < f(x_2)$, ist f in I streng monoton steigend.
Gilt für alle x_1, x_2 in I, dass $f(x_1) > f(x_2)$, ist f in I streng monoton fallend.

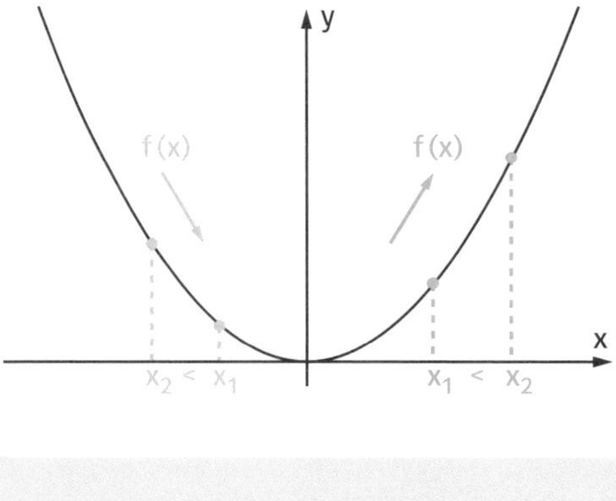

MONOTONIESATZ

Eine Funktion f sei im Intervall I differenzierbar. Wenn für alle x aus I gilt, dass

$f'(x) > 0$	bzw.	$f'(x) < 0$,	dann ist
f streng monoton steigend	bzw.	f streng monoton fallend	in I.

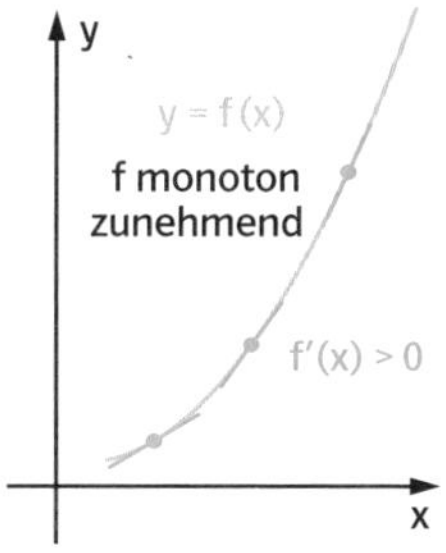

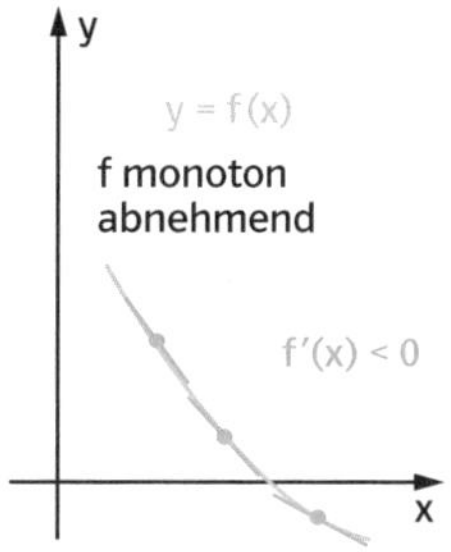

TIPPS

Intervalle der Monotonie können ermittelt werden
1. mit der Definition der Monotonie,
2. mit dem Monotoniesatz.

Der Nachweis mit dem Monotoniesatz ist in der Regel einfacher. Dabei sollten Sie nicht die zugehörigen Ungleichungen betrachten, sondern folgendes Verfahren anwenden:

- Man bestimmt zunächst die Ableitung und dann die Nullstellen von f′ (z.B. x_1, x_2).
  Die Nullstellen sind die Grenzen der Intervalle, da dort f′ ihr Vorzeichen wechseln kann.
- Nun wählt man aus jedem der Intervalle eine Stelle aus und bestimmt jeweils das Vorzeichen von f′.
  Wegen des Monotoniesatzes ist f steigend, falls f′ positiv ist und fallend, falls f′ negativ ist.

MONOTONIE

Ermitteln Sie die Intervalle, in denen die Funktion f mit

$f(x) = \frac{1}{4}x^4 - \frac{1}{3}x^3 - x^2$

monoton wachsend bzw. monoton fallend ist.

LÖSUNGEN

$f(x) = \frac{1}{4}x^4 - \frac{1}{3}x^3 - x^2$ Ableitung bestimmen

$f'(x) = x^3 - x^2 - 2x$

Bed: $f'(x) = 0$

$x^3 - x^2 - 2x = 0$ Ausklammern

$x \cdot (x^2 - x - 2) = 0$ Satz vom Nullprodukt

$x_1 = 0$ oder $x^2 - x - 2 = 0$ Lösungsformel

$x_{2,3} = \frac{1 \pm \sqrt{1+8}}{2}$ weitere Lösungen

$x_2 = -1$; $x_3 = 2$.

An den Stellen −1; 0; 2 wechselt f' das Vorzeichen.

Für $x < -1$ ist $f'(x) < 0$, also ist f für $x < -1$ **streng monoton fallend,**
für $-1 < x < 0$ ist $f'(x) > 0$, also ist f für $-1 < x < 0$ **streng monoton steigend,**
für $0 < x < 2$ ist $f'(x) < 0$, also ist f für $0 < x < 2$ **streng monoton fallend,**
für $x > 2$ ist $f'(x) > 0$, also ist f für $x > 2$ **streng monoton steigend.**

Bei der Untersuchung einer ganzrationalen Funktion sind folgende Eigenschaften zu beachten, die man meist ohne Rechnung am Term erkennen kann (vgl. Seite 41):

1. Definitionsmenge: Diese ist immer $D = \mathbb{R}$; es gibt keine senkrechten Asymptoten.

2. Symmetrie: Enthält der Term nur gerade Hochzahlen, ist der Graph achsensymmetrisch zur y-Achse.
   Enthält der Term nur ungerade Hochzahlen, ist der Graph punktsymmetrisch zum Ursprung.

3. Verhalten für $x \to \pm\infty$: Man betrachtet die höchste Potenz n und den Koeffizienten a_n.
   Wenn n gerade und $a_n > 0$ ist, strebt $f(x) \to +\infty$ für $x \to \pm\infty$;
   wenn n gerade und $a_n < 0$ ist, strebt $f(x) \to -\infty$ für $x \to \pm\infty$;
   wenn n ungerade und $a_n > 0$ ist, strebt $f(x) \to +\infty$ für $x \to +\infty$ und $f(x) \to -\infty$ für $x \to -\infty$;
   wenn n ungerade und $a_n < 0$ ist, strebt $f(x) \to -\infty$ für $x \to +\infty$ und $f(x) \to +\infty$ für $x \to -\infty$.

Weiteres Vorgehen bei der Untersuchung:
Gemeinsame Punkte mit der x-Achse haben die Lösungen von $f(x) = 0$ als x-Wert.
Schnittpunkt mit der y-Achse hat $f(0)$ als y-Wert.

EXTREMPUNKTE

Wenn $f'(x_E) = 0$ und $f''(x_E) \neq 0$, so ist $E(x_E | f(x_E))$ ein Extrempunkt des Graphen.
Für $f''(x_E) < 0$ ist E ein Hochpunkt, für $f''(x_E) > 0$ ist E ein Tiefpunkt des Graphen.

WENDEPUNKTE

Wenn $f''(x_W) = 0$ und $f'''(x_W) \neq 0$, so ist $W(x_W | f(x_W))$ ein Wendepunkt des Graphen.

TIPPS

- Am Term ist eine Symmetrie sofort erkennbar.
- An den auftretenden Potenzen erkennt man, ob der Graph „von unten oder von oben“ kommt und „nach unten oder nach oben“ verläuft.
- Die auftretenden Gleichungen sind ganzrational. Wiederholen Sie also die Strategien zur Lösung einer solchen Gleichung (vgl. Seite 8 ff.).
- Wiederholen Sie auch die Möglichkeiten zum Lösen einer Gleichung mit dem GTR (vgl. Seite 19).

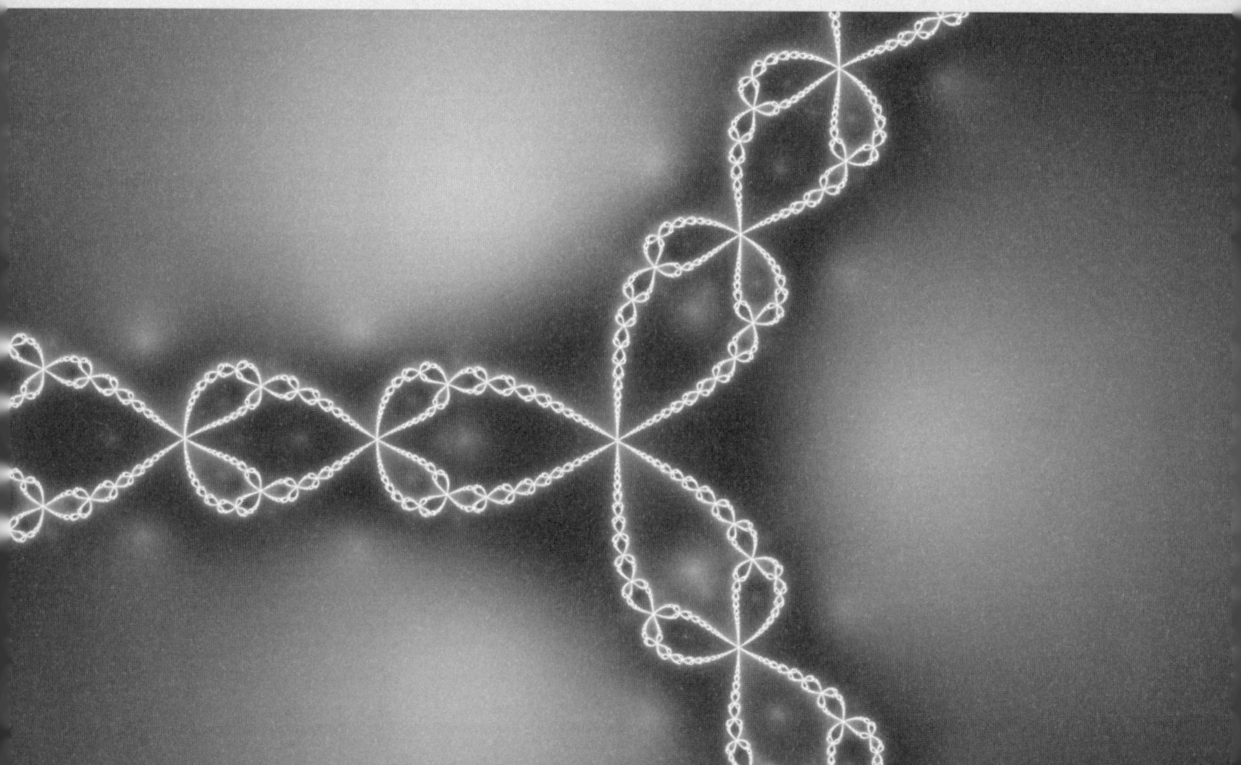

KURVENDISKUSSION – GANZRATIONALE FUNKTION

Untersuchen Sie den Graphen der Funktion f mit

$f(x) = \frac{1}{8} \cdot (x^4 - 10x^2 + 9)$

auf Symmetrie, gemeinsame Punkte mit den Achsen, Extrem- und Wendepunkte.

Zeichnen Sie damit den Graphen von f.

LÖSUNGEN

$f(x) = \frac{1}{8} \cdot (x^4 - 10x^2 + 9)$

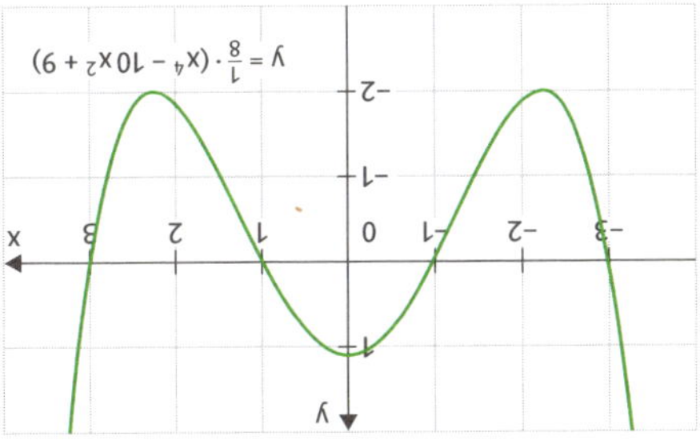

Ableitungen: $f'(x) = \frac{1}{2}(x^3 - 5x)$, $f''(x) = \frac{1}{2}(3x^2 - 5)$,
$f'''(x) = 3x$

Symmetrie:
Der Term enthält nur gerade Hochzahlen;
der Graph ist damit **symmetrisch zur y-Achse.**

Schnittpunkte mit den Achsen:
i) y-Achse: $f(0) = \frac{9}{8}$; **$Y\left(0 \middle| \frac{9}{8}\right)$**
ii) x-Achse: $f(x) = 0$ führt auf die Gleichung
$\frac{1}{8}(x^4 - 10x^2 + 9) = 0$ mit den Lösungen $x_{1,2} = \pm 3$;
$x_{3,4} = \pm 1$; somit $N_1(-3|0)$; $N_2(-1|0)$; $N_3(1|0)$; $N_4(3|0)$.

Extrempunkte:
Es gilt $f'(x) = 0$ und $f''(x) \neq 0$, d.h. $\frac{1}{2}(x^3 - 5x) = 0$ führt zur Gleichung $x \cdot (x^2 - 5) = 0$ und damit zu den Lösungen $x_1 = 0$ und $x_{2,3} = \pm\sqrt{5}$.
Einsetzen in f″: $f''(0) < 0$, also Maximum; $f(0) = \frac{9}{8} \approx 1{,}12$; Hochpunkt **$H(0|1{,}12)$**
$f''(\pm\sqrt{5}) > 0$, also Minimum; $f(\pm\sqrt{5}) = -2$; Tiefpunkte **$T_1(-\sqrt{5}|-2)$; $T_2(\sqrt{5}|-2)$.**

Wendepunkte:
$f'''(x) = 0$, d.h. $\frac{1}{2}(3x^2 - 5) = 0$ ergibt die Lösungen $x_{1,2} = \pm\sqrt{\frac{5}{3}}$. Es ist $f'''\left(\pm\sqrt{\frac{5}{3}}\right) \neq 0 \approx 0{,}61$;
Wendepunkte **$W_1(-1{,}29|-0{,}61)$; $W_2(1{,}29|-0{,}61)$.**

Bei einer gebrochenrationalen Funktion erhält man ohne Ableitungen (Seite 46 ff.):
1. Definitionsmenge
2. senkrechte Asymptoten
3. waagrechte Asymptote
4. Nullstellen
5. Schnittpunkt mit der y-Achse

Mit Ableitungen erhält man:
1. Extremstellen
2. Wendestellen

Bei gebrochenrationalen Funktionen kann es sein, dass zur Bestimmung einer zweiten Ableitung aufwendige Rechnungen durchgeführt werden müssen. Man sollte deshalb überlegen, ob nicht die Bestimmung von Extremstellen durch eine Untersuchung auf Vorzeichenwechsel der ersten Ableitung einfacher ist. Hilfreich dabei ist eine Produktdarstellung der ersten Ableitung.

TIPPS

- Überprüfen Sie vor Berechnung der zweiten Ableitung, ob die erste Ableitung gekürzt werden kann.
  Beim Zeichnen des Graphen zuerst die Asymptoten einzeichnen.
- Eine senkrechte Asymptote wird nie vom Graphen geschnitten.
  Also: Niemals über eine senkrechte Asymptote hinwegzeichnen.
- Eine waagrechte oder schiefe Asymptote dagegen kann vom Graphen der zugehörigen Funktion geschnitten werden (vgl. Fig.).
- Hat eine gebrochenrationale Funktion nur einen Summanden im Nenner, sollte man durchdividieren:
  $f(x) = \frac{4x^3 - x^2 - 2}{2x^2} = 2x - \frac{1}{2} - \frac{1}{x^2}.$
  Die Ableitungen und die schiefe Asymptote $\left(y = 2x - \frac{1}{2}\right)$ sind dann einfacher zu bestimmen.

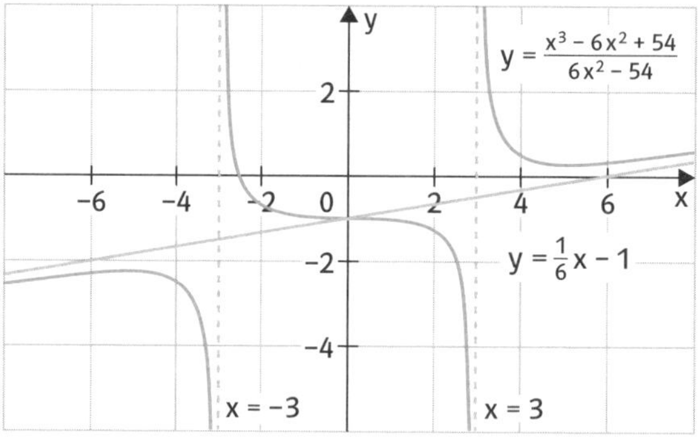

KURVENDISKUSSION – GEBROCHENRATIONALE FUNKTION

Untersuchen Sie den Graphen der Funktion f mit $f(x) = \frac{x^2+9}{x^2-9}$ auf Symmetrie, Asymptoten, gemeinsame Punkte mit den Achsen, Extrem- und Wendepunkte.

Zeichnen Sie damit den Graphen von f.

LÖSUNGEN

$f(x) = \frac{x^2+9}{x^2-9}$, $D = \mathbb{R} \setminus \{-3; +3\}$

Ableitungen:
$f''(x) = \frac{-36x}{(x^2-9)^2}$, $f'(x) = \frac{108 \cdot (x^2+3)}{(x^2-9)^3}$

Asymptoten:
$x = -3$ (VZW von + nach −)
$x = 3$ (VZW von − nach +)
Waagrechte Asymptote: $y = 0$

Symmetrie:
Es ist $f(-x) = f(x)$;
der Graph ist **symmetrisch zur y-Achse**.

Schnittpunkte mit den Achsen:
i) y-Achse: $f(0) = -1$; **Y(0 | −1)**
ii) x-Achse: $f(x) = 0$ hat keine Lösung, also gibt es **keine Nullstellen**.

Extrempunkte:
Es gilt $f'(x) = 0$ und $f''(x) \neq 0$, d.h. $f'(x) = \frac{-36x}{(x^2-9)^2}$ führt zur Gleichung $-36x = 0$ und damit zu der Lösung $x_1 = 0$.
Einsetzen in f'': $f''(0) < 0$, also Maximum; $f(0) = -1$; Hochpunkt: **H(0 | −1)**

Wendepunkte:
$f''(x) = 0$ hat keine Lösung, also gibt es **keine Wendepunkte**.

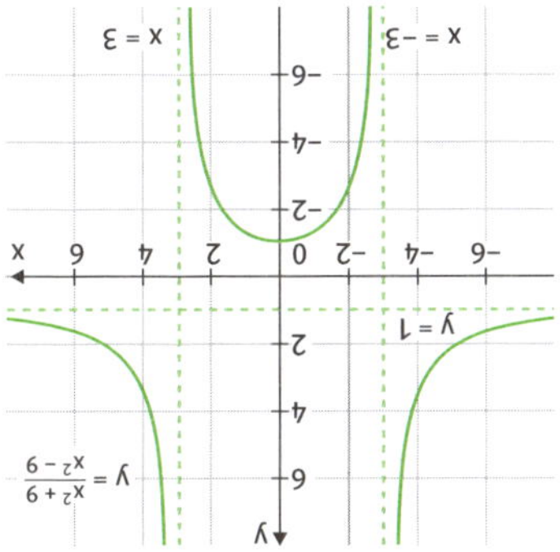

Exponentialfunktionen und ihre Graphen werden auf dieselbe Weise untersucht wie **ganzrationale** Funktionen. Nur das Verhalten von $f(x)$ für $x \to +\infty$ und für $x \to -\infty$ bei einer Exponentialfunktion f wird durch andere Regeln beherrscht.

Für $x \to +\infty$ strebt $e^x \to +\infty$, für $x \to -\infty$ strebt $e^x \to 0$, d.h. die x-Achse ist die Asymptote des Graphen von f mit $f(x) = e^x$ (vgl. Seite 54).

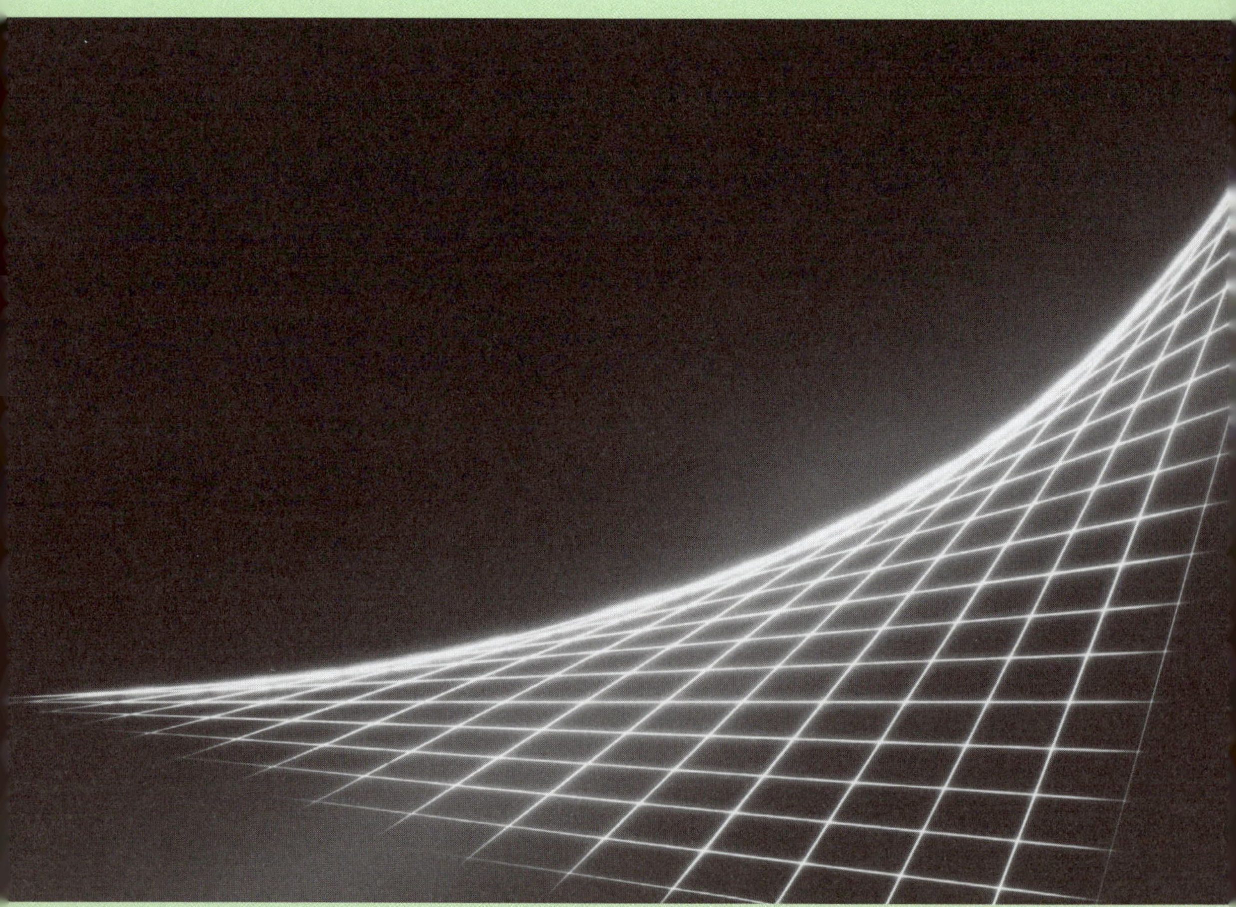

Funktionen mit einem Term wie $f(x) = a \cdot e^{bx} + c$ haben stets die Gerade mit der Gleichung $y = c$ als waagrechte Asymptote.
Wird bei einer Funktion f eine ganzrationale zu einer Exponentialfunktion addiert, ist die ganzrationale Funktionmeist schiefe Asymptote bzw. Näherungskurve von ffür $x \to +\infty$ oder $x \to -\infty$ (vgl. Fig.).

Ist eine Funktion f zusammengesetzt aus dem Produkt einer Exponentialfunktion mit einer ganzrationalen Funktion,so lassen sich die Nullstellen von f meist leicht bestimmen.
Für das asymptotische Verhalten von f gilt:
Für $x \to +\infty$ strebt $x^n \cdot e^x \to +\infty$, für $x \to -\infty$ strebt $x^n \cdot e^x \to 0$,
d.h. die x-Achse ist die Asymptote des Graphen von f mit $f(x) = x^n \cdot e^x$.

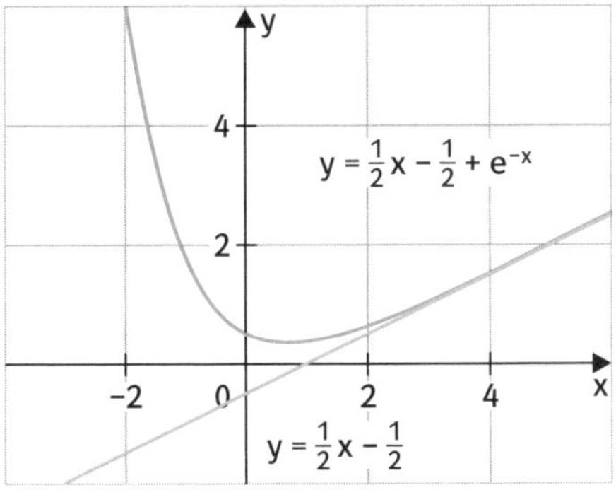

TIPPS

- Häufig ist die Definitionsmenge ℝ; dann gibt es keine senkrechten Asymptoten.
- Beim Zeichnen des Graphen zuerst waagrechte bzw. schiefe Asymptoten einzeichnen.
- Bei Ableitungen von Exponentialfunktionen kann man oft den exponentiellen Bestandteil ausklammern.

KURVENDISKUSSION – EXPONENTIALFUNKTION

Untersuchen Sie den Graphen der Funktion f mit $f(x) = (2x-3) \cdot e^{x+1}$

auf Asymptoten, gemeinsame Punkte mit den Achsen, Extrem- und Wendepunkte.

Zeichen Sie damit den Graphen von f.

LÖSUNGEN

$f(x) = (2x-3) \cdot e^{x+1}$

Ableitungen:
$f'(x) = (2x-1) \cdot e^{x+1}$, $f''(x) = (2x+1) \cdot e^{x+1}$;
$f'''(x) = (2x+3) \cdot e^{x+1}$

Asymptoten:
Für $x \to +\infty$ gilt: $f(x) \to +\infty$; für $x \to -\infty$ gilt: $f(x) \to 0$,
also ist **$y = 0$** waagrechte Asymptote.

Schnittpunkte mit den Achsen:
i) y-Achse: $f(0) = -3e$; **$Y(0\,|\,-3e)$**
ii) x-Achse: $(2x-3) \cdot e^{x+1} = 0$ hat die Lösung $x_1 = 1{,}5$; **$N(1{,}5\,|\,0)$**.

Extrempunkte:
$f'(x) = 0$ und $f''(x) \neq 0$;
$(2x-1) \cdot e^{x+1} = 0$ führt auf $x_2 = 0{,}5$.
Wegen $f''(0{,}5) = 2 \cdot e^{1{,}5} > 0$ erhält man ein Minimum.
Mit $f(0{,}5) = -2 \cdot e^{1{,}5} \approx -8{,}96$ ergibt sich der Tiefpunkt **$T(0{,}5\,|\,-8{,}96)$**.

Wendepunkte:
$f''(x) = 0$ und $f'''(x) \neq 0$; $(2x+1) \cdot e^{x+1} = 0$ liefert $x_3 = -0{,}5$.
Da $f'''(-0{,}5) \neq 0$ und $f(-0{,}5) = -4 \cdot e^{0{,}5} \approx -6{,}59$ ist, erhält man
den Wendepunkt **$W(-0{,}5\,|\,-6{,}59)$**.

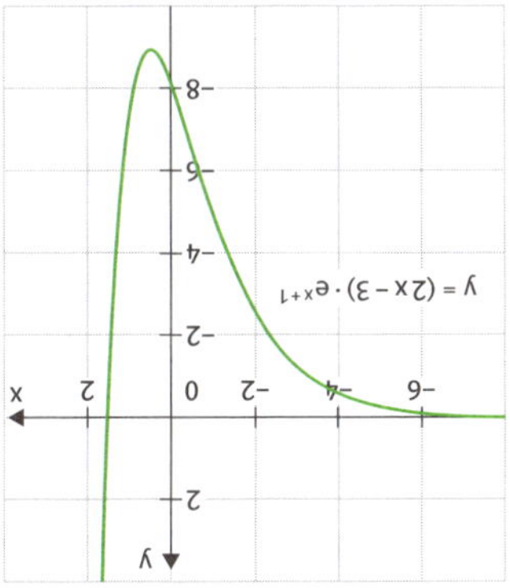

Ist die Funktion f in der Form $f(x) = a \cdot \sin(b \cdot x + c) + d$ gegeben, formt man sie um in die Form $f(x) = a \cdot \sin(b \cdot (x - e)) + d$. Dann ist (vgl. Seite 64).
$|a|$ die Amplitude, $\left|\frac{2\pi}{b}\right|$ die Periode, e die Verschiebung nach rechts, d die Verschiebung nach oben.

Wird bei einer Funktion f zu einer trigonometrischen Funktion eine weitere Funktion addiert, erhält man den Graphen durch Ordinatenaddition (Fig. 1).
Wird bei einer Funktion f eine trigonometrische Funktion mit einer weiteren Funktion multipliziert, so „steuert" diese Funktion die Amplitude (Fig. 2).

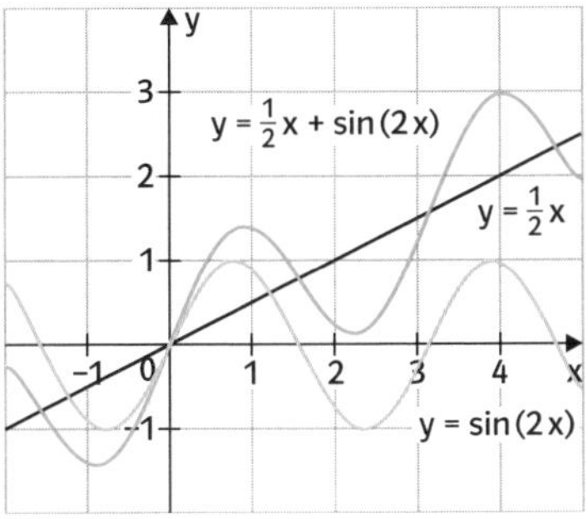

Fig. 1

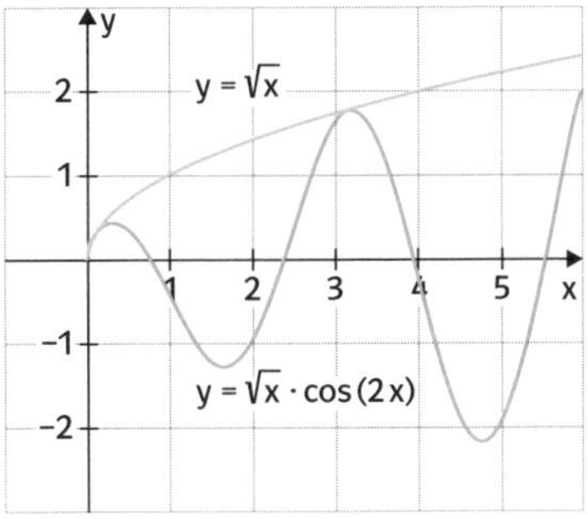

Fig. 2

TIPPS

- Notieren Sie zuerst, in welchem Intervall der Graph untersucht werden soll.
  Da sich bei den auftretenden Gleichungen in der Regel unendlich viele Lösungen ergeben, ist es wichtig zu wissen, welche für die konkrete Funktionsuntersuchung gebraucht werden.
- Wiederholen Sie die Strategien zum Lösen einer trigonometrischen Gleichung (vgl. Seite 22).
- Ist eine trigonometrische Funktion nur in einem Intervall gegeben, kann z.B. an den Intervallenden kein Wendepunkt vorliegen, da diese für Umgebungen definiert sind.

KURVENDISKUSSION – TRIGONOMETRISCHE FUNKTION

Gegeben ist die Funktion f mit

$f(x) = \frac{1}{2}x + \pi + \sin(x)$ für $-2\pi \leq x \leq 0$.

Zeigen Sie, dass -2π eine Nullstelle von f ist.

Untersuchen Sie den Graphen von f auf Hoch-, Tief- und Wendepunkte.

Zeichnen Sie damit den Graphen von f.

LÖSUNGEN

Nachweis:
$f(-2\pi) = \frac{1}{2} \cdot (-2\pi) + \pi + \sin(-2\pi) = -\pi + \pi + 0 = 0$

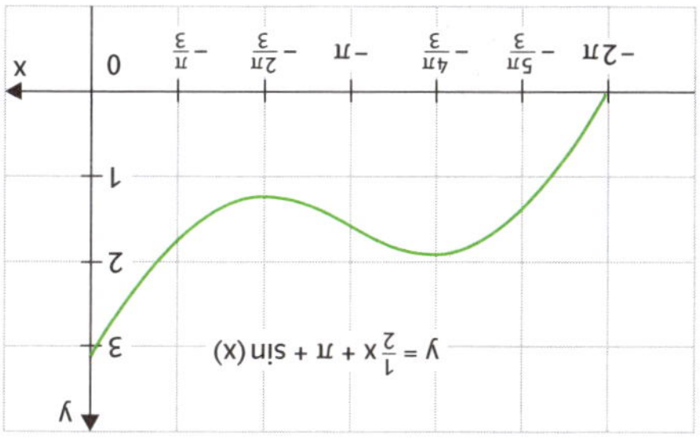

Ableitungen:
$f'(x) = \frac{1}{2} + \cos(x)$; $f''(x) = -\sin(x)$; $f'''(x) = -\cos(x)$

Extrempunkte:
Aus $f'(x) = 0$ folgt $\cos(x) = -\frac{1}{2}$

und hieraus $x_1 = -\frac{2}{3}\pi$; $x_2 = -\frac{4}{3}\pi$.

Weiterhin ist

$f(x) = \frac{1}{2} \cdot \left(-\frac{2}{3}\pi\right) + \pi + \sin\left(-\frac{2}{3}\pi\right) = \frac{2}{3}\pi - \frac{1}{2}\sqrt{3} \approx 1{,}23$;

$f''(x_1) = -\sin\left(-\frac{2}{3}\pi\right) < 0$;

$f(x_2) = \frac{1}{2} \cdot \left(-\frac{4}{3}\pi\right) + \pi + \sin\left(-\frac{4}{3}\pi\right) = \frac{1}{3}\pi + \frac{1}{2}\sqrt{3} \approx 1{,}91$; $f''(x_2) = -\sin\left(-\frac{4}{3}\pi\right) > 0$.

$T\left(-\frac{2}{3}\pi \,\middle|\, \frac{2}{3}\pi - \frac{1}{2}\sqrt{3}\right) \approx T(-2{,}09 \mid 1{,}23)$ ist **Tiefpunkt**; $H\left(-\frac{4}{3}\pi \,\middle|\, \frac{1}{3}\pi + \frac{1}{2}\sqrt{3}\right) \approx H(-4{,}19 \mid 1{,}91)$ ein **Hochpunkt**.

Wendepunkte:
Aus $f''(x) = 0$ folgt $-\sin(x) = 0$ und hieraus $x_1 = 0$; $x_2 = -\pi$; $x_3 = -2\pi$.
Die Stellen 0 und -2π entfallen, da Wendepunkte für Umgebungen definiert sind.
$f(-\pi) = \frac{1}{2} \cdot (-\pi) + \pi + \sin(-\pi) = \frac{1}{2}\pi$; $f'''(-\pi) = -\cos(-\pi) \neq 0$; $W\left(-\pi \,\middle|\, \frac{1}{2}\pi\right)$ ist **Wendepunkt**.

VORGEHENSWEISE

Bei Extremwertaufgaben ist folgende Vorgehensweise sinnvoll:

ZIELFUNKTION

1. Aufstellen der Zielfunktion Z, deren Extremstellen oder Extremwerte bestimmt werden sollen.
   Z (u) darf nur die Variable u enthalten.
   Enthält der Term mehrere Variable, kann man diese mit Hilfe einer Nebenbedingung reduzieren.

EXTREMSTELLEN

2. Mit Z′ und Z″ werden die Extremstellen u_E von Z bestimmt. Das Vorgehen dabei ist das Gleiche, wie beim Bestimmen der Hoch- und Tiefpunkte einer Funktion f.

RANDEXTREMA

3. Da mit 2. nur Extremstellen erfasst werden, die im Innern des Definitionsintervalls von Z liegen und an denen Z differenzierbar ist, muss der Rand des Definitionsbereichs noch gesondert untersucht werden.
   Randextrema können meist dadurch ausgeschlossen werden, dass man das Verhalten von Z (u) am Rand des Definitionsintervalls untersucht oder/und darauf hinweist, dass die Funktion Z im Definitionsintervall nur eine Extremstelle besitzt.

TIPPS

- Komplexere Extremwertprobleme hängen meist von mehreren Größen ab, sodass eine Nebenbedingung notwendig ist, um die Zielfunktion nur in Abhängigkeit von einer Variablen zu haben. Außerdem ist darauf zu achten, eine möglichst einfache Zielfunktion zu erhalten, damit die Ableitungen und die Gleichungen nicht zu kompliziert werden.
- Bei Fragestellungen nach einer extremalen Länge treten oft Wurzelfunktionen auf. In diesem Fall kann man die quadrierte Funktion als Ersatzfunktion untersuchen.

BEISPIEL

Welches Rechteck mit dem Umfang 40 hat die kürzeste Diagonale?

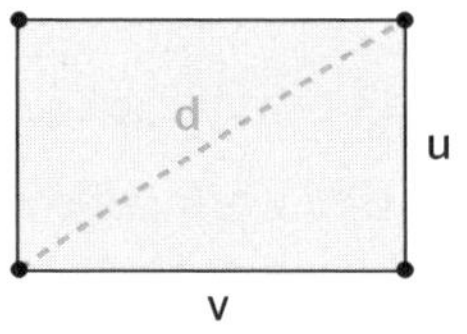

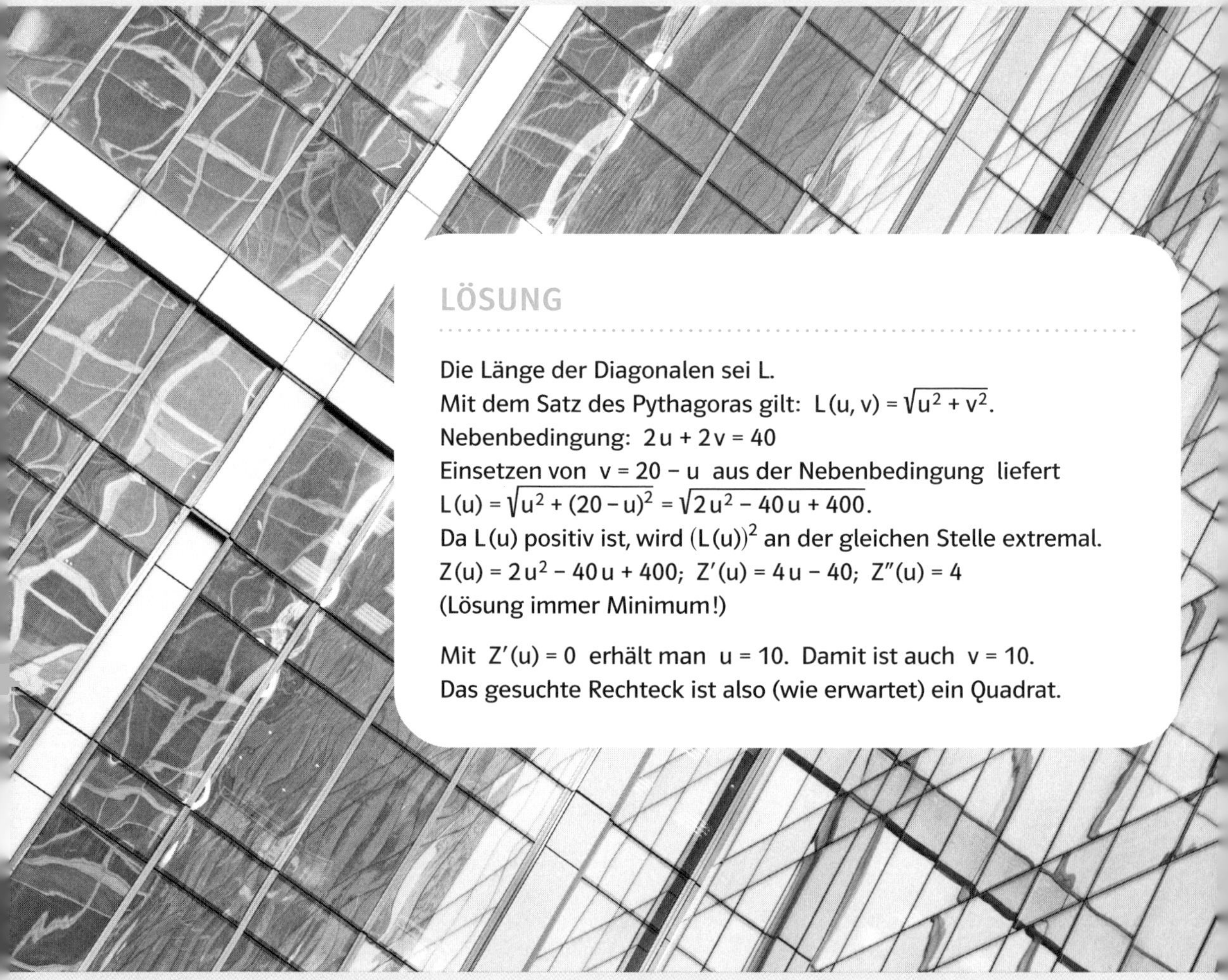

LÖSUNG

Die Länge der Diagonalen sei L.
Mit dem Satz des Pythagoras gilt: $L(u, v) = \sqrt{u^2 + v^2}$.
Nebenbedingung: $2u + 2v = 40$
Einsetzen von $v = 20 - u$ aus der Nebenbedingung liefert
$L(u) = \sqrt{u^2 + (20 - u)^2} = \sqrt{2u^2 - 40u + 400}$.
Da $L(u)$ positiv ist, wird $(L(u))^2$ an der gleichen Stelle extremal.
$Z(u) = 2u^2 - 40u + 400$; $Z'(u) = 4u - 40$; $Z''(u) = 4$
(Lösung immer Minimum!)

Mit $Z'(u) = 0$ erhält man $u = 10$. Damit ist auch $v = 10$.
Das gesuchte Rechteck ist also (wie erwartet) ein Quadrat.

EXTREMWERTPROBLEME

Gegeben ist die Funktion f mit dem Graphen K

$f(x) = (2 - x) \cdot e^x;\ x \in \mathbb{R}$.

K' sei der Graph der Ableitungsfunktion f' von f.

Die Gerade mit der Gleichung $x = z$ mit $z < 0$ schneidet K in P und K' in Q.
Wie muss z gewählt werden, damit das Dreieck OPQ einen extremalen Inhalt besitzt?
Berechnen Sie auch den extremalen Inhalt und beschreiben Sie die Art des Extremums.

LÖSUNGEN

Bestimmung des Flächeninhaltes A(z) des Dreiecks OPQ:
Es ist $f'(x) = -1 \cdot e^x + (2 - x) \cdot e^x = (1 - x) \cdot e^x$.
Die Verbindungsstrecke der Punkte P und Q hat als Grundseite des Dreiecks OPQ die Länge $f(z) - f'(z) = (2 - z)e^z - (1 - z)e^z = e^z$.
Da das Dreieck OPQ die Höhe $-z$ hat, ergibt sich für den Flächeninhalt:

$$A(z) = \frac{1}{2}(-z)(f(z) - f'(z)) = -\frac{1}{2}z \cdot e^z.$$

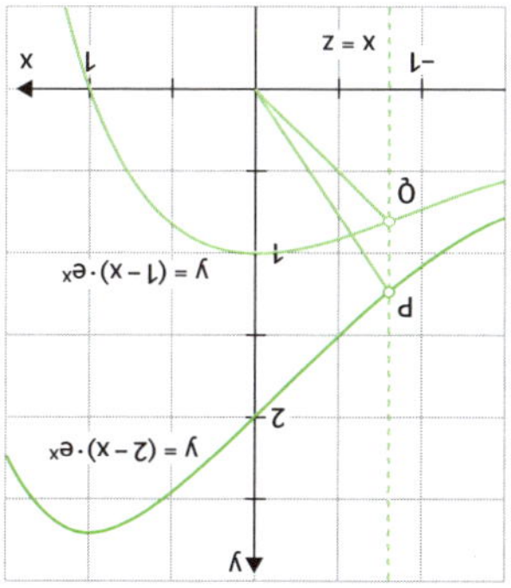

Extremstellen von A:
Man erhält mit der Produktregel

$$A'(z) = -\frac{1}{2}e^z - \frac{1}{2}ze^z = -\frac{1}{2}(1 + z)e^z,$$

$$A''(z) = -\frac{1}{2}e^z - \frac{1}{2}(1 + z)e^z = -\frac{1}{2}(2 + z)e^z.$$

Aus $A'(z) = 0$ folgt $z = -1$ wegen $e^z > 0$.
Da $A''(-1) = -\frac{1}{2}e^{-1} < 0$ ist, hat A an der Stelle −1 ein relatives Maximum.
Da aber $A(z) \to 0$ für $z \to -\infty$ gilt, liegt an der Stelle −1 auch das absolute Maximum von A.
Der maximale Flächeninhalt ist $A(-1) = -\frac{1}{2}(-1)e^{-1} = \frac{1}{2e} \approx 0{,}184$.

DIE WICHTIGSTEN BEDINGUNGEN FÜR EINE FUNKTION f MIT GRAPH K

- Wenn K durch den Punkt $P(x_0 \mid y_0)$ verläuft, gilt: $f(x_0) = y_0$.
- Hat K an der Stelle x_0 die Steigung m, gilt: $f'(x_0) = m$.
- Besitzt K den Extrempunkt $E(x_E \mid y_E)$ gilt: $f(x_E) = y_E$ und $f'(x_E) = 0$.
- Besitzt K den Wendepunkt $W(x_W \mid y_W)$, gilt: $f(x_W) = y_W$ und $f''(x_W) = 0$.

VORGEHEN BEI DER BESTIMMUNG EINER GANZRATIONALEN FUNKTION

- Allgemeiner Ansatz für f(x) (z. B. für eine Funktion 3. Grades: $f(x) = a \cdot x^3 + b \cdot x^2 + c \cdot x + d$)
- Formulieren der gegebenen Bedingungen mit Hilfe von f, f′ und gegebenenfalls f″
- Aufstellen eines LGS mit $n + 1$ Gleichungen und $n + 1$ Variablen für eine Funktion n-ten Grades
- Lösen des LGS und Angabe des Funktionsterms
- Kontrolle, ob die gegebenen Bedingungen erfüllt sind

TIPPS

- Nutzen Sie schon beim Ansatz vorgegebene Bedingungen aus.
- Soll z. B. der Graph einer ganzrationalen Funktion vom Grad 3 punktsymmetrisch zum Ursprung sein, setzt man an: $f(x) = a \cdot x^3 + b \cdot x$. Entsprechend für Achsensymmetrie zur y-Achse.
- Eine Aussage wie „Der Graph hat in $P(1|2)$ einen Tiefpunkt" enthält zwei notwendige Bedingungen: $f(1) = 2$ und $f'(1) = 0$.
- Notieren Sie zunächst alle Bedingungen in Gleichungen mit f, f' und f'', dann erst als Gleichungen mit a, b und c usw.
- Zum Lösen eines LGS vgl. Seite 28 ff.
- Vergessen Sie nicht die Probe, denn bei dem Verfahren werden nur notwendige Bedingungen verwendet. Es kann durchaus sein, dass keine Funktion die angegebenen Bedingungen erfüllt.

ANWENDUNGEN – BESTIMMUNG EINER GANZRATIONALEN FUNKTION

Eine ganzrationale Funktion dritten Grades geht durch $P(0\,|\,-2)$ und hat einen Hochpunkt an der Stelle $x = 1$. Die Wendetangente an der Stelle $x = 2$ besitzt die Steigung $-1{,}5$. Bestimmen Sie die zugehörige Funktionsgleichung.

LÖSUNGEN

Ansatz: $f(x) = a \cdot x^3 + b \cdot x^2 + c \cdot c + d$; $f'(x) = 3a \cdot x^2 + 2b \cdot x + c$; $f''(x) = 6a \cdot x + 2b$

Bedingungen:

$P(0\,\|\,-2)$:	$f(0) = -2$	$\Rightarrow$ $a \cdot 0 + b \cdot 0 + c \cdot 0 + d$	$= -2$	[1]
Hochpunkt bei $x = 1$:	$f'(1) = 0$	$\Rightarrow$ $3a \cdot 1 + 2b \cdot 1 + c$	$= 0$	[2]
Wendepunkt bei $x = 2$:	$f''(2) = 0$	$\Rightarrow$ $6a \cdot 2 + 2b$	$= 0$	[3]
Steigung bei $x = 2$ ist $-1{,}5$:	$f'(2) = -1{,}5$	$\Rightarrow$ $3a \cdot 4 + 2b \cdot 2 + c$	$= -1{,}5$	[4]

Aus [1] folgt $d = -2$. Vereinfachen und ordnen von [2] – [4] führt auf das LGS

$$\begin{aligned} 3a + 2b + c &= 0 \\ 12a + 2b = 0 &= 0 \\ 12a + 4b + c &= -1{,}5 \end{aligned} \quad \text{bzw.} \quad \begin{aligned} 3a + 2b + c &= 0 \\ 12a + 2b &= 0 \\ -3a &= -1{,}5 \end{aligned} \; .$$

Aus diesem LGS erhalt man $a = 0{,}5$; $b = -3$; $c = 4{,}5$.

Somit gilt: $f(x) = \frac{1}{2}x^3 - 3x^2 + \frac{9}{2}x - 2$

Überprüfung der Bedingungen (Probe):

$f'(x) = \frac{3}{2}x^2 - 6x + \frac{9}{2}$; $f''(x) = 3x - 6$; $f'''(x) = 3$.

Wegen $f''(1) = -3 < 0$ und $f'''(2) = 3 \neq 0$ sind $H(1\,|\,0)$ Hochpunkt und $W(2\,|\,-1)$ Wendepunkt.

Ergebnis: **$f(x) = \frac{1}{2}x^3 - 3x^2 + \frac{9}{2}x - 2$**

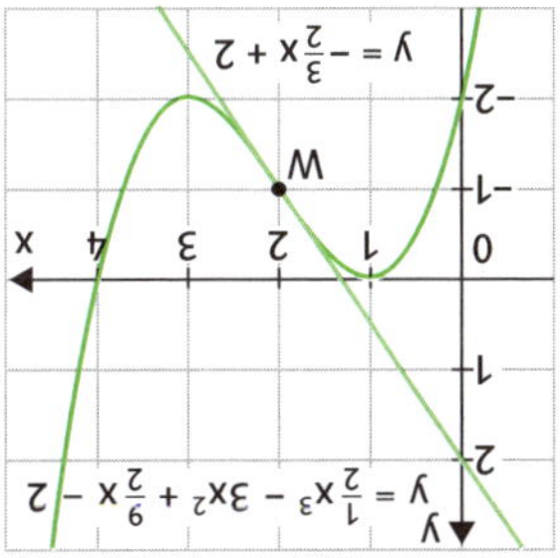

Enthält der Term einer Funktion einen Parameter, so spricht man von einer Funktionenschar.
Funktionenscharen werden untersucht wie Funktionen ohne Parameter. Die Koordinaten der ermittelten Hoch-, Tief- und Wendepunkte bei Funktionenscharen enthalten aber in der Regel den Parameter.

Neben der eigentlichen Untersuchung der Funktionenschar sind Fragestellungen möglich, die sich auf den Parameter beziehen.

Im Aufgabenteil c) auf Seite 141 wird der Wert des Parameters t gesucht, für den der Umfang eines Rechtecks minimal wird. Es handelt sich also um eine Extremwertaufgabe.
Zur Vorgehensweise bei einer Extremwertaufgabe vgl. Seite 130 ff.
Beachten Sie aber: Die Zielfunktion im Aufgabenteil c) auf Seite 141 hat t als Variable und nicht x.
Die Zielfunktion muss also nach t abgeleitet werden.

TIPPS

- Auch bei einer Funktionenschar wird nach der Funktionsvariablen x abgeleitet und nicht nach dem Parameter t. Dieser wird beim Ableiten wie eine Konstante behandelt.
- Oft ist der Geltungsbereich des Parameters eingeschränkt, z.B. $t > 0$. Beachten Sie die Auswirkungen für alle folgenden Rechnungen.
- Bezieht sich ein Extremwertproblem auf ein Rechteck, achten Sie darauf, ob der Flächeninhalt oder der Umfang untersucht werden soll.

HINWEISE ZUM GTR

Anstelle des Parameters t wird eine Liste, z. B. L_1 eingegeben (vgl. Fig. 1). L_1 enthält die Werte des Parameters, für die der Graph gezeichnet werden soll; hier $t = 0{,}2$ und $t = 0{,}5$ für die Funktion aus der Aufgabe (vgl. Fig. 2).

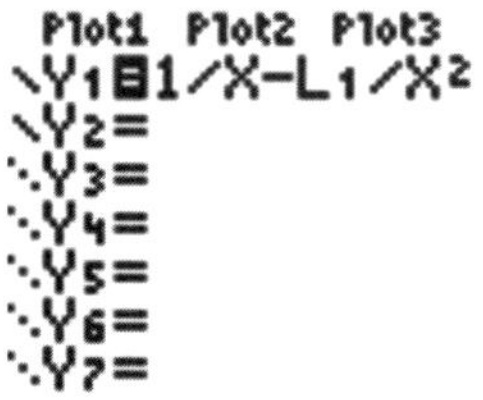

Fig. 1

Fig. 2

ANWENDUNGEN – FUNKTIONENSCHAR

Für jedes $t > 0$ ist eine Funktion f_t gegeben durch

$f_t(x) = \frac{1}{x} - \frac{t}{x^2}$; $x \neq 0$.

Der Graph sei K_t.

a) Für welchen Wert von t geht K_t durch den Punkt $A(1\,|\,0)$?

b) Untersuchen Sie K_t auf Extrempunkte.

c) Die Koordinatenachsen und die Parallelen zu diesen durch den Hochpunkt von K_t bilden ein Rechteck.
Für welchen Wert von t ist der Umfang dieses Rechtecks minimal?

LÖSUNGEN

a) *Wert für t:* Punktprobe für $A(1\,|\,0)$ liefert: $\frac{1}{1} - \frac{t}{1} = 0$. Hieraus folgt $t = 1$.

b) *Extrempunkte:*
$f_t(x) = \frac{1}{x} - \frac{t}{x^2}$; $f_t'(x) = -\frac{1}{x^2} + \frac{2t}{x^3}$; $f_t''(x) = \frac{2}{x^3} - \frac{6t}{x^4}$
Es gilt $f_t'(x) = 0$ und $f_t''(x) \neq 0$.
Die Bedingung $f_t'(x) = 0$ führt auf die Gleichung $-\frac{1}{x^2} + \frac{2t}{x^3}$ bzw. $-x + 2t = 0$ mit der Lösung $x_1 = 2t$.
Da $f_t''(x_1) = -\frac{1}{8t^3} < 0$ wegen $t > 0$, ergibt sich ein Maximum.
Mit $f_t(2t) = \frac{1}{4t}$ gilt für den Hochpunkt: $H_t\left(2t\,\middle|\,\frac{1}{4t}\right)$ mit $t > 0$.

c) *Zielfunktion:*
Für den Umfang des Rechtecks gilt
$U(t) = 2 \cdot \left(2t + \frac{1}{4t}\right)$ mit $t > 0$
$U'(t) = 4 - \frac{1}{2t^2}$; $U''(t) = \frac{1}{t^3}$
Aus $U'(t) = 0$ ergibt sich $8 - \frac{1}{t^2} = 0$ mit der Lösung $t_{1,2} = \pm\frac{1}{4}\sqrt{2}$.
Wegen $t > 0$ gilt nur $t_1 = +\frac{1}{4}\sqrt{2}$ und es ist
$U''\left(+\frac{1}{4}\sqrt{2}\right) = 16 \cdot \sqrt{2} > 0$.
Somit ist $U(t)$ minimal für $t_1 = \frac{1}{4}\sqrt{2}$.

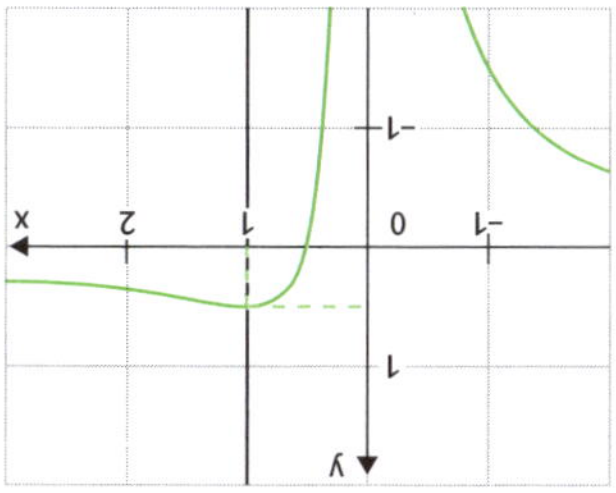

WISSEN ÜBER DIE WICHTIGSTEN WACHSTUMSFORMEN

$f(x)$ gibt z. B. den Bestand einer Population, die Intensität einer Größe oder die Temperatur einer Flüssigkeit an. Die Variable x entspricht meistens der Zeit und wird dann oft mit t bezeichnet. Zu jeder Wachstumsform gehört eine bestimmte Differenzialgleichung, die den Zusammenhang von Bestand $f(x)$ und seiner momentanen Änderungsrate $f'(x)$ beschreibt.

EXPONENTIELLE ABNAHME (ZERFALL)

Bestandsfunktion: $f(x) = a \cdot e^{k \cdot x}$ mit $k > 0$
a: Anfangsbestand

Differenzialgleichung:
$f'(x) = k \cdot f(x)$ mit Wachstumskonstante k

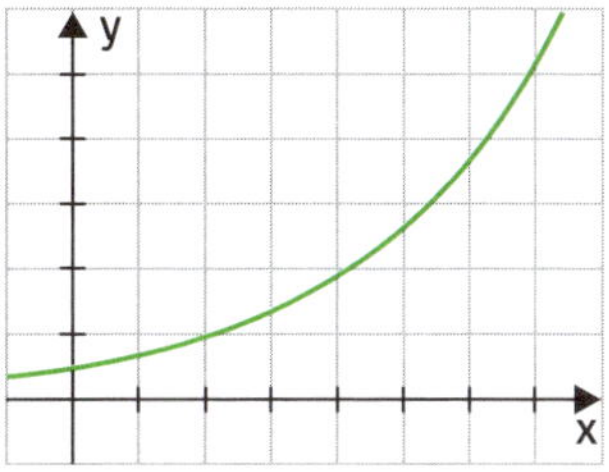

Beispiel: *Vermehrung von Bakterien*

EXPONENTIELLE ABNAHME (ZERFALL)

Zerfallsfunktion: $f(x) = a \cdot e^{-kx}$ mit $k > 0$
a: Anfangsbestand $f(0)$

Differenzialgleichung:
$f'(x) = -k \cdot f(x)$ mit Zerfallskonstante k

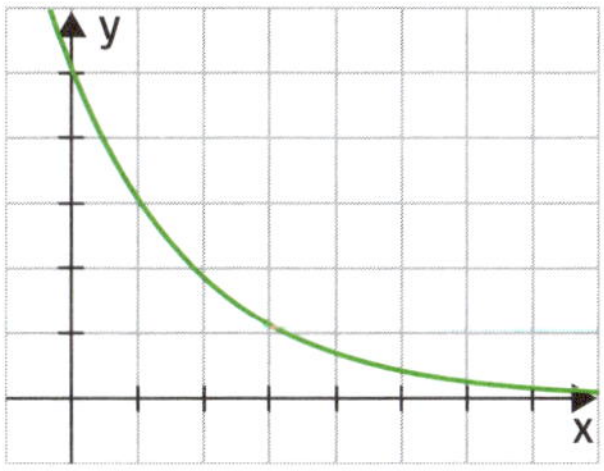

Beispiel: *Radioaktiver Zerfall*

BESCHRÄNKTES WACHSTUM

Bestandsfunktion: $f(x) = G - c \cdot e^{-kx}$ mit $k > 0$ mit Sättigungsgrenze G.

Differenzialgleichung:
$f'(x) = k \cdot (G - f(x))$ mit Wachstumskonstante k

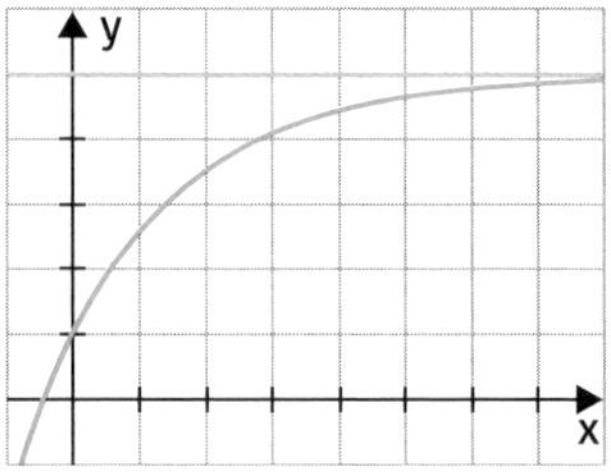

Beispiel: *Wachstum von Pflanzen*

BESCHRÄNKTE ABNAHME

Bestandsfunktion: $f(x) = G + c \cdot e^{-kx}$ mit $k > 0$ mit Grenze G.

Differenzialgleichung:
$f'(x) = k \cdot (G - f(x))$ mit Wachstumskonstante k

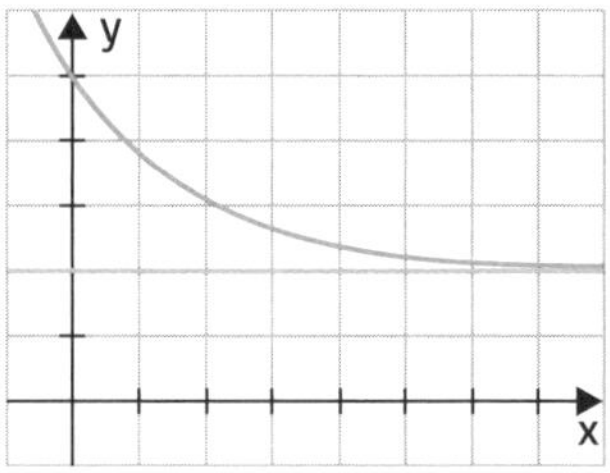

Beispiel: *Abkühlung einer warmen Flüssigkeit in kälterer Umgebung*

Das Wachstum einer Pflanze kann in der Regel weder durch exponentielles noch durch beschränktes Wachstum allein modelliert werden (vgl. Seite 143/144). Deshalb setzt man in einer ersten Näherung Funktionen zusammen, für die in einem ersten Intervall mit $t \leq t_0$ exponentielles und für $t > t_0$ dann beschränktes Wachstum gilt (vgl. Aufgabe 2 auf Seite 147). Dabei achtet man darauf, dass die Graphen ohne Sprung ineinander übergehen (vgl. Fig.).

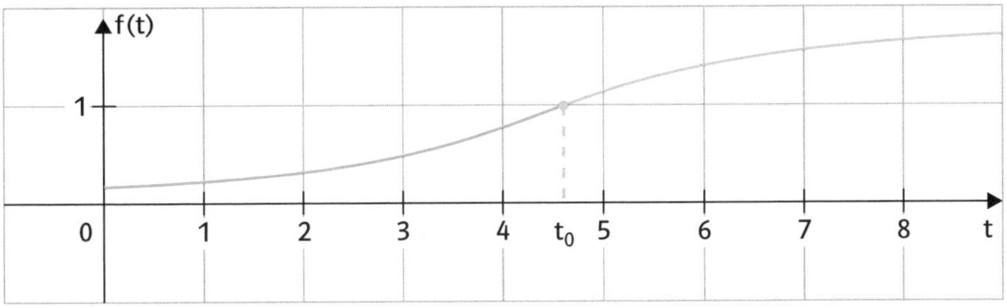

Damit die Graphen an der Stelle t_0 auch „ohne Knick" ineinander übergehen, muss man auch noch die Steigungen an der Stelle t_0 betrachten.

TIPPS

- Die auf den Seiten 143/144 angegebenen wichtigsten Wachstumsformen einschließlich der zugehörigen Gleichungen und Graphen sollten Sie auswendig kennen.
- Dem Funktionswert zur Zeit $t = 0$ entspricht im Modell der Anfangsbestand.
- Fragen nach langfristigem Verhalten bei Wachstumsprozessen beinhalten mathematisch die Frage nach einer Asymptote.
  Man untersucht also das Verhalten der Funktion für $t \to \infty$.
  Bedenken Sie aber: Wachstumsprozesse sind in der Regel endliche Prozesse. Der durch Grenzwertüberlegungen ermittelte Wert wird in der Praxis weit eher angenommen, als im Modell berechnet.

WACHSTUM

1. Nach Entnahme einer Flüssigkeit aus einem Kühlschrank kann die Erwärmung durch die Funktion f mit

$$f(t) = 20 - 17 \cdot e^{-0{,}1 \cdot t}$$

beschrieben werden (t in Minuten; f(t) in °C).

a) Welche Temperatur hatte die Flüssigkeit bei Entnahme aus dem Kühlschrank?

b) Welche Temperatur hat die Flüssigkeit nach der Erwärmung?

c) Zu welchem Zeitpunkt ist die Geschwindigkeit, mit der sich die Flüssigkeit erwärmt, am größten?

LÖSUNGEN

1. a) Es ist $f(0) = 20 - 17 \cdot e^{-0{,}1 \cdot 0} = 20 - 17 = 3$
Bei Entnahme hatte die Flüssigkeit eine Temperatur von **3 °C**.

b) Für $t \to \infty$ geht $f(t) \to 20$.
Langfristig hat die Flüssigkeit eine Temperatur von **20 °C**.

c) Die Geschwindigkeit, mit der sich die Flüssigkeit erwärmt, ist zu dem Zeitpunkt am größten, an dem die Änderungsrate der Temperatur maximal ist.
Es ist $f'(t) = -17 \cdot e^{-0{,}1 \cdot t} \cdot (-0{,}1) = 1{,}7 \cdot e^{-0{,}1 \cdot t}$.
Für $t \geq 0$ ist $f'(t)$ streng monoton fallend.
Also ist bei **Entnahme aus dem Kühlschrank** die Geschwindigkeit, mit der sich die Flüssigkeit erwärmt, am größten.

2. **Die Höhe einer Zimmerpflanze (in m) zur Zeit t (in Monaten seit Beobachtungsbeginn) soll zunächst durch eine Funktion h_1 mit**

$h_1(t) = 0{,}18 \cdot e^{kt}$

näherungsweise beschrieben werden.

Bestimmen Sie k, wenn die Pflanze in den ersten 4 Monaten um 62 cm gewachsen ist.
Wie hoch wäre gemäß $h_1(t)$ die Pflanze nach 6 Monaten?
Nach 6 Monaten ist die Pflanze tatsächlich nur 1,38 m hoch. Deshalb wird ihre Höhe für $t \geq 4$ beschrieben durch die Funktion h_2 mit

$h_2(t) = a - b \cdot e^{-0{,}373 \cdot t}$.

Ermitteln Sie a und b aus den Höhen der Pflanze nach 4 und nach 6 Monaten.
Mit welcher Höhe der Pflanze ist langfristig zu rechnen?

LÖSUNGEN

2. *Bestimmung von k:*
Aus $h_1(t) = 0{,}18 \cdot e^{kt}$ erhält man $h_1(0) = 0{,}18$ und $h_1(4) = 0{,}18 \cdot e^{4k}$. Wenn also die Pflanze in den ersten 4 Monaten um 0,62 wächst, ergibt sich $0{,}18 \cdot e^{4k} - 0{,}18 = 0{,}62$ bzw. $e^{4k} = \frac{40}{9}$ und hieraus $k = \frac{1}{4} \cdot \ln\left(\frac{40}{9}\right) \approx 0{,}3729$.

Also gilt: **$h_1(t) = 0{,}18 \cdot e^{0{,}3729 \cdot t}$.**

Errechnete Höhe der Pflanze nach 6 Monaten:
Mit h_1 ergibt sich nach 6 Monaten eine Höhe von $h_1(6) = 0{,}18 \cdot e^{0{,}3729 \cdot 6} \approx 1{,}69$, d.h. die **Pflanze wäre 1,69 m hoch.**

Bestimmung von a und b:
Aus $h_2(t) = a - b \cdot e^{0{,}373 \cdot t}$ erhält man $h_2(4) = a - b \cdot e^{-0{,}373 \cdot 4} = 0{,}8$ und $h_2(6) = a - b \cdot e^{-0{,}373 \cdot 6} = 1{,}38$.

Hieraus folgt $(a - b \cdot e^{-0{,}373 \cdot 6}) - (a - b \cdot e^{-0{,}373 \cdot 4}) = 1{,}38 - 0{,}80$ und somit $b = \frac{0{,}58}{e^{-0{,}373 \cdot 4} - e^{-0{,}373 \cdot 6}} \approx 4{,}9048$.

Dann ist $a = 0{,}80 + b \cdot e^{-0{,}373 \cdot 4} \approx 1{,}9032$. Also gilt **$a \approx 1{,}90$** und **$b \approx 4{,}90$** und folglich
$h_2(t) = 1{,}90 - 4{,}90 \cdot e^{-0{,}373 \cdot t}$ für $t \geq 4$.

Langfristige Höhe der Pflanze:
Für $t \to +\infty$ strebt $h_2(t) \to 1{,}90$, d.h. die Pflanze erreicht **langfristig eine Höhe von 1,90 m.**

4 INTEGRALRECHNUNG

Stammfunktionen – Potenzfunktionen

Integrieren ist das umgekehrte Vorgehen von Differenzieren (Ableiten). Sucht man eine Stammfunktion F zu einer vorgegebenen Grundfunktion f, so ist die Grundfunktion die Ableitung der Stammfunktion. Da konstante Funktionen beim Ableiten null werden, unterscheiden sich zwei Stammfunktionen zur gleichen Grundfunktion um höchstens eine additive Konstante.

SUMMEN- UND FAKTORREGEL

Da beim Ableiten die Summen- und Faktorregel gelten (Seite 90), gelten diese auch beim Bilden einer Stammfunktion (Probe!). Zusammengesetzte Funktionen werden also stückweise integriert.
Lässt sich f schreiben als

$f(x) = c \cdot g(x) + h(x)$

und sind F, G und H Stammfunktionen von f, g und h, so gilt

$F(x) = c \cdot G(x) + H(x)$.

Für Potenzfunktionen gilt: Ist $f(x) = x^z$; $z \neq -1$, so ist
F mit $F(x) = \frac{1}{z+1} x^{z+1}$ eine Stammfunktion von f.

Diese Formel gilt auch für rationale Exponenten.

Ergänzung $z = -1$:
Da die natürliche Logarithmusfunktion f mit $f(x) = \ln(x)$ $(x > 0)$ die Ableitungsfunktion f′ mit $f'(x) = \frac{1}{x}$ besitzt, ist eine Stammfunktion von $f(x) = x^{-1}$ die Funktion $F(x) = \ln|x|$ $(x \neq 0)$.

TIPPS

- Schreiben Sie Potenzfunktionen in Bruchschreibweise zunächst mit negativen Hochzahlen, Wurzelfunktionen mit Brüchen als Hochzahlen.
- Berechnen Sie zunächst die neue Hochzahl, dann den neuen Faktor: $\frac{1}{\text{neue Hochzahl}}$. Wandeln Sie nun die Doppelbrüche um.
- Beachten Sie: -3 um 1 erhöht ist -2; $-\frac{1}{2}$ um 1 erhöht ist $\frac{1}{2}$.
- Überprüfen Sie Ihr Ergebnis durch Ableiten!

BEISPIELE

a) $f(x) = \frac{6}{x^3} = 6 \cdot x^{-3}$

$$F(x) = 6 \cdot \frac{1}{-3+1} \cdot x^{-3+1} = \frac{6}{-2} \cdot x^{-2} = -\frac{3}{x^2}$$

b) $f(x) = \frac{2}{\sqrt{x}} = 2 \cdot x^{-\frac{1}{2}}$

$$F(x) = 2 \cdot \frac{1}{\frac{1}{2}} \cdot x^{\frac{1}{2}} = 4 \cdot \sqrt{x}$$

STAMMFUNKTIONEN – POTENZFUNKTIONEN

Geben Sie für die folgenden Funktionen jeweils eine Stammfunktion an.

a) $f(x) = x^3$

b) $g(x) = \frac{1}{2}x^2 + \frac{5}{x^2} - 2 + \sqrt{x}$

c) $h(x) = \frac{1}{x}$

LÖSUNGEN

a) $F(x) = \frac{1}{4}x^4$ oder $F(x) + c$ für jede beliebige Zahl c.

b) Es ist $g(x) = \frac{1}{2}x^2 + \frac{5}{x^2} - 2 + \sqrt{x}$

$= \frac{1}{2}x^2 + 5 \cdot x^{-2} - 2 + x^{\frac{1}{2}}$.

Dann folgt: $G(x) = \frac{1}{2 \cdot 3}x^3 + \frac{5}{-1}x^{-1} - 2x + \frac{1}{\frac{3}{2}} \cdot x^{\frac{3}{2}}$

$G(x) = \frac{1}{6}x^3 - \frac{5}{x} - 2x + \frac{2}{3}x\sqrt{x}$ oder $G(x) + c$ für jede beliebige Zahl c.

c) $H(x) = \ln|x|$ oder $H(x) + c$ für jede beliebige Zahl c, wobei ln die natürliche Logarithmusfunktion ist.

Integrieren ist das umgekehrte Vorgehen von Differenzieren (Ableiten).

Bei trigonometrischen Funktionen gehen beim Ableiten ggf. bis auf Vorzeichen Sinus- und Kosinusfunktion ineinander über, also gilt dies auch (bis auf Vorzeichen) beim Bilden einer Stammfunktion einer trigonometrischen Funktion.
Beim viermaligen Ableiten oder „Aufleiten" gelangt man wieder zur Ausgangsfunktion:

$f(x) = \sin(x)$, $F(x) = -\cos(x)$;
$g(x) = \cos(x)$, $G(x) = \sin(x)$.

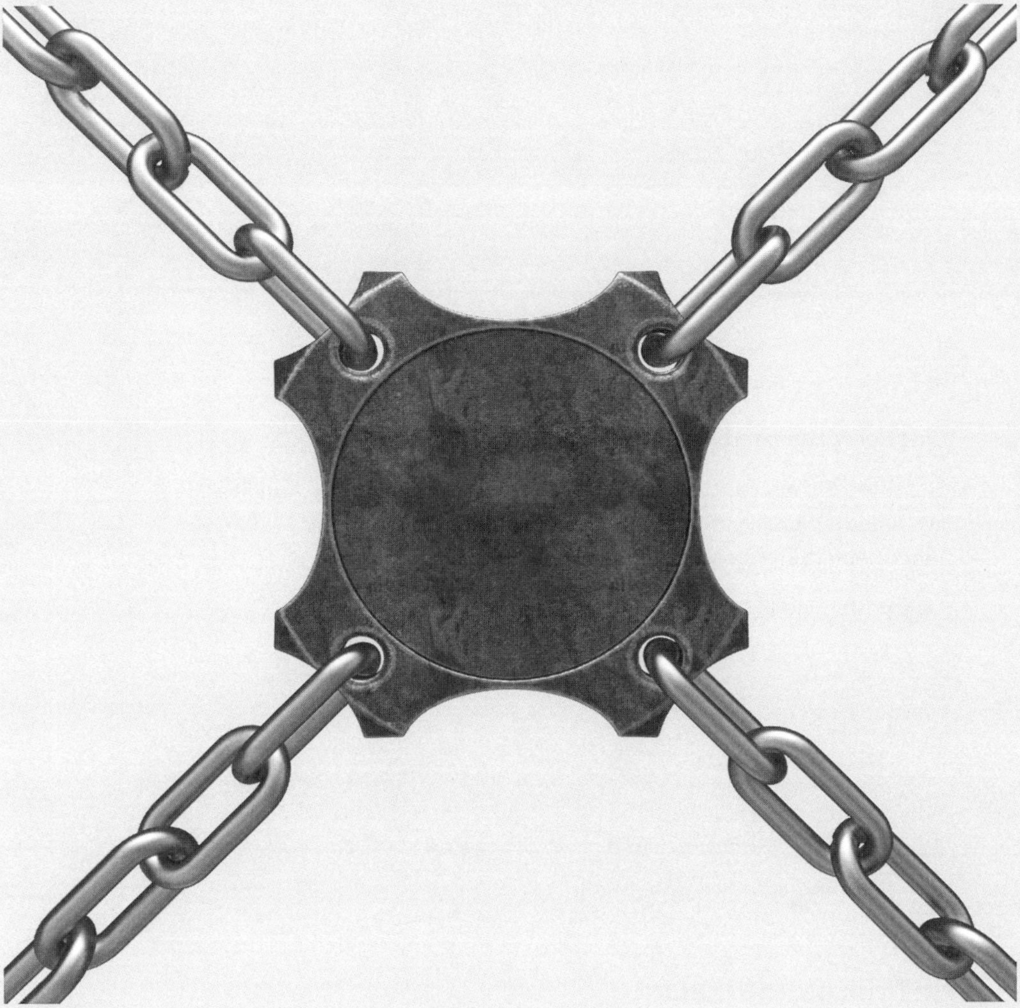

LINEARE SUBSTITUTION

Da beim Ableiten die Kettenregel gilt (vgl. Seite 94) und lineare Funktionen konstante Ableitungen haben, kann man eine Funktion, die mit einer linearen Funktion verkettet ist, ohne größere Mühe integrieren. Ist

$$f(x) = g(mx + c)$$

und sind F und G Stammfunktionen von f und g, so gilt

$$F(x) = \frac{1}{m} G(mx + c).$$

(Probe: $f(x) = F'(x) = \left(\frac{1}{m} G(mx + c)\right)' = \frac{1}{m} G'(mx + c) = \frac{m}{m} g(mx + c) = g(mx + c) = f(x)$)

Faktorregel (zweites Gleichheitszeichen), Kettenregel (drittes Gleichheitszeichen)

TIPPS

- Eine der wichtigsten Regeln beim Ableiten ist die Kettenregel.
- Beachten Sie also die Auswirkungen der Kettenregel beim „Aufleiten“: Bei linearer Substitution ergibt sich ein Faktor, den man mit „1 durch innere Ableitung“ beschreiben kann.
- Überprüfen Sie Ihr Ergebnis durch Ableiten!

WEITERE BEISPIELE

a) $f(x) = \frac{3}{(2x-1)^4} = 3 \cdot (2x-1)^{-4}$ mit $m = 2$ und $c = -1$:

$F(x) = 3 \cdot \frac{1}{-3} \cdot \frac{1}{2} \cdot (2x-1)^{-3} = \frac{-1}{2(2x-1)^3}$

b) $f(x) = \frac{3}{2x-1} = 3 \cdot (2x-1)^{-1}$ mit $m = 2$ und $c = -1$ und $z = -1$ (vgl. Seite 149):

$F(x) = 3 \cdot \frac{1}{2} \cdot \ln|2x-1| = \frac{3}{2} \cdot \ln|2x-1|$

Integrieren ist das umgekehrte Vorgehen von Differenzieren (Ableiten).
Die Exponentialfunktion zur Basis e stimmt mit ihrer Ableitungsfunktion überein (vgl. Seite 90). Daher stimmt sie auch mit einer Stammfunktion überein.

RECHENREGELN BEIM RECHNEN MIT EXPONENTIALFUNKTIONEN

Potenzgesetze

1. $e^{x+y} = e^x \cdot e^y$
2. $e^{x-y} = \frac{e^x}{e^y}$
3. $e^{x \cdot y} = (e^x)^y$

Logarithmengesetze ($x > 0$; $y > 0$)

4. $\ln(x^y) = y \cdot \ln(x)$
5. $\ln(x \cdot y) = \ln(x) + \ln(y)$
6. $\ln\left(\frac{x}{y}\right) = \ln(x) - \ln(y)$

$e^{\ln(x)} = x$

TIPPS

- Vergessen Sie bei der Bildung einer konkreten Stammfunktion zu einer Grundfunktion nicht die additive Konstante.
- Die Bestimmung der Konstante erfolgt aus einer Zusatzbedingung, die aus der Aufgabenstellung zu entnehmen ist.
- Zur Berechnung eines bestimmten Integrals kommt es nach dem Hauptsatz der Differenzial- und Integralrechnung nicht auf die additive Konstante an.

BEISPIEL

$$\int_1^4 x^2\,dx = \left[\tfrac{1}{3}x^3\right]_1^4 = \left[\tfrac{1}{3}x^3 + 2\right]_1^4 = \left(\tfrac{1}{3}4^3 + 2\right) - \left(\tfrac{1}{3}1^3 + 2\right) = \tfrac{64}{3} + 2 - \tfrac{1}{3} - 2 = 21$$

STAMMFUNKTIONEN – TRIGONOMETRISCHE FUNKTIONEN, EXPONENTIALFUNKTIONEN

1. Geben Sie für die folgenden Funktionen jeweils eine Stammfunktion an.

a) $f(x) = \sin(x)$

b) $g(x) = \cos(2x + 1) + 2 \cdot \sin(5x)$

c) $h(x) = (4x - 3)^7$

2. Geben Sie für die folgenden Funktionen jeweils die gesuchte Stammfunktion F an.

a) $f(x) = -5e^x$ mit $F(0) = -5$

b) $f(x) = 4e^{2x} - 3e^{-x}$ mit $F(0) = 2$

c) $f(x) = 6e^{3x} + 1$ mit $F(\ln(2)) = \ln(2)$

LÖSUNGEN

1. a) $F(x) = -\cos(x)$ oder $F(x) + c$ für jede beliebige Zahl c.
   $G(x) = \frac{1}{2}\sin(2x + 1) - \frac{2}{5}\cos(5x)$ oder $G(x) + c$ für jede beliebige Zahl c.
   $H(x) = \frac{1}{32} \cdot (4x - 3)^8$ oder $H(x) + c$ für jede beliebige Zahl c.

2. a) $F(x) = -5e^x + c;\ F(0) = -5 + c$
   Mit der Bedingung $F(0) = -5$ ergibt sich: $-5 + c = -5$.
   Also ist $c = 0$ und damit $F(x) = -5e^x$.

   b) $F(x) = 4 \cdot \frac{1}{2}e^{2x} - (-1) \cdot 3e^{-x} + c = 2e^{2x} + 3e^{-x} + c;\ F(0) = 2 + 3 + c = 5 + c$
   Mit der Bedingung $F(0) = 2$ ergibt sich $5 + c = 2$.
   Also ist $c = -3$ und damit $F(x) = 2e^{2x} + 3e^{-x} - 3$.

   c) $F(x) = 6 \cdot \frac{1}{3} \cdot e^{3x} + x + c = 2e^{3x} + x + c$
   $F(\ln(2)) = 2 \cdot e^{3\ln(2)} + \ln(2) + c = 2 \cdot e^{\ln(2^3)} + \ln(2) + c = 2 \cdot 2^3 + \ln(2) + c = 2^4 + \ln(2) + c$
   Mit der Bedingung $F(\ln(2)) = \ln(2)$ ergibt sich $2^4 + \ln(2) + c = \ln(2)$.
   Also ist $c = -16$ und damit $F(x) = 2e^{3x} + x - 16$.

Wenn $f(x) \geq 0$ für alle $x \in [a;b]$ ist, so ergibt sich der Flächeninhalt unterhalb des Graphen durch (Fig.):

$$A = \int_a^b f(x)\,dx = F(b) - F(a).$$

Wenn $f(x) \leq 0$ für alle $x \in [a;b]$ ist, dann gilt:

$$A = \left| \int_a^b f(x)\,dx \right|.$$

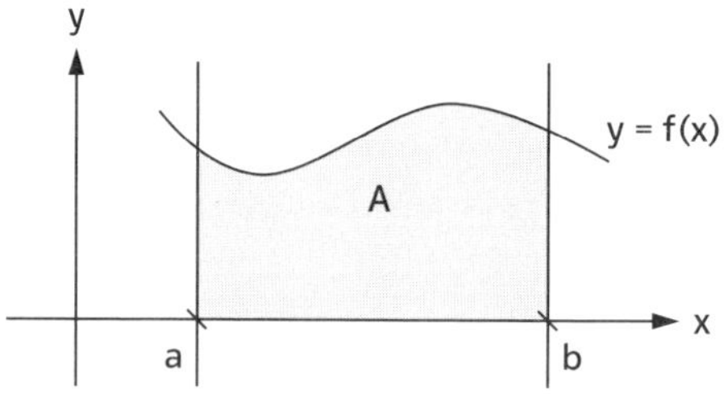

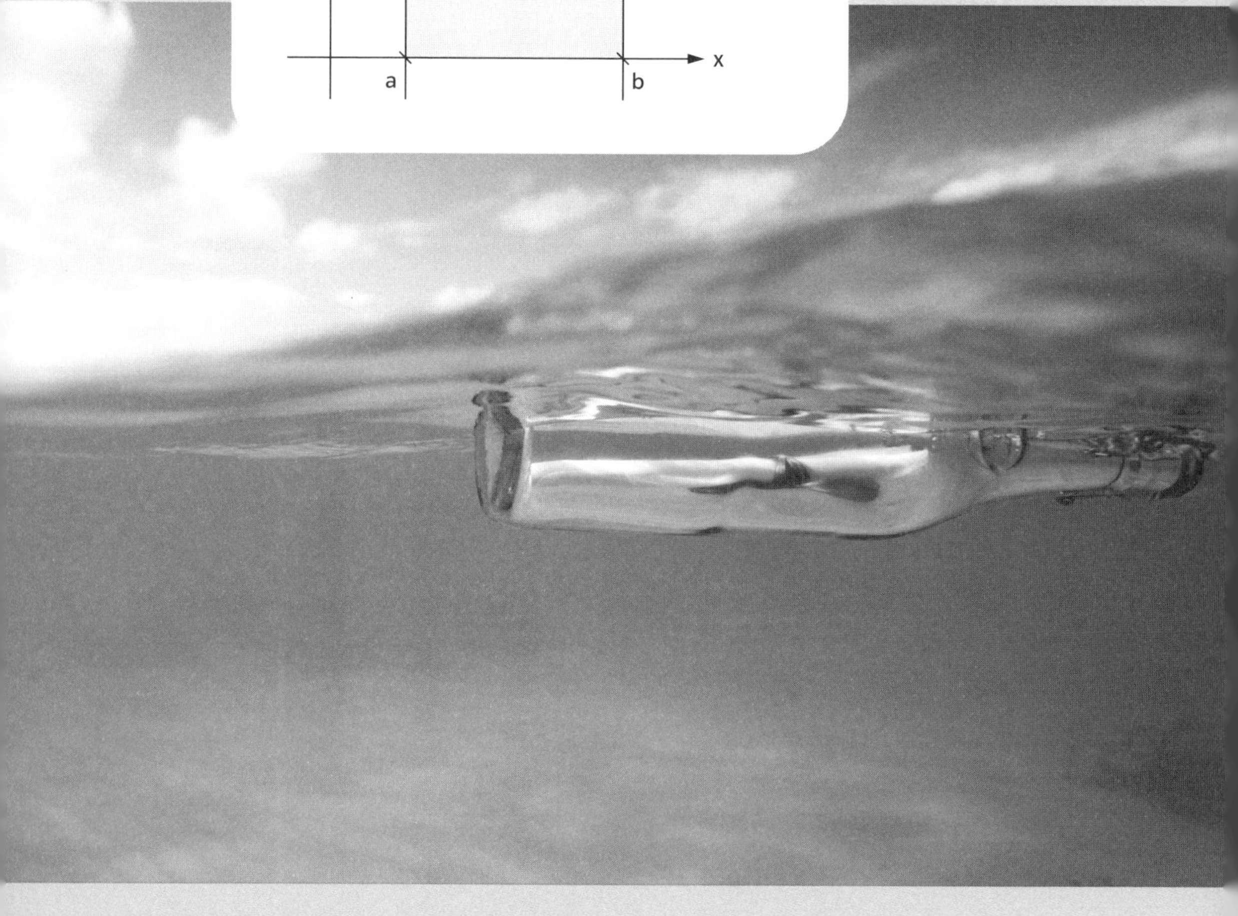

TIPPS

- Auch wenn es in der Aufgabe nicht verlangt ist, sollten Sie stets eine Skizze erstellen, um festzustellen, ob die Fläche oberhalb oder unterhalb der x-Achse liegt.
- Je nach Lage der Fläche ist die x-Achse der Graph von f bzw. von g. Der Inhalt einer Fläche ist immer positiv.
  Bei richtiger Anwendung der Formel
  $A = \int_a^b (f(x) - g(x))\,dx$
  ist dies erfüllt.
- Sie können das Ergebnis Ihrer Rechnungen mit dem GTR überprüfen (vgl. Fig. und Seite 161).

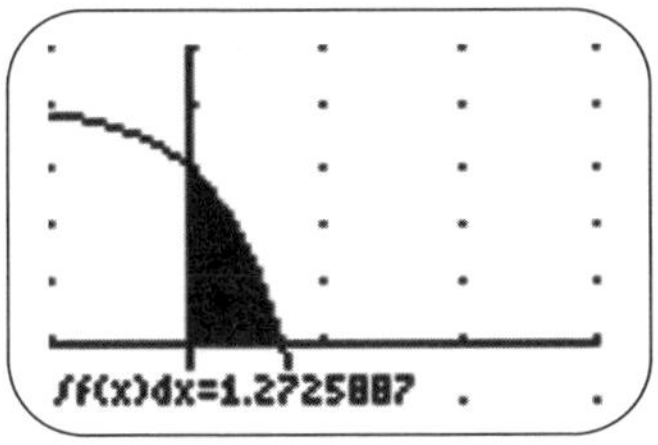

4 Flächenberechnung – Fläche zwischen zwei Graphen

Wenn $f(x) \geq g(x)$ für alle $x \in [a;b]$ ist, so ergibt sich der Flächeninhalt zwischen den beiden Graphen durch (Fig. 1):

$$A = \int_a^b (f(x) - g(x))\,dx = F(b) - F(a) - (G(b) - G(a)).$$

Wenn die Graphen sich im Intervall $[a;b]$ schneiden (Fig. 2), gilt teilweise $f(x) \geq g(x)$ und teilweise $g(x) \geq f(x)$.

$$A = \int_a^z (f(x) - g(x))\,dx + \int_z^b (g(x) - f(x))\,dx$$

oder einfacher, wenn ein GTR zur Verfügung steht: $A = \int_a^b |f(x) - g(x)|\,dx$.

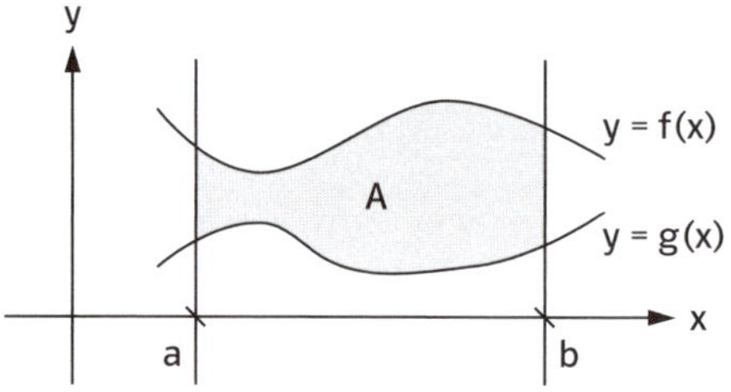

Fig. 1

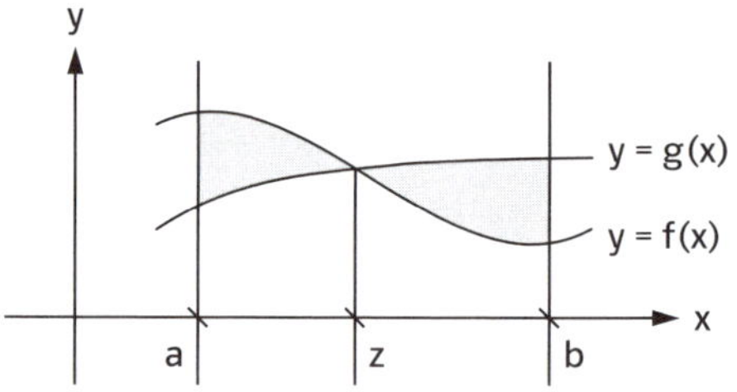

Fig. 2

TIPPS

- Auch wenn es in der Aufgabe nicht verlangt ist, sollten Sie sich immer mit einer Skizze einen Eindruck von der gegenseitige Lage der Graphen K_f und K_g verschaffen.
- Die Skizze hilft außerdem, die Anzahl der Schnittpunkte im vorgegebenen Intervall zu überblicken.
- Achten Sie bei der Berechnung der Inhalte von Teilflächen darauf, ob K_f oberhalb oder unterhalb von K_g liegt.
- Vereinfachen Sie den Integranden bevor Sie integrieren.
- Notieren Sie den Term beim Einsetzen der oberen und der unteren Grenze zunächst in der Form (...) – (...).
- Sie können Ihre Rechnungen mit dem GTR überprüfen (vgl. Fig. 1 und Fig. 2).

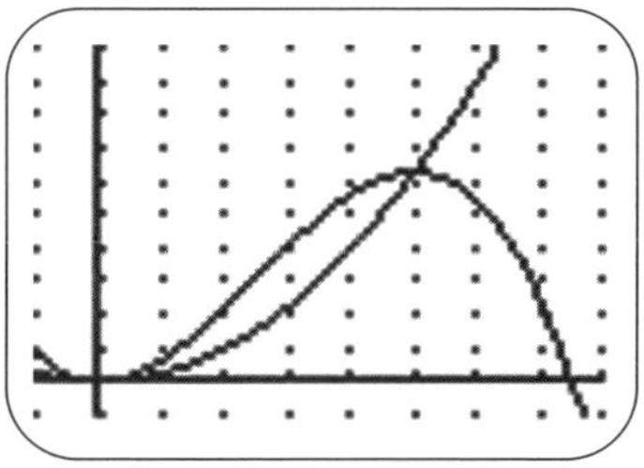

Fig. 1

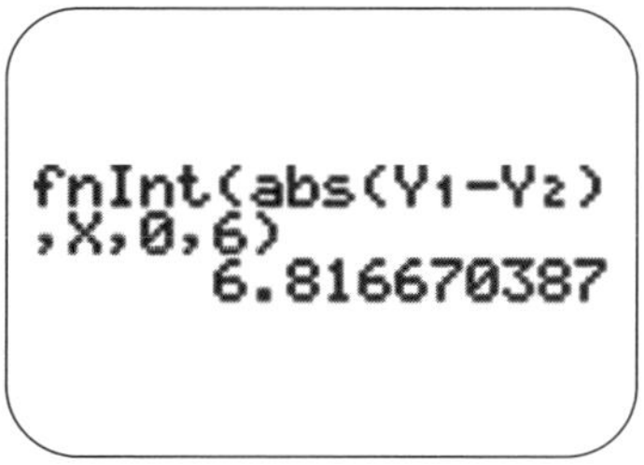

Fig. 2

FLÄCHENBERECHNUNG

1. **Der Graph K der Funktion f mit**

   $f(x) = 4 - e^{2x}$

   schließt mit den Koordinatenachsen eine Fläche ein. Berechnen Sie deren Inhalt.

LÖSUNGEN

1. *Berechnung der Schnittpunkte mit der x-Achse:*

   Bedingung: $f(x) = 0$

   $$4 - e^{2x} = 0$$
   $$4 = e^{2x}$$
   $$\ln(4) = 2x$$
   $$2\ln(2) = 2x$$
   $$\ln(2) = x$$

   Stammfunktion:

   Es ist F mit $F(x) = 4x - \frac{1}{2}e^{2x}$ eine Stammfunktion von f.

   Flächenberechnung:

   Die Integrationsgrenzen sind 0 und $\ln(2)$.

   $$A = \int_0^{\ln(2)} f(x)\,dx = \left[4x - \frac{1}{2}e^{2x}\right]_0^{\ln(2)}$$
   $$= 4\ln(2) - \frac{1}{2}e^{2\ln(2)} - 0 + \frac{1}{2}e^0$$
   $$= 4\ln(2) - \frac{1}{2}e^{\ln(4)} + \frac{1}{2} = 4\ln(2) - \frac{1}{2}\cdot 4 + \frac{1}{2}$$

   $A = 4\ln(2) - \frac{3}{2}$

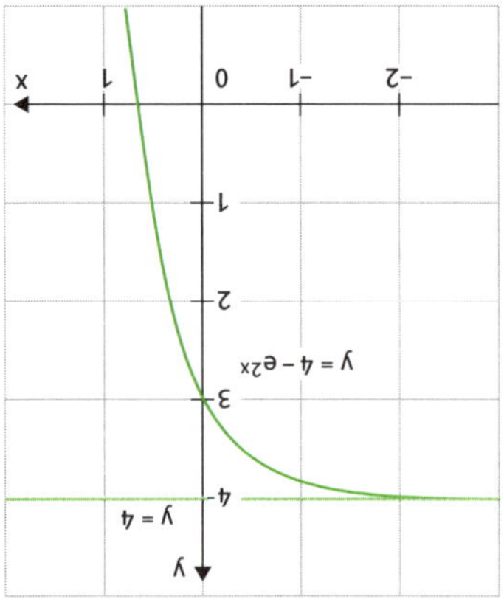

2. Gegeben sind die Funktionen f und g mit den Graphen K_f und K_g durch $f(x) = -\frac{1}{10}x^3 + \frac{3}{4}x^2$ und $g(x) = \frac{1}{4}x^2$.

a) K_f und K_g umschließen eine Fläche.
Berechnen Sie deren Inhalt A_1.

b) K_f, K_g und die Gerade mit der Gleichung $x = 6$ umschließen eine Fläche.
Berechnen Sie deren Inhalt A_2.

LÖSUNGEN

2. a) *Bestimmung der Schnittstellen von K_f und K_g:*
Bedingung: $f(x) = g(x)$

$-\frac{1}{10}x^3 + \frac{3}{4}x^2 = \frac{1}{4}x^2$ liefert $-\frac{1}{10}x^3 + \frac{1}{2}x^2 = 0$

$x^2(-x+5) = 0;\ x_1 = x_2 = 0;\ x_3 = 5$

Flächenberechnung:

$A_1 = \int_0^5 (f(x) - g(x))\,dx = \int_0^5 \left(-\frac{1}{10}x^3 + \frac{3}{4}x^2 - \frac{1}{4}x^2\right)dx$

$= \int_0^5 \left(-\frac{1}{10}x^3 + \frac{1}{2}x^2\right)dx = \left[-\frac{1}{40}x^4 + \frac{1}{6}x^3\right]_0^5$

$A_1 = -\frac{1}{40}\cdot 5^4 + \frac{1}{6}\cdot 5^3 = \frac{125}{24}$

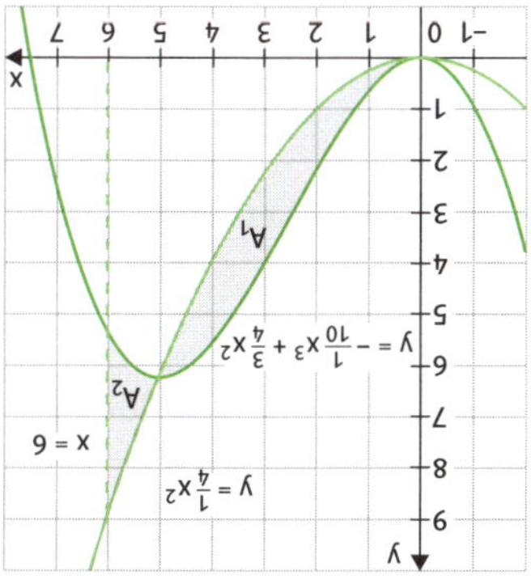

b) *Flächenberechnung:*

$A_2 = \int_5^6 (g(x) - f(x))\,dx = \int_5^6 \left(\frac{1}{4}x^2 - \left(-\frac{1}{10}x^3 + \frac{3}{4}x^2\right)\right)dx = \int_5^6 \left(-\frac{1}{2}x^2 + \frac{1}{10}x^3\right)dx = \left[-\frac{1}{6}x^3 + \frac{1}{40}x^4\right]_5^6$

$A_2 = \left(-\frac{1}{6}\cdot 6^3 + \frac{1}{40}\cdot 6^4\right) - \left(-\frac{1}{6}\cdot 5^3 + \frac{1}{40}\cdot 5^4\right) = -\frac{18}{5} + \frac{125}{24} = \frac{193}{120}$

Das Integral einer Funktion f ist genau dann negativ, wenn der Graph von f unterhalb der x-Achse verläuft. Es ist positiv, wenn der Graph oberhalb der x-Achse verläuft. Man spricht dann auch anstelle des Integrals vom orientierten Flächeninhalt:
Das Integral setzt sich aus mehreren Flächen zusammen, die ggf. entsprechend addiert bzw. subtrahiert werden müssen.

BEISPIELE

$\int_{-3}^{8} f(x)\,dx = A_1 - A_2$ (vgl. Fig.),

wobei $A_1 = \int_{-3}^{x_0} f(x)\,dx$ und $A_2 = -\int_{x_0}^{8} f(x)\,dx$

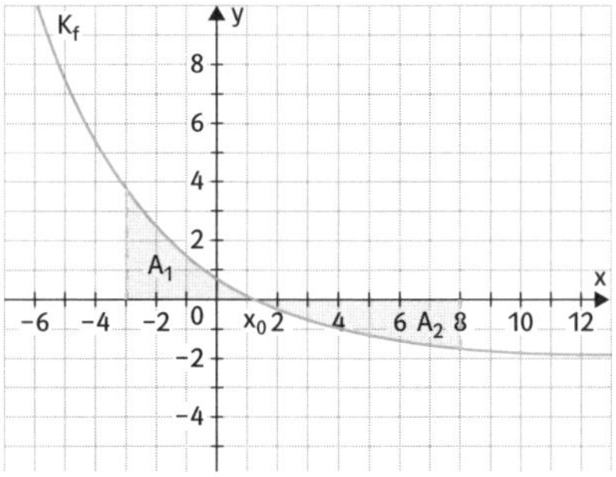

Zusammenfassung:
- Flächeninhalte sind stets positiv.
- Integrale können auch negativ sein.

TIPPS

- Ist in der Aufgabenstellung nach einem Integral gefragt, können Sie einfach „drauflos" integrieren. Die Schnittpunkte des Graphen mit der x-Achse sowie die Lage des Graphen (oberhalb oder unterhalb der x-Achse) sind dann unwichtig.
- Ist in der Aufgabenstellung nach Flächeninhalten gefragt, sollten Sie stets eine Skizze erstellen, um die Schnittpunkte des Graphen mit der x-Achse abschätzen zu können. Beachten Sie dann für die Flächenberechnung durch Integration die Vorzeichen.

ORIENTIERTER FLÄCHENINHALT

1. Berechnen Sie das Integral $\int_0^{8\pi} 3 \cdot \sin\left(\frac{1}{4}x\right) dx$.

2. Berechnen Sie den Flächeninhalt, der zwischen der Funktion f mit $f(x) = 3\sin\left(\frac{1}{4}x\right)$ und der x-Achse im Intervall $[0; 8\pi]$ eingeschlossen wird.

3. Deuten Sie die Ergebnisse aus 1. und 2. anschaulich, wenn die Funktion f den momentanen Wasserzufluss eines Gezeitenkraftwerks (in $1000\,m^3$ pro Stunde; $x = 0$: Normalnull und Flut) beschreibt.

LÖSUNGEN

1. $\int_0^{8\pi} 3 \cdot \sin\left(\frac{1}{4}x\right) dx = \left[3 \cdot 4 \cdot \left(-\cos\left(\frac{1}{4}x\right)\right)\right]_0^{8\pi}$
$= (12 \cdot (-\cos(2\pi))) - (12 \cdot (-\cos(0)))$
$= -12 + 12 = \mathbf{0}$

2. Nullstellen von f im Intervall $[0; 8\pi]$ sind: $N_1(0\,|\,0)$; $N_2(4\pi\,|\,0)$ und $N_3(8\pi\,|\,0)$.
Für den Flächeninhalt zwischen dem Graphen und der x-Achse gilt (vgl. Seite 158):
$A = 2 \cdot \int_0^{4\pi} 3 \cdot \sin\left(\frac{1}{4}x\right) dx = 2 \cdot \left[3 \cdot 4 \cdot \left(-\cos\left(\frac{1}{4}x\right)\right)\right]_0^{4\pi}$
$= 2 \cdot [(12 \cdot (-\cos(\pi))) - (12 \cdot (-\cos(0)))]$
$= 2 \cdot (12 + 12) = \mathbf{48}$

3. Das Ergebnis aus 1. entspricht der **Gesamtbilanz** von Wasserzu- und abfluss innerhalb etwa eines Tages: Zu- und Abfluss halten sich die Waage. Es gibt insgesamt weder einen Wasserüberschuss noch ein Wasserdefizit.

Das Ergebnis aus 2. entspricht der **insgesamt transportierten Wassermenge** – unabhängig von deren Richtung. So wurden an etwa einem Tag insgesamt $48\,000\,m^3$ Wasser bewegt (vgl. Seite 167).

4 Bestand aus Änderungsrate

- Die momentane Änderungsrate einer Funktion f an der Stelle x_0 ist die Ableitung $f'(x_0)$.
- Nach dem Hauptsatz der Differenzial- und Integralrechnung kann f aus f′ durch

  $$f(x) = f(x_0) + \int_{x_0}^{x} f'(t)\,dt$$

  ermittelt werden.
- Hat also eine Größe F die Änderungsrate f, so gibt $\int_{x_0}^{x} f(t)\,dt$ die Änderung $F(x) - F(x_0)$ der Größe F zwischen x_0 und x an.

TYPISCHE BEISPIELE

Gesamtänderung der Größe		Momentane Änderungsrate der Größe
Weg s in $[t_1; t_2]$	$s = \int_{t_1}^{t_2} v(t)\,dt$	Geschwindigkeit $v(t)$
Geschwindigkeit v in $[t_1; t_2]$	$v = \int_{t_1}^{t_2} a(t)\,dt$	Beschleunigung $a(t)$
Längenwachstum L in $[t_1; t_2]$	$L = \int_{t_1}^{t_2} w(t)\,dt$	Wachstumsgeschwindigkeit $w(t)$
Schadstoffausstoß E in $[t_1; t_2]$	$E = \int_{t_1}^{t_2} e(t)\,dt$	Momentaner Schadstoffausstoß $e(t)$
Durchflussmenge D in $[t_1; t_2]$	$D = \int_{t_1}^{t_2} d(t)\,dt$	Momentane Durchflussmenge $d(t)$
Arbeit W in $[s_1; s_2]$	$W = \int_{s_1}^{s_2} F(s)\,ds$	Kraft (entlang eines Wegs) $F(s)$

Durch eine Tabelle seien Funktionswerte einer Änderungsrate gegeben. Um aus dieser Tabelle mit vorgegebenen Werten einen Term für die zugehörige Funktion zu gewinnen, geht man so vor:

1. Man notiert einen Ansatz. Im vorliegenden Fall ist der Funktionstyp vorgegeben. Ist dies nicht der Fall, veranschaulicht man sich die Werte der Tabelle in einem Koordinatensystem und wählt einen angemessenen Funktionstyp.

2. Um die im Ansatz auftretenden Koeffizienten zu bestimmen, kann man
   a) Punktproben durchführen und erhält ein LGS.
   b) eine Regression durchführen, wenn ein GTR zur Verfügung steht.

Die Gesamtmenge ausgetretenen Wassers ergibt sich aus der Änderungsrate als Integral (vgl. Seite 167).

TIPPS

- Beachten Sie:
  Bei Aufgabe 2a) auf Seite 171 ist ein Term für eine Änderungsrate gesucht.
  Im Ansatz kann man für eine Rate auch f(t) statt f′(t) schreiben.
  Insbesondere bei Anwendungen sollten Sie sich aber immer die inhaltliche Bedeutung einer Funktion klar machen.
  Beschreibt z. B. eine Funktion den Bestand einer Population oder die Änderungsrate der Population.

- Steht ein GTR oder WTR zur Verfügung, ist eine Regression vorzuziehen (vgl. Fig. 1, Fig. 2, Fig. 3).
  Im Unterschied zu dem Verfahren mit Punktproben werden bei einer Regression alle Wertepaare verwendet. Daher die leicht unterschiedlichen Ergebnisse.

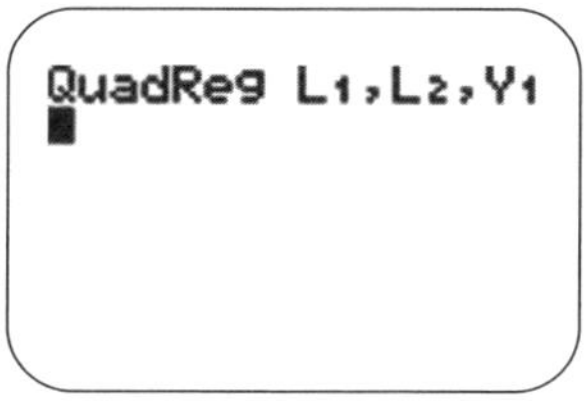

Fig. 1

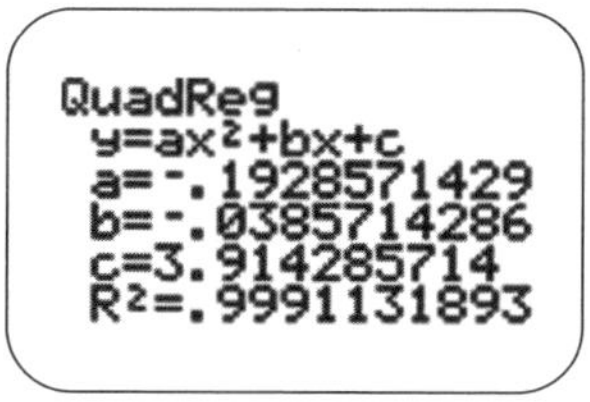

Fig. 2

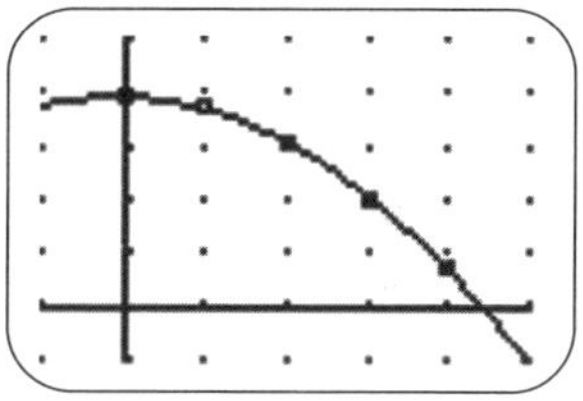

Fig. 3

BESTAND AUS ÄNDERUNGSRATE

1. **In ein Staubecken, das zu Beginn des Monats Mai 3000 m^3 Wasser enthält, fließt Wasser ein. Die Wasserzuflussrate kann durch die Funktion f mit $f(t) = -t^2 + 20t + 120$ beschrieben werden (t in Tagen seit Beginn des Monats Mai, f(t) in m^3 pro Tag). Ein negativer Funktionswert weist dabei auf einen Abfluss von Wasser hin.**

   a) Bestimmen Sie die Wassermenge im Staubecken nach 15 Tagen.

   b) Welche maximale Wassermenge ist in der folgenden Zeit zu erwarten?

LÖSUNGEN

1. a) Bezeichnet F eine Stammfunktion von f, die den Wasserstand (in m^3) nach t Tagen seit Beginn der Messung angibt, so gilt zum Zeitpunkt $t = 0$: $F(0) = 3000$.
   Nach dem Hauptsatz der Differenzial- und Integralrechnung gilt dann

   $$F(15) = F(0) + \int_0^{15} f(t)\,dt = 3000 + \left[-\frac{1}{3}\cdot t^3 + 10\cdot t^2 + 120t\right]_0^{15}$$
   $$= 3000 + (-1125 + 2250 + 1800) = 5925.$$

   Die Wassermenge im Staubecken beträgt nach gut zwei Wochen **knapp 6000 m^3**.

   b) Höchststand der Wassermenge bedeutet: $F'(t) = 0$ und $F''(t) < 0$.
   Dies ist gleichbedeutend mit $f(t) = 0$ und $f'(t) < 0$.
   $f(t) = 0$ liefert $t^2 - 20t - 120 = 0$ bzw. $t_{1,2} = \frac{20 \pm \sqrt{400 + 480}}{2}$.
   Da $t > 0$ folgt $t \approx 24{,}83$. Mit $f'(t) = -2t + 20$ ergibt sich $f'(24{,}83) < 0$.
   Damit gilt $F(24{,}83) \approx 7042$.
   Gegen Abend des 25. Mai ist mit einem Höchststand der Wassermenge von **mehr als 7000 m^3** zu rechnen.

2. Aus einem Tank fließt Wasser mit einer Rate von f(t) Liter pro Stunde. Die Tabelle zeigt Werte dieser Rate.

t (in Stunden)	0	1	2	3	4
f(t) (in Liter pro Stunde)	3,9	3,7	3,1	2,0	0,7

a) Die Ausflussrate kann näherungsweise durch eine ganzrationale Funktion 2. Grades beschrieben werden.
Ermitteln Sie einen möglichen Term für die Ausflussrate.

b) Berechnen Sie näherungsweise die Gesamtmenge Wasser, die in 4 Stunden aus dem Tank ausgeflossen ist.

LÖSUNGEN

2. a) *Term für die Ausflussrate:*
Ansatz: $f(t) = at^2 + bt + c$
Führt man drei Punktproben z.B. mit den ersten drei Wertepaaren durch, ergibt sich:
$3{,}9 = c$
$3{,}7 = a + b + c$
$3{,}1 = 4a + 2b + c$
Aus $-0{,}2 = a + b$ und $-0{,}4 = 2a + b$ folgt $a = -0{,}2$ und $b = 0$.
Ein möglicher Term ist damit: **$f(t) = -0{,}2t^2 + 3{,}9$**

b) *Gesamtmenge Wasser, die in 4 Stunden ausgeflossen ist:*
Die Gesamtmenge Wasser ergibt sich als Integral:
$G = \int_0^4 (-0{,}2t^2 + 3{,}9)\,dt = \left[-\frac{1}{15}t^3 + 3{,}9t\right]_0^4 = -\frac{64}{15} + 3{,}9 \cdot 4 - 0 = \frac{34}{3}.$
In 4 Stunden sind also **rund 11,3 Liter** Wasser aus dem Tank ausgeflossen.

Ist f: $t \mapsto f(t)$ eine in einem Intervall stetige Funktion und ist a ein Wert aus diesem Intervall, so nennt man die Funktion

I_a mit $I_a(x) = \int_a^x f(t)\,dt$ die Integralfunktion von f zur Grenze a.

Es gilt: $I_a'(x) = f(x)$, d.h., die Funktion I_a ist eine Stammfunktion von f.

TIPPS

- Da I_a eine Stammfunktion von f ist, sollten Sie zur Bestimmung von $I_a(x)$ folgende Schritte durchführen:
  1. Stammfunktion von f bestimmen; Integrationskonstante c.
  2. Aus der Bedingung $I_a(a) = 0$ ergibt sich eine Gleichung für c.
  3. Angabe von $I_a(x)$.
- Sie können das Ergebnis Ihrer Rechnungen mit dem GTR überprüfen (vgl. Fig. 1 und Fig. 2).

Fig. 1

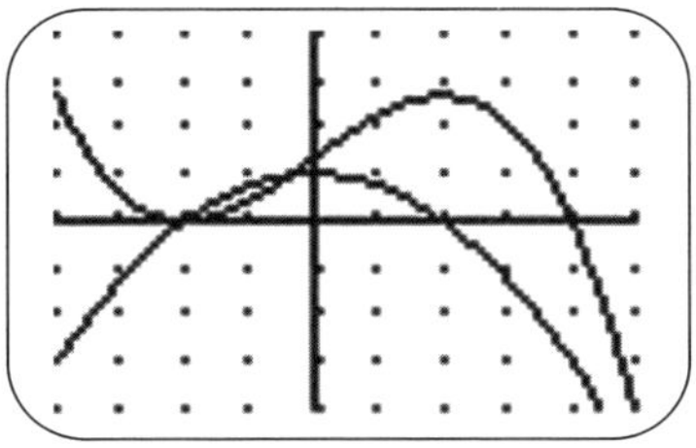

Fig. 2

INTEGRALFUNKTON

Gegeben ist die Funktion f mit $f(x) = 1 - \frac{1}{4}x^2$.

a) Bestimmen Sie die Integralfunktion von f zur unteren Grenze −2.

b) Skizzieren Sie die Graphen der Funktion und der Integralfunktion zur unteren Grenze −2.

LÖSUNGEN

a) Die Integralfunktion I_{-2} ist eine Stammfunktion von f:

$I_{-2}(x) = x - \frac{1}{12}x^3 + c$.

Es gilt $I_{-2}(-2) = 0$.

Aus $-2 - \frac{1}{12}\cdot(-2)^3 + c = 0$ folgt $-2 + \frac{2}{3} + c = 0$ und hieraus $c = \frac{4}{3}$.

Damit gilt: $I_{-2}(x) = x - \frac{1}{12}x^3 + \frac{4}{3}$.

b) Siehe Fig.

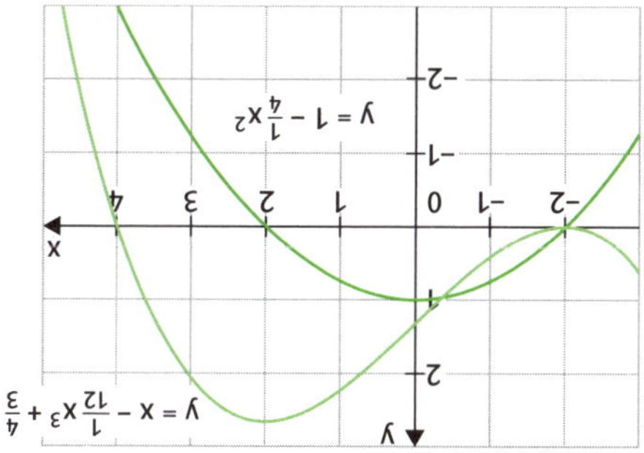

Das arithmetische Mittel („der Durchschnitt") $\overline{m}$ für endlich viele Werte $x_1, \ldots, x_n$ ist definiert durch

$$\overline{m} = \frac{x_1 + x_2 + \ldots + x_n}{n}.$$

Für *unendlich* viele nahe beieinanderliegende Werte ergibt sich dadurch folgende sinnvolle Definition:

Für eine auf einem Intervall [a ; b] stetige Funktion f heißt

$$\frac{1}{b-a} \int_a^b f(x)\,dx$$

der Mittelwert der Funktionswerte von f auf [a ; b].

TIPPS

Den Mittelwert einer Funktion kann man wie folgt interpretieren:
Es sei $\overline{m}$ der errechnete Mittelwert.
Dann entspricht dem Inhalt der Fläche unter dem Graphen von f im Intervall [a ; b] der Flächeninhalt des Rechtecks mit den Seitenlängen $b - a$ und $\overline{m}$.

Hiermit können Sie also Ihre Rechnung kontrollieren.
Skizzieren Sie den Graphen der Funktion f und zeichnen Sie zusätzlich die Gerade mit der Gleichung $y = \overline{m}$ ein. Vergleichen Sie näherungsweise die Flächeninhalte.

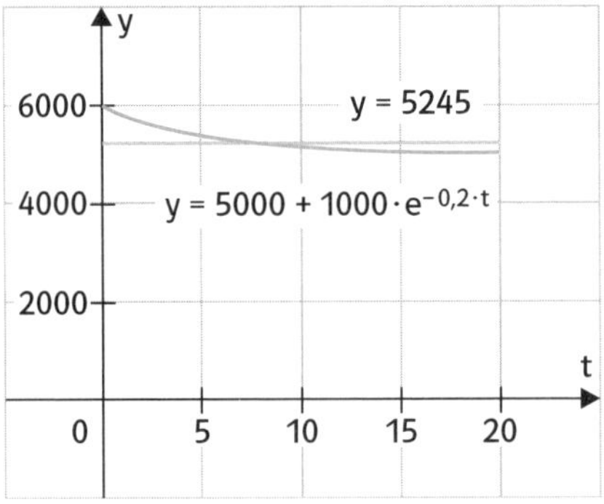

MITTELWERT EINER FUNKTION

Die Stärke einer Population wird während 20 Jahren durch die Funktion f mit

$$f(t) = 5000 + 1000 \cdot e^{-0,2t}; \quad 0 \le t \le 20 \ \text{(t in Jahren)}$$

beschrieben.
Bestimmen Sie die durchschnittliche Populationsstärke in diesen 20 Jahren.

LÖSUNGEN

$$\overline{P} = \frac{1}{20}\int_0^{20} f(t)\,dt = \frac{1}{20}\int_0^{20}(5000 + 1000 \cdot e^{-0,2t})\,dt$$

$$= \frac{1}{20}\left[5000t - 5000 \cdot e^{-0,2t}\right]_0^{20}$$

$$= \frac{1}{20}\left(100\,000 - \frac{5000}{e^4} + 5000\right)$$

$$\approx 5245$$

Die durchschnittliche Populationsstärke in diesen 20 Jahren ist näherungsweise 5245.

4 Rauminhalt eines Rotationskörpers

Ist die Funktion f auf dem Intervall [a ; b] stetig, so entsteht bei Rotation der Fläche zwischen dem Graphen und der x-Achse über [a ; b] ein Körper mit dem Volumen

$$V = \pi \cdot \int_a^b (f(x))^2 \, dx.$$

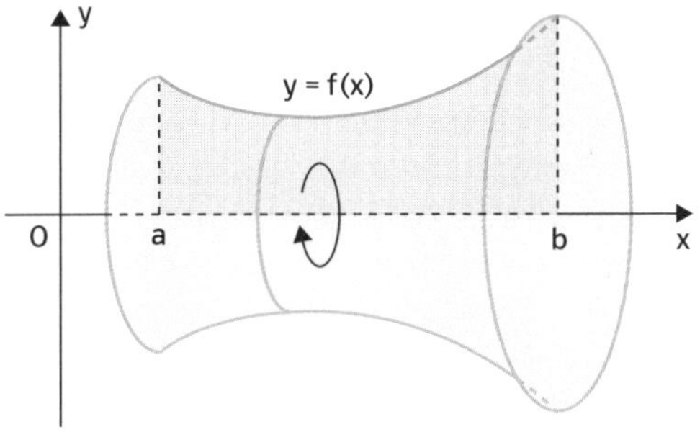

Die Idee bei der Herleitung der Formel ist, dass der entstandene Rotationskörper in unendlich viele kleine Teilzylinder zerlegt wird.
Die Grundfläche des Zylinders ist $G = \pi \cdot r^2$, wobei $r = f(x)$ ist.
Die Höhe eines Zylinders ist das Differenzial $h = dx$ (es hat eine unendlich kleine Länge).
Das Volumen eines Teilzylinders ist $dV = G \cdot h = \pi \cdot r^2 \cdot h = \pi \cdot f(x)^2 \cdot dx$.

Das Gesamtvolumen des Rotationskörpers erhält man durch Summieren (d.h. Integrieren) aller Teilzylinder.

HINWEIS ZUR VERMEIDUNG EINES FEHLERS

Ist die Funktion f als **Summe** oder **Differenz** zweier Funktionen gegeben, so vergessen Sie nicht, beim Berechnen des Rotationsvolumens die **binomischen Formeln** anzuwenden!

BEISPIELE

$V = \pi \int_0^2 (2x - x^2)^2 \, dx = \pi \int_0^2 (4x^2 - 4x^3 + x^4) \, dx$

Aber:

Soll das Volumen eines Hohlkörpers bestimmt werden (vgl. Fig.), dann gilt:

$V = \pi \int_a^b f^2(x) \, dx - \pi \int_a^b g^2(x) \, dx$

$= \pi \int_a^b \left(f^2(x) - g^2(x)\right) dx.$

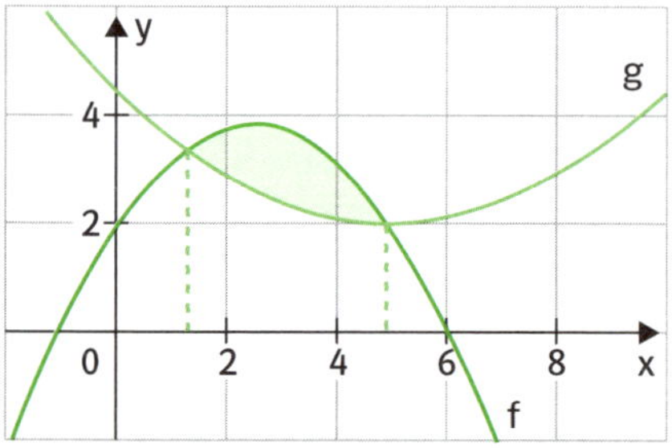

RAUMINHALT EINES ROTATIONSKÖRPERS

Der Graph der Funktion f mit

$$f(x) = \frac{1}{2}\sqrt{2(x^2+1)}$$

begrenzt mit den Koordinatenachsen und der Geraden mit der Gleichung $x = 6$ eine Fläche.

Bestimmen Sie das Volumen V des Rotationskörpers, der entsteht, wenn diese Fläche um die x-Achse rotiert.

LÖSUNGEN

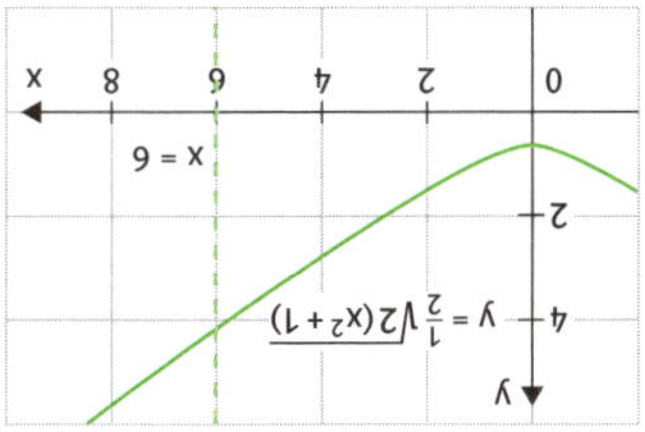

$$V = \pi \cdot \int_0^6 (f(x))^2\,dx = \pi \cdot \int_0^6 \left(\frac{1}{2}\sqrt{2(x^2+1)}\right)^2 dx$$

$$= \pi \cdot \int_0^6 \left(\frac{1}{2}x^2 + \frac{1}{2}\right) dx = \pi \cdot \left[\frac{1}{6}x^3 + \frac{1}{2}x\right]_0^6 = \pi \cdot (36 + 3) = 39\pi$$

Das Volumen des entstehenden Rotationskörpers beträgt 39π.

ANALYTISCHE GEOMETRIE

1

VEKTOREN

Vektor, Ortsvektor, Betrag, Einheitsvektor

PUNKTE UND VEKTOREN IM KOORDINATENSYSTEM

Aus den Punkten $A(a_1|a_2|a_3)$ und $B(b_1|b_2|b_3)$ erhält man

den Vektor $\vec{u} = \overrightarrow{AB} = \begin{pmatrix} b_1 - a_1 \\ b_2 - a_2 \\ b_3 - a_3 \end{pmatrix}$.

Die Zahlen $b_1 - a_1$, $b_2 - a_2$ und $b_3 - a_3$ heißen Koordinaten des Vektors $\overrightarrow{AB}$ (vgl. Fig.).

Ist O der Koordinatenursprung und $A(a_1|a_2|a_3)$ ein Punkt,

so heißt der Vektor $\vec{a} = \overrightarrow{OA} = \begin{pmatrix} a_1 - 0 \\ a_2 - 0 \\ a_3 - 0 \end{pmatrix} = \begin{pmatrix} a_1 \\ a_2 \\ a_3 \end{pmatrix}$ Ortsvektor von A.

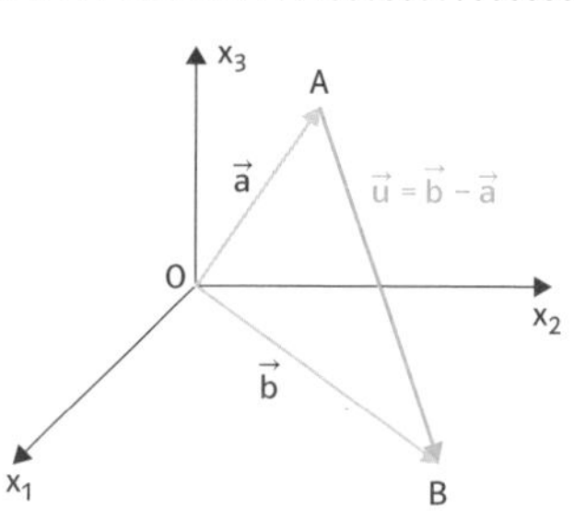

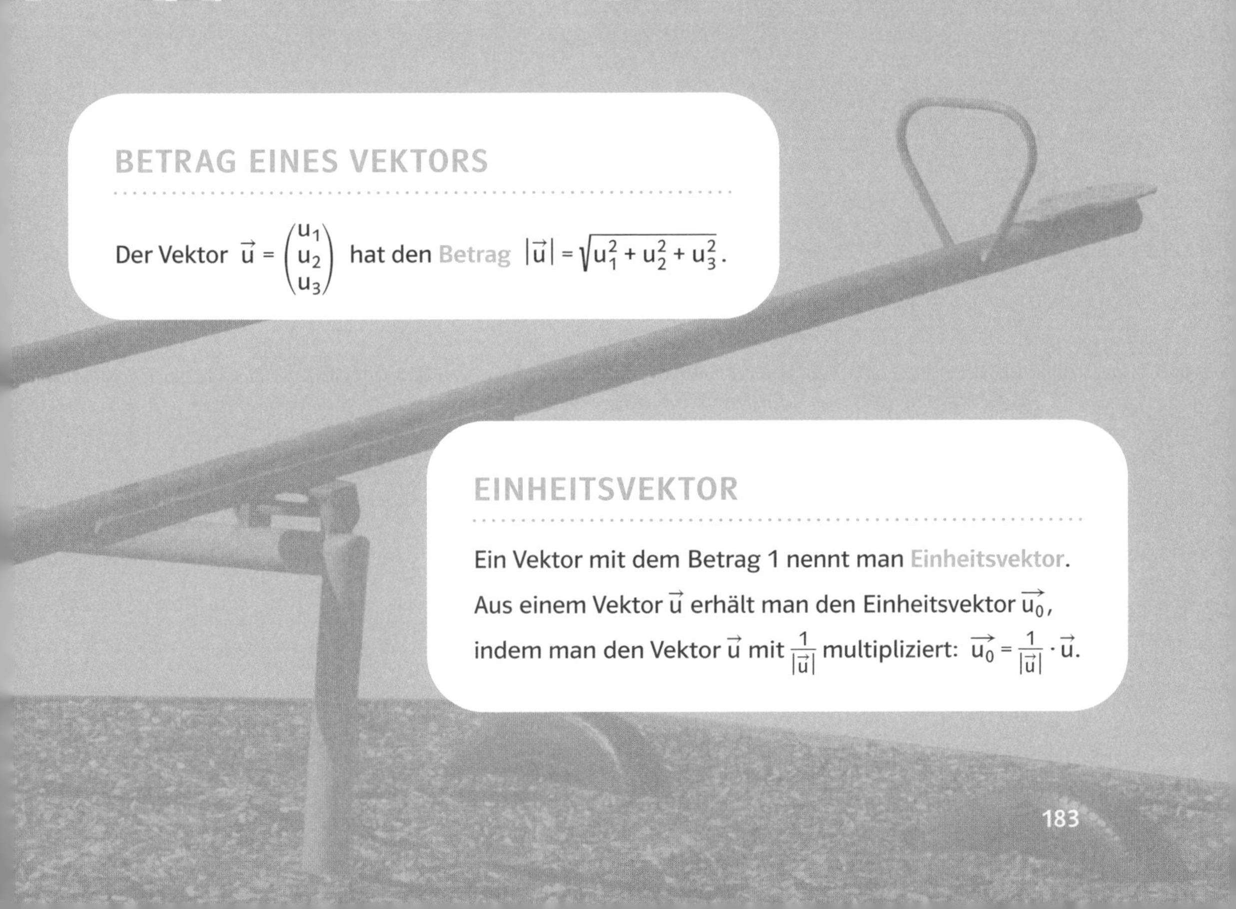

BETRAG EINES VEKTORS

Der Vektor $\vec{u} = \begin{pmatrix} u_1 \\ u_2 \\ u_3 \end{pmatrix}$ hat den Betrag $|\vec{u}| = \sqrt{u_1^2 + u_2^2 + u_3^2}$.

EINHEITSVEKTOR

Ein Vektor mit dem Betrag 1 nennt man Einheitsvektor.

Aus einem Vektor $\vec{u}$ erhält man den Einheitsvektor $\vec{u_0}$,

indem man den Vektor $\vec{u}$ mit $\frac{1}{|\vec{u}|}$ multipliziert: $\vec{u_0} = \frac{1}{|\vec{u}|} \cdot \vec{u}$.

1 Vektor, Ortsvektor, Betrag, Einheitsvektor

HINWEISE UND TIPPS

- Zu Punkten $A(a_1 | a_2 | a_3)$ und $B(b_1 | b_2 | b_3)$ erhält man direkt die zugehörigen Ortsvektoren:

  $$\vec{a} = \begin{pmatrix} a_1 \\ a_2 \\ a_3 \end{pmatrix}; \ \vec{b} = \begin{pmatrix} b_1 \\ b_2 \\ b_3 \end{pmatrix}.$$

  Den Vektor $\overrightarrow{AB}$ dagegen erhält man als Differenz der Ortsvektoren: $\overrightarrow{AB} = \vec{b} - \vec{a}$.
  Beachten Sie bei allen Aufgaben zur Analytischen Geometrie diesen Unterschied.

- Vektoren haben einen Betrag, die zugehörige Strecke zwischen den Punkten A und B hat eine Länge.

- Einheitsvektoren benötigt man, wenn z. B. auf einer Geraden g ein Punkt Q gesucht ist, der von einem gegebenen Punkt P auf g einen vorgegebenen Abstand d hat (vgl. Fig. und Seite 270).

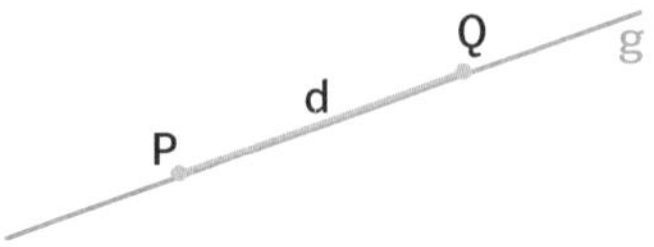

VEKTOR, ORTSVEKTOR, BETRAG, EINHEITSVEKTOR

Gegeben sind die Punkte A(5 | −2 | 1) und B(7 | −1 | 3).

a) Bestimmen Sie den Vektor $\vec{u} = \overrightarrow{AB}$.

b) Berechnen Sie den Betrag des Vektors $\vec{u}$.

c) Bestimmen Sie für den Vektor $\vec{u}$ einen Einheitsvektor $\overrightarrow{u_0}$.

LÖSUNGEN

a) Aus den Punkten A(5 | −2 | 1) und B(7 | −1 | 3) erhält man den Vektor $\vec{u} = \overrightarrow{AB} = \begin{pmatrix} b_1 - a_1 \\ b_2 - a_2 \\ b_3 - a_3 \end{pmatrix} = \begin{pmatrix} 7 - 5 \\ -1 - (-2) \\ 3 - 1 \end{pmatrix} = \begin{pmatrix} 2 \\ 1 \\ 2 \end{pmatrix}$.

b) Mit $\vec{u} = \begin{pmatrix} u_1 \\ u_2 \\ u_3 \end{pmatrix}$ ergibt sich $|\vec{u}| = \sqrt{u_1^2 + u_2^2 + u_3^2} = \sqrt{2^2 + 1^2 + 2^2} = \sqrt{9} = 3$.

c) Es ist $\overrightarrow{u_0} = \frac{1}{|\vec{u}|} \cdot \vec{u}$. Also ergibt sich: $\overrightarrow{u_0} = \frac{1}{3} \cdot \begin{pmatrix} 2 \\ 1 \\ 2 \end{pmatrix}$.

1 Addition von Vektoren; Multiplikation eines Vektors mit einer reellen Zahl

ADDITION UND SUBTRAKTION

Mit $\vec{a} = \begin{pmatrix} a_1 \\ a_2 \\ a_3 \end{pmatrix}$ und $\vec{b} = \begin{pmatrix} b_1 \\ b_2 \\ b_3 \end{pmatrix}$ gilt: $\vec{a} + \vec{b} = \begin{pmatrix} a_1 + b_1 \\ a_2 + b_2 \\ a_3 + b_3 \end{pmatrix}$ und $\vec{a} - \vec{b} = \begin{pmatrix} a_1 - b_1 \\ a_2 - b_2 \\ a_3 - b_3 \end{pmatrix}$.

MULTIPLIKATION MIT EINER REELLEN ZAHL

Mit $r \in \mathbb{R}$ und $\vec{a} = \begin{pmatrix} a_1 \\ a_2 \\ a_3 \end{pmatrix}$ gilt: $r \cdot \vec{a} = \begin{pmatrix} r \cdot a_1 \\ r \cdot a_2 \\ r \cdot a_3 \end{pmatrix}$.

PARALLELITÄT VON VEKTOREN

Zwei Vektoren $\vec{a}$ und $\vec{b}$ nennt man parallel, wenn es eine Zahl $r \in \mathbb{R}$ gibt, sodass gilt: $\vec{a} = r \cdot \vec{b}$.

MITTELPUNKT EINER STRECKE

Den Mittelpunkt M einer Strecke mit den Endpunkten A und B kann man vektoriell berechnen, denn für den Ortsvektor von M gilt (vgl. Fig.):

$\vec{m} = \vec{a} + \frac{1}{2}(-\vec{a} + \vec{b}) = \frac{1}{2}(\vec{a} + \vec{b})$.

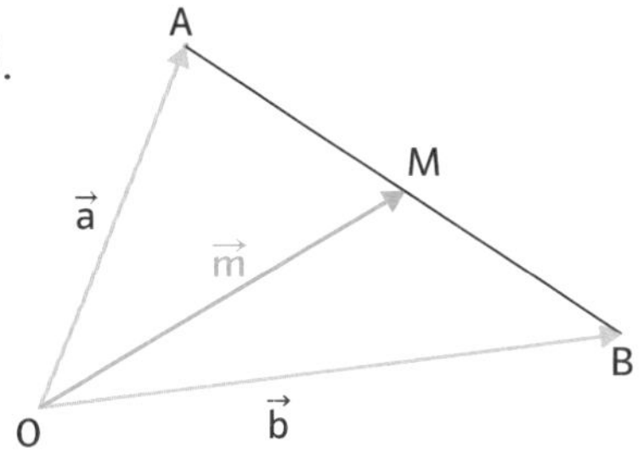

HINWEISE UND TIPPS

Für den Mittelpunkt M der Strecke mit den Endpunkten A(1|0) und B(5|0) gilt (vgl. Fig.):

$M\left(\frac{1}{2}(1+5)\,\middle|\,\frac{1}{2}(0+0)\right) = M(3\,|\,0)$.

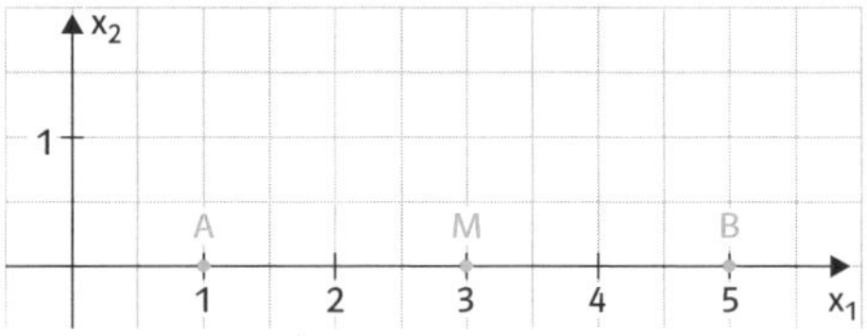

Dies gilt allgemein:
Für den Mittelpunkt M einer Strecke mit den Endpunkten $A(a_1\,|\,a_2\,|\,a_3)$ und $B(b_1\,|\,b_2\,|\,b_3)$ gilt: $M\left(\frac{1}{2}(a_1+b_1)\,\middle|\,\frac{1}{2}(a_2+b_2)\,\middle|\,\frac{1}{2}(a_3+b_3)\right)$.

Die Koordinaten des Mittelpunktes einer Strecke werden oft benötigt. Deshalb sollte man sich merken:
Man erhält die Koordinaten des Mittelpunktes einer Strecke, indem man jeweils die Koordinaten der Endpunkte addiert und dann halbiert (vgl. Seite 37).

ADDITION VON VEKTOREN, MULTIPLIKATION, MITTELPUNKT EINER STRECKE

Die Punkte A(2 | −1 | 3), B(−3 | 5 | −2) und C(−6 | −7 | 3) sind Eckpunkte eines Dreiecks ABC.

a) Ergänzen Sie das Dreieck ABC durch einen Punkt D so, dass das Viereck ABCD ein Parallelogramm ist.

b) Ermitteln Sie die Koordinaten des Mittelpunktes des Parallelogramms ABCD.

LÖSUNGEN

Die gegebenen Punkte sind A(2 | −1 | 3), B(−3 | 5 | −2) und C(−6 | −7 | 3).

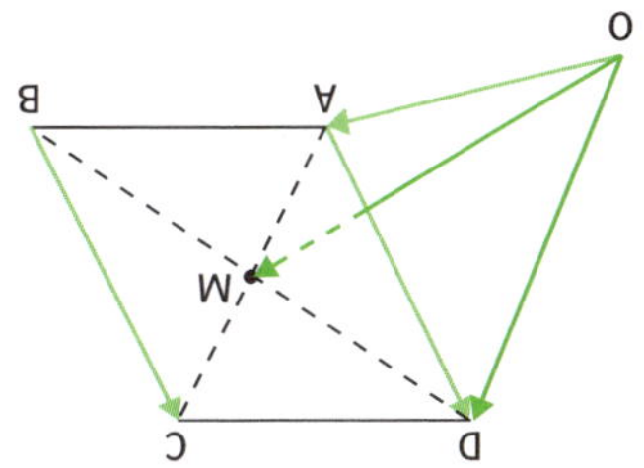

a) Ein Parallelogramm ist ein Viereck mit parallelen Gegenseiten.
Für den Ortsvektor des Punktes D gilt (vgl. Fig.):

$\overrightarrow{OD} = \overrightarrow{OA} + \overrightarrow{AD}$

$= \overrightarrow{OA} + \overrightarrow{BC}$

$= \begin{pmatrix} 2 \\ -1 \\ 3 \end{pmatrix} + \begin{pmatrix} -3 \\ -12 \\ 5 \end{pmatrix} = \begin{pmatrix} 2-3 \\ -1-12 \\ 3+5 \end{pmatrix} = \begin{pmatrix} -1 \\ -13 \\ 8 \end{pmatrix}.$

Der Eckpunkt D hat also die Koordinaten D(−1 | −13 | 8).

b) Bei einem Parallelogramm halbieren sich die Diagonalen.
Für den Ortsvektor des Mittelpunktes M des Parallelogramms gilt:

$\overrightarrow{OM} = \overrightarrow{OA} + \frac{1}{2}\overrightarrow{AC}$

$= \begin{pmatrix} 2 \\ -1 \\ 3 \end{pmatrix} + \frac{1}{2} \cdot \begin{pmatrix} -8 \\ -6 \\ 0 \end{pmatrix} = \begin{pmatrix} 2-4 \\ -1-3 \\ 3+0 \end{pmatrix} = \begin{pmatrix} -2 \\ -4 \\ 3 \end{pmatrix}.$

Der Mittelpunkt M des Parallelogramms hat also die Koordinaten M(−2 | −4 | 3).

Einen Ausdruck wie $r \cdot \vec{a} + s \cdot \vec{b} + t \cdot \vec{c}$ nennt man Linearkombination der Vektoren $\vec{a}$, $\vec{b}$ und $\vec{c}$.

Drei Vektoren $\vec{a}$, $\vec{b}$ und $\vec{c}$ sind genau dann linear unabhängig, wenn die Gleichung

$r \cdot \vec{a} + s \cdot \vec{b} + t \cdot \vec{c} = \vec{0}$ (1)

nur die Lösung $r = 0;\ s = 0;\ t = 0$ besitzt.

Die zu untersuchende Gleichung ist äquivalent zu einem LGS, das man mit dem GAUSS-Verfahren lösen kann.

Carl Friedrich Gauss
1777–1855

HINWEISE ZUM GTR

Hinweise zum Lösen eines LGS (vgl. Seite 26 ff.)

1. Das LGS wird auf Stufenform gebracht.
2. Aus der Stufenform kann die Lösung ermittelt werden, indem man die Stufen von unten nach oben „hochrechnet".
3. „Ordnung halten" beim Rechnen; aus den ersten drei Gleichungen werden die nächsten drei, usw.

Hinweis zum GTR-Einsatz

Bei Aufgabe 1 auf Seite 193 erhält man die Matrix

$\begin{pmatrix} 1 & 2 & -3 & 0 \\ -2 & -2 & -8 & 0 \\ 1 & 3 & 1 & 0 \end{pmatrix}$ und mit dem Befehl *rref* die reduzierte Stufenform $\begin{pmatrix} 1 & 0 & 0 & 0 \\ 0 & 1 & 0 & 0 \\ 0 & 0 & 1 & 0 \end{pmatrix}$.

Man liest ab: $t = 0$; $s = 0$; $r = 0$.

Wie erkennt man am LGS, ob drei Vektoren linear abhängig oder unabhängig sind?

LINEAR ABHÄNGIG

Während der Rechnung erhält man zwei identische Gleichungen; durch Subtraktion ergibt sich dann 0 = 0.
In diesem Fall kann man eine Variable wählen, die anderen ergeben sich dann.

Beispiel:

Das LGS
$$\begin{aligned} r + 2s + 4t &= 0 \\ 3s - 6t &= 0 \\ -6s + 12t &= 0 \end{aligned}$$
ist äquivalent zu
$$\begin{aligned} r + 2s + 4t &= 0 \\ s - 2t &= 0 \\ s - 2t &= 0 \end{aligned}$$
bzw. zu
$$\begin{aligned} r + 2s + 4t &= 0 \\ s - 2t &= 0. \\ 0 &= 0 \end{aligned}$$

Setzt man $t = 1$, folgt $s = 2$; $r = -8$.

LINEAR UNABHÄNGIG

Während der Rechnung erhält man keine identischen Gleichungen.
Bei dem LGS in Stufenform hat die dritte Gleichung nicht die Form 0 = 0.

Beispiel:

Aus der Stufenform
$$\begin{aligned} r + 4s - t &= 0 \\ 2s + t &= 0 \\ 4t &= 0 \end{aligned}$$
folgt $t = 0$; $s = 0$; $r = 0$.

LINEARKOMBINATION, LINEARE ABHÄNGIKEIT BZW. LINEARE UNABHÄNGIGKEITEN

1. Überprüfen Sie die Vektoren $\vec{a} = \begin{pmatrix} 1 \\ -2 \\ 1 \end{pmatrix}$, $\vec{b} = \begin{pmatrix} 2 \\ -2 \\ 3 \end{pmatrix}$ und $\vec{c} = \begin{pmatrix} -3 \\ -8 \\ 1 \end{pmatrix}$ auf lineare Abhängigkeit bzw. Unabhängigkeit.

2. Die Vektoren $\vec{u} = \begin{pmatrix} 1 \\ 1 \\ 1 \end{pmatrix}$, $\vec{v} = \begin{pmatrix} 0 \\ 1 \\ 2 \end{pmatrix}$ und $\vec{w} = \begin{pmatrix} -2 \\ 3 \\ 5 \end{pmatrix}$ sind linear unabhängig.
   Stellen Sie den Vektor $\vec{x} = \begin{pmatrix} 6 \\ -7 \\ -14 \end{pmatrix}$ als Linearkombination von $\vec{u}$, $\vec{v}$ und $\vec{w}$ dar.

LÖSUNGEN

1. Der Vektorgleichung

$$r \cdot \begin{pmatrix} 1 \\ -2 \\ 1 \end{pmatrix} + s \cdot \begin{pmatrix} 2 \\ -2 \\ 3 \end{pmatrix} + t \cdot \begin{pmatrix} -3 \\ -8 \\ 1 \end{pmatrix} = \begin{pmatrix} 0 \\ 0 \\ 0 \end{pmatrix}$$

entspricht ein LGS.

$$\begin{array}{rl} r + 2s - 3t = 0 & [1] \\ -2r - 2s - 8t = 0 & [2] \\ r + 3s + t = 0 & [3] \end{array}$$

$$\begin{array}{rl} r + 2s - 3t = 0 & [1] \\ s + 4t = 0 & [4] = [3] - [1] \\ 2s - 14t = 0 & [5] = 2 \cdot [1] + [2] \end{array}$$

$$\begin{array}{rl} r + 2s - 3t = 0 & [1] \\ s + 4t = 0 & [4] \\ 22t = 0 & [6] = 2 \cdot [4] + [5] \end{array}$$

Aus [6] folgt $t = 0$,
aus [4] dann $s = 0$,
aus [1] dann $r = 0$.
Die drei Vektoren $\vec{a}$, $\vec{b}$ und $\vec{c}$ sind **linear unabhängig.**

2. Der Vektorgleichung

$$\begin{pmatrix} 6 \\ -7 \\ -14 \end{pmatrix} = r \cdot \begin{pmatrix} 1 \\ 1 \\ 1 \end{pmatrix} + s \cdot \begin{pmatrix} 0 \\ 1 \\ 2 \end{pmatrix} + t \cdot \begin{pmatrix} -2 \\ 3 \\ 5 \end{pmatrix}$$

entspricht ein LGS.

$$\begin{array}{rl} 6 = r - 2t & [1] \\ -7 = r + s + 3t & [2] \\ -14 = r + 2s + 5t & [3] \end{array}$$

$$\begin{array}{rl} 6 = r - 2t & [1] \\ 0 = r + t & [4] = 2 \cdot [2] - [3] \\ -7 = r + s + 3t & [2] \end{array}$$

$$\begin{array}{rl} 6 = -3t & [5] = [1] - [4] \\ 0 = r + t & [4] \\ -7 = r + s + 3t & [2] \end{array}$$

Aus [5] folgt $t = -2$,
aus [4] dann $r = 2$,
aus [2] dann $s = -3$.
Damit gilt:
$\vec{x} = 2 \cdot \vec{u} - 3 \cdot \vec{v} - 2 \cdot \vec{w}$.

Unter dem Winkel α zwischen zwei Vektoren $\vec{a}$ und $\vec{b}$ versteht man den kleineren Winkel zwischen den Pfeilen (vgl. Fig.). Damit gilt: $0 \leq \alpha \leq 180°$.

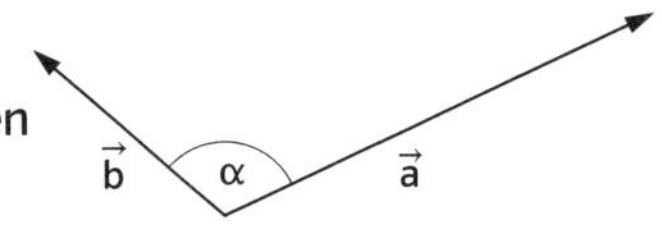

Das Produkt $\vec{a} \cdot \vec{b} = |\vec{a}| \cdot |\vec{b}| \cdot \cos(\alpha)$ nennt man das Skalarprodukt von $\vec{a}$ und $\vec{b}$.

KOORDINATENFORM DES SKALARPRODUKTES

- **In der Ebene**

$$\vec{a} \cdot \vec{b} = \begin{pmatrix} a_1 \\ a_2 \end{pmatrix} \cdot \begin{pmatrix} b_1 \\ b_2 \end{pmatrix} = a_1 \cdot b_1 + a_2 \cdot b_2$$

- **Im Raum**

$$\vec{a} \cdot \vec{b} = \begin{pmatrix} a_1 \\ a_2 \\ a_3 \end{pmatrix} \cdot \begin{pmatrix} b_1 \\ b_2 \\ b_3 \end{pmatrix} = a_1 \cdot b_1 + a_2 \cdot b_2 + a_3 \cdot b_3$$

WINKELBERECHNUNG

- **In der Ebene**

$$\cos(\alpha) = \frac{\vec{a} \cdot \vec{b}}{|\vec{a}| \cdot |\vec{b}|} = \frac{a_1 \cdot b_1 + a_2 \cdot b_2}{\sqrt{a_1^2 + a_2^2} \cdot \sqrt{b_1^2 + b_2^2}}$$

- **Im Raum**

$$\cos(\alpha) = \frac{\vec{a} \cdot \vec{b}}{|\vec{a}| \cdot |\vec{b}|} = \frac{a_1 \cdot b_1 + a_2 \cdot b_2 + a_3 \cdot b_3}{\sqrt{a_1^2 + a_2^2 + a_3^2} \cdot \sqrt{b_1^2 + b_2^2 + b_3^2}}$$

ORTHOGONALITÄT

Wenn $\vec{a}$ und $\vec{b}$ mit $\vec{a} \neq \vec{0}$ und $\vec{b} \neq \vec{0}$ orthogonal sind, dann gilt: $\vec{a} \cdot \vec{b} = 0$.
Gilt umgekehrt $\vec{a} \cdot \vec{b} = 0$, dann sind $\vec{a}$ und $\vec{b}$ orthogonal.

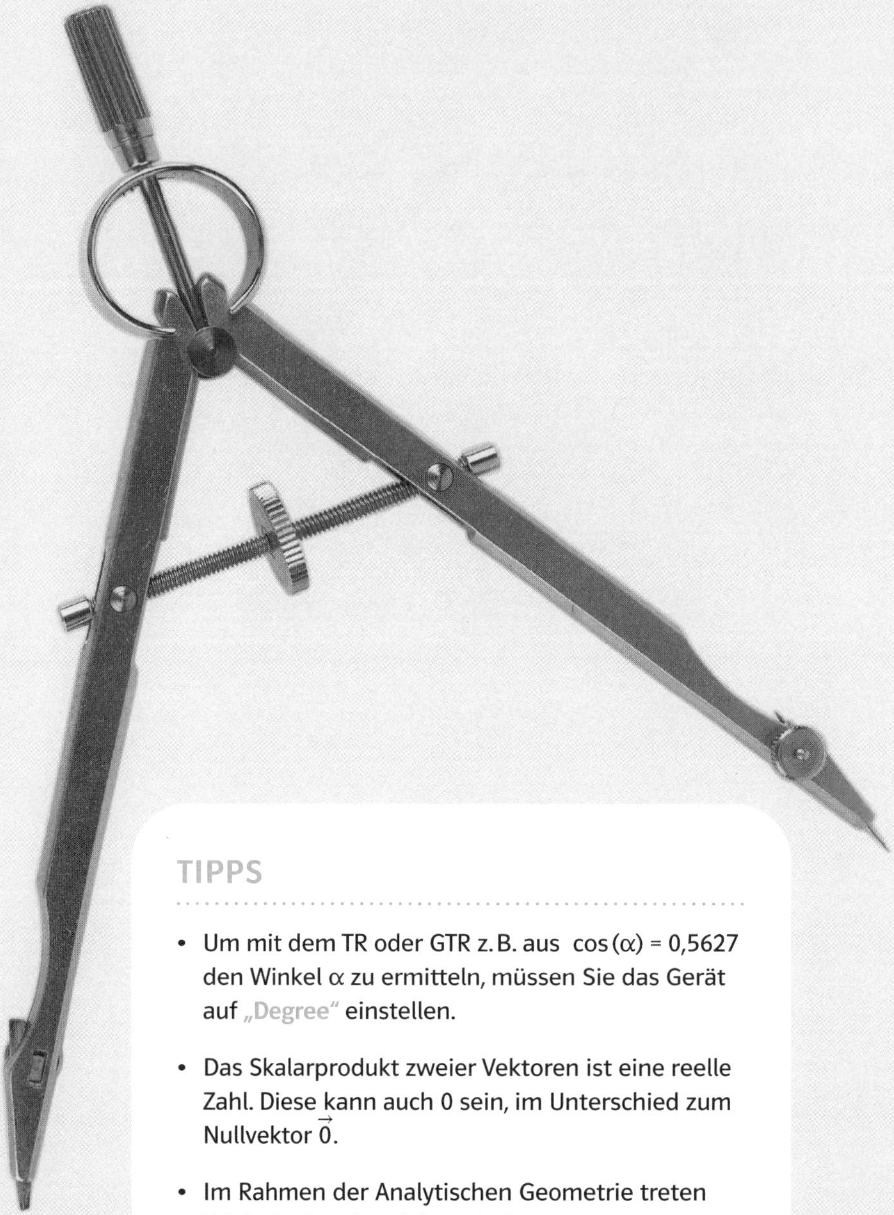

TIPPS

- Um mit dem TR oder GTR z. B. aus $\cos(\alpha) = 0{,}5627$ den Winkel α zu ermitteln, müssen Sie das Gerät auf „Degree" einstellen.
- Das Skalarprodukt zweier Vektoren ist eine reelle Zahl. Diese kann auch 0 sein, im Unterschied zum Nullvektor $\vec{0}$.
- Im Rahmen der Analytischen Geometrie treten Winkel sehr oft auf. So zwischen
  a) zwei Vektoren (vgl. Aufgabe 1 auf Seite 197),
  b) zwei Geraden (vgl. Seite 260),
  c) einer Geraden und einer Ebene (vgl. Seite 262),
  d) zwei Ebenen (vgl. Seite 264).

Beachten Sie, welche Werte der Winkel jeweils annehmen kann und wie dies bei der Berechnung berücksichtigt wird (Betrag im Skalarprodukt).

SKALARPRODUKT, WINKEL ZWISCHEN VEKTOREN

1. Berechnen Sie den Winkel zwischen den Vektoren $\vec{a} = \begin{pmatrix} 1 \\ 6 \\ 4 \end{pmatrix}$ und $\vec{b} = \begin{pmatrix} 2 \\ 2 \\ 1 \end{pmatrix}$.

2. Prüfen Sie, ob die Vektoren $\vec{a} = \begin{pmatrix} 3 \\ -1 \\ 2 \end{pmatrix}$ und $\vec{b} = \begin{pmatrix} -4 \\ 5 \\ 3 \end{pmatrix}$ orthogonal sind.

LÖSUNGEN

1. Es sei α der Winkel zwischen den Vektoren $\vec{a}$ und $\vec{b}$.

Aus $\cos(\alpha) = \frac{\begin{pmatrix} 1 \\ 6 \\ 4 \end{pmatrix} \cdot \begin{pmatrix} 2 \\ 2 \\ 1 \end{pmatrix}}{\sqrt{1^2 + 6^2 + 4^2} \cdot \sqrt{2^2 + 2^2 + 1^2}} = \frac{2 + 12 + 4}{\sqrt{53} \cdot \sqrt{9}} = \frac{18}{\sqrt{53} \cdot 3} = \frac{6}{\sqrt{53}}$ folgt **$\alpha \approx 34{,}5°$.**

2. Es ist $\vec{a} \cdot \vec{b} = \begin{pmatrix} 3 \\ -1 \\ 2 \end{pmatrix} \cdot \begin{pmatrix} -4 \\ 5 \\ 3 \end{pmatrix} = 3 \cdot (-4) + (-1) \cdot 5 + 2 \cdot 3 = -11 \neq 0.$

Also sind $\vec{a}$ und $\vec{b}$ **nicht orthogonal.**

Ist ein Vektor $\vec{n}$ mit $\vec{n} \neq \vec{0}$ orthogonal zu zwei linear unabhängigen Vektoren $\vec{a}$ und $\vec{b}$, heißt $\vec{n}$ ein Normalenvektor von $\vec{a}$ und $\vec{b}$ (vgl. Fig.).

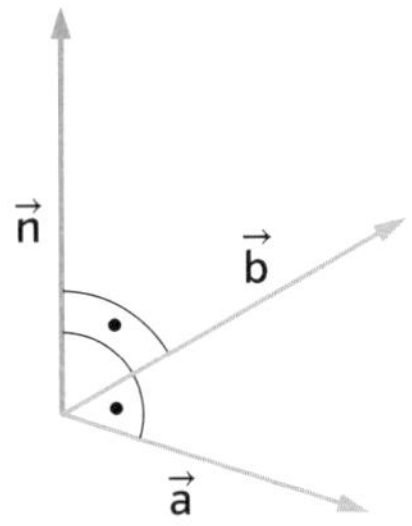

ERMITTLUNG EINES NORMALENVEKTORS

Einen Normalenvektor $\vec{n}$ von $\vec{a}$ und $\vec{b}$ kann man bestimmen

a) mithilfe des Skalarproduktes.

b) mithilfe des Vektorproduktes (auch Kreuzprodukt genannt).

ERMITTLUNG EINES NORMALENVEKTORS

Mithilfe des Skalarproduktes:

Da $\vec{n}$ orthogonal zu $\vec{a}$ und zu $\vec{b}$ ist, gilt: $\vec{n} \cdot \vec{a} = 0$ und $\vec{n} \cdot \vec{b} = 0$.

Mit $\vec{n} = \begin{pmatrix} n_1 \\ n_2 \\ n_3 \end{pmatrix}$ erhält man zwei Gleichungen für n_1, n_2 und n_3.

Da ein Normalenvektor nicht eindeutig bestimmt ist, kann man eine Koordinate wählen, die anderen ergeben sich dann (vgl. Beispiel auf Seite 200).

Mithilfe des Vektorproduktes (Kreuzproduktes):

Das Vektorprodukt zweier Vektoren $\vec{a}$ und $\vec{b}$ ist definiert durch:

$$\vec{a} \times \vec{b} = \begin{pmatrix} a_2b_3 - a_3b_2 \\ a_3b_1 - a_1b_3 \\ a_1b_2 - a_2b_1 \end{pmatrix}.$$

VERGLEICH BEIDER VERFAHREN

Da das Vektorprodukt $\vec{a} \times \vec{b}$ ein Vektor ist im Unterschied zum Skalarprodukt, erhält man direkt einen gesuchten Normalenvektor. Außerdem ist das Verfahren weniger rechenanfällig. Allerdings muss man die Formel kennen.

BEISPIEL

Ermitteln Sie einen Normalenvektor von $\vec{a} = \begin{pmatrix} 3 \\ 4 \\ 2 \end{pmatrix}$ und $\vec{b} = \begin{pmatrix} -1 \\ 5 \\ -3 \end{pmatrix}$.

Lösung:

Für einen Normalenvektor $\vec{n} = \begin{pmatrix} n_1 \\ n_2 \\ n_3 \end{pmatrix}$ muss gelten:

$\begin{pmatrix} n_1 \\ n_2 \\ n_3 \end{pmatrix} \cdot \begin{pmatrix} 3 \\ 4 \\ 2 \end{pmatrix} = 0$ und $\begin{pmatrix} n_1 \\ n_2 \\ n_3 \end{pmatrix} \cdot \begin{pmatrix} -1 \\ 5 \\ -3 \end{pmatrix} = 0.$

Diese Skalarprodukte ergeben das LGS: $\begin{aligned} 3n_1 + 4n_2 + 2n_3 &= 0 \\ -n_1 + 5n_2 - 3n_3 &= 0 \end{aligned}$.

Hieraus folgt das LGS: $\begin{aligned} 3n_1 + 4n_2 + 2n_3 &= 0 \\ 19n_2 - 7n_3 &= 0 \end{aligned}$.

Wählt man $n_3 = 19$, ergibt sich $n_2 = 7$, $n_1 = -22$.

Damit ist $\vec{n} = \begin{pmatrix} -22 \\ 7 \\ 19 \end{pmatrix}$ ein Normalenvektor.

NORMALENVEKTOR

Gegeben sind die Vektoren $\vec{a} = \begin{pmatrix} 3 \\ 4 \\ 2 \end{pmatrix}$ und $\vec{b} = \begin{pmatrix} -1 \\ 5 \\ -3 \end{pmatrix}$.

Ermitteln Sie einen Normalenvektor $\vec{n}$ von $\vec{a}$ und $\vec{b}$.

LÖSUNGEN

Einen Normalenvektor kann man mithilfe des Vektorproduktes ermitteln.

Für $\vec{a} = \begin{pmatrix} 3 \\ 4 \\ 2 \end{pmatrix}$ und $\vec{b} = \begin{pmatrix} -1 \\ 5 \\ -3 \end{pmatrix}$ gilt:

$$\vec{n} = \vec{a} \times \vec{b} = \begin{pmatrix} 4 \cdot (-3) - 2 \cdot 5 \\ 2 \cdot (-1) - 3 \cdot (-3) \\ 3 \cdot 5 - 4 \cdot (-1) \end{pmatrix} = \begin{pmatrix} -12 - 10 \\ -2 + 9 \\ 15 + 4 \end{pmatrix} = \begin{pmatrix} -22 \\ 7 \\ 19 \end{pmatrix}.$$

1 Flächeninhalt eines Dreiecks

Ist ein Dreieck ABC gleichschenklig mit $|\overrightarrow{AC}| = |\overrightarrow{BC}|$, so wählt man $\overline{AB}$ als Grundseite. Die zugehörige Höhe ergibt sich als Betrag des Vektors $\overrightarrow{MC}$, wobei M die Mitte von $\overline{AB}$ ist (vgl. Fig. 1).
Ist das Dreieck ABC rechtwinklig mit rechtem Winkel bei A, so wählt man $\overline{AB}$ als Grundseite. Die zugehörige Höhe ist der Betrag des Vektors $\overrightarrow{AC}$ (vgl. Fig. 2).

Der Flächeninhalt eines Dreiecks ist $A = \frac{1}{2} \cdot g \cdot h$, wobei g die sogenannte Grundseite und h die Höhe zur Grundseite g ist.
Beachten Sie: Jede Seite ist als Grundseite möglich; es muss aber die zugehörige Höhe verwendet werden.

Häufig sind Sonderfälle, bei denen sich eine Seite als Grundseite anbietet:
- gleichschenkliges Dreieck,
- rechtwinkliges Dreieck.

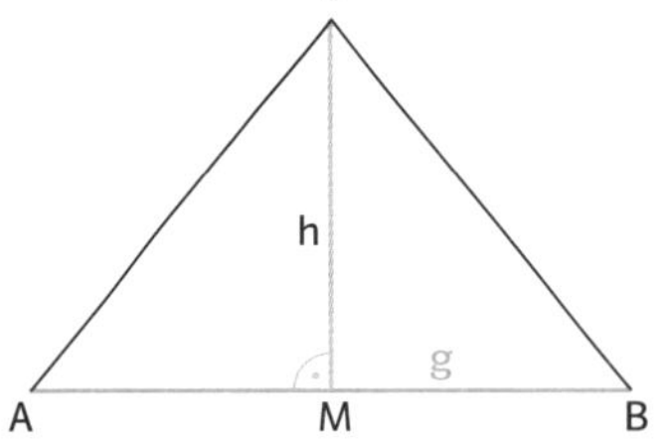

Fig. 1

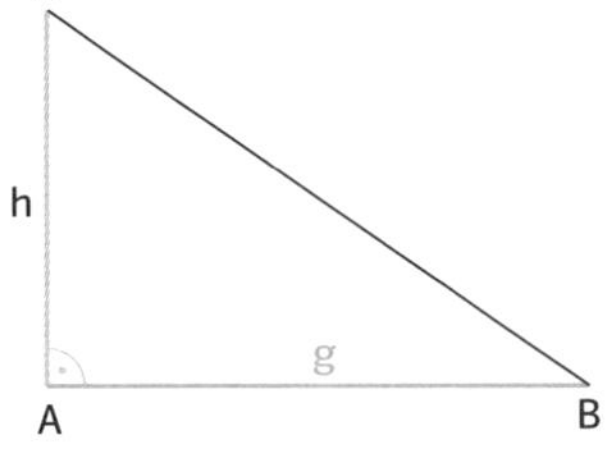

Fig. 2

Handelt es sich um ein beliebiges Dreieck (vgl. Fig.), muss man zunächst den Fußpunkt F der Höhe bestimmen.
Dies ist mit der Methode eines „laufenden Punktes“ (vgl. Seite 244) oder mit einer Hilfsebene (vgl. Seite 246) möglich.

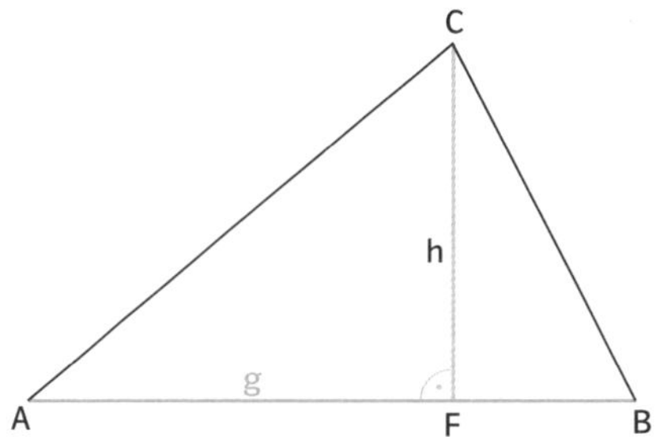

TIPP

Bevor Sie mit der Berechnung des Flächeninhaltes eines Dreiecks beginnen, untersuchen Sie, ob es sich bei dem vorliegenden Dreieck um einen Sonderfall handelt (vgl. Aufgabe auf Seite 205).

FLÄCHENINHALT EINES DREIECKS

Gegeben sind die Punkte A(4 | 3 | −2), B(2 | 2 | 0) und C(1 | 10,5 | 1).

a) Zeigen Sie, dass das Dreieck ABC gleichschenklig ist.

b) Berechnen Sie den Flächeninhalt des Dreiecks ABC.

LÖSUNGEN

a) Mit A(4 | 3 | −2), B(2 | 2 | 0) und C(1 | 10,5 | 1) gilt:

$\overrightarrow{AB} = \begin{pmatrix} -2 \\ -1 \\ 2 \end{pmatrix}$; $|\overrightarrow{AB}| = \sqrt{4 + 1 + 4} = 3$;

$\overrightarrow{AC} = \begin{pmatrix} -3 \\ 7{,}5 \\ 3 \end{pmatrix}$; $|\overrightarrow{AC}| = \sqrt{9 + 56{,}25 + 9} = \sqrt{74{,}25}$;

$\overrightarrow{BC} = \begin{pmatrix} -1 \\ 8{,}5 \\ 1 \end{pmatrix}$; $|\overrightarrow{BC}| = \sqrt{1 + 72{,}25 + 1} = \sqrt{74{,}25}$.

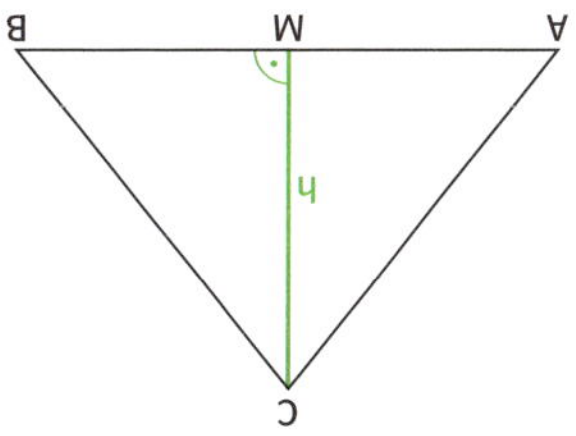

Also ist das Dreieck gleichschenklig mit der Grundseite AB. Die zugehörige Höhe h ist der Betrag des Vektors $\overrightarrow{MC}$, wobei M die Mitte von $\overline{AB}$ ist.
Die Grundseite hat die Länge 3.

b) Die Mitte der Grundseite ist M(3 | 2,5 | −1); damit ist $\overrightarrow{MC} = \begin{pmatrix} -2 \\ 8 \\ 2 \end{pmatrix}$.

Für die Höhe h des Dreiecks ergibt sich: $h = |\overrightarrow{MC}| = \sqrt{4 + 64 + 4} = \sqrt{72}$.

Flächeninhalt des Dreiecks: $A = \frac{1}{2} \cdot g \cdot h = \frac{1}{2} \cdot 3 \cdot \sqrt{72} \approx 12{,}7$.

Der Flächeninhalt des Dreiecks ABC beträgt **näherungsweise 12,7 Flächeneinheiten**.

Der Rauminhalt einer Pyramide ist $V = \frac{1}{3} \cdot G \cdot h$, wobei G die Grundfläche und h die Höhe ist.

Häufig sind Sonderfälle:

a) die Grundfläche ist ein Quadrat (Fig. 1), Parallelogramm oder Dreieck (Fig. 2),

b) die Spitze liegt senkrecht über dem Mittelpunkt der Grundfläche (Fig. 1),

c) die Pyramide hat eine besondere Lage im Koordinatensystem (Fig. 2).

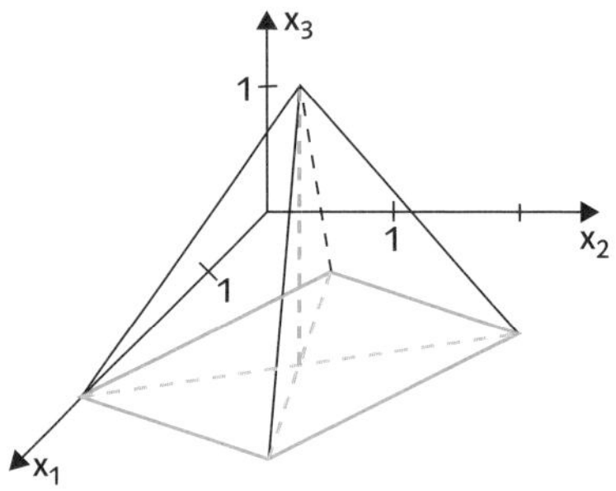

Fig. 1

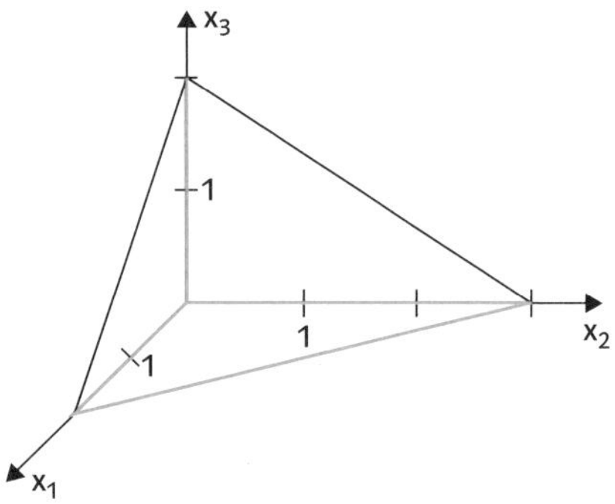

Fig. 2

Liegt kein Sonderfall vor, kann man die Höhe mit der Hesse'schen Normalenform (vgl. Seite 223) als Abstand der Spitze von der Ebene berechnen, in der die Grundfläche liegt.

TIPP

Bevor Sie mit der Berechnung des Rauminhaltes einer Pyramide oder eines anderen Körpers beginnen, untersuchen Sie,

a) ob der Körper eine **besondere Form** hat (vgl. Aufgabe auf Seite 209) oder

b) ob der Körper eine **spezielle Lage** im Koordinatensystem hat (vgl. Fig.).

Bei der abgebildeten Pyramide liegt die Grundfläche in der x_1x_2-Ebene. Die Höhe ergibt sich also direkt als x_3-Koordinate der Spitze S.

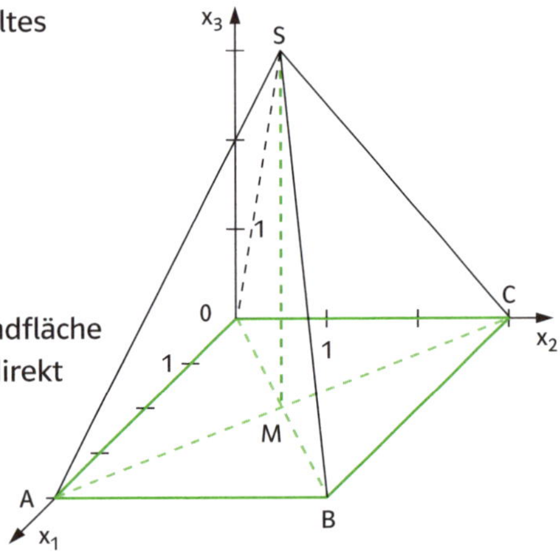

RAUMINHALT EINER PYRAMIDE

Gegeben sind die Punkte A(5 | 4 | −1), B(1 | 8 | 1), C(−1 | 4 | 5), D(3 | 0 | 3) und S(6 | 6 | 6).
Die Punkte A, B, C und D sind Eckpunkte der Grundfläche einer Pyramide mit der Spitze S.
Berechnen Sie den Rauminhalt dieser Pyramide.

LÖSUNGEN

Untersuchung der Grundfläche:

Mit A(5 | 4 | −1), B(1 | 8 | 1), C(−1 | 4 | 5) und D(3 | 0 | 3) gilt:

$\overrightarrow{AB} = \begin{pmatrix} -4 \\ 4 \\ 2 \end{pmatrix}$; $|\overrightarrow{AB}| = \sqrt{16 + 16 + 4} = 6$; $\overrightarrow{BC} = \begin{pmatrix} -2 \\ -4 \\ 4 \end{pmatrix}$; $|\overrightarrow{BC}| = \sqrt{4 + 16 + 16} = 6$;

$\overrightarrow{AD} = \begin{pmatrix} -2 \\ -4 \\ 4 \end{pmatrix}$; $|\overrightarrow{AD}| = \sqrt{4 + 16 + 16} = 6$; $\overrightarrow{DC} = \begin{pmatrix} -4 \\ 4 \\ 2 \end{pmatrix}$; $|\overrightarrow{DC}| = \sqrt{16 + 16 + 4} = 6$.

Außerdem ist $\overrightarrow{AB} \cdot \overrightarrow{BC} = \begin{pmatrix} -4 \\ 4 \\ 2 \end{pmatrix} \cdot \begin{pmatrix} -2 \\ -4 \\ 4 \end{pmatrix} = 0$. Die Grundfläche ist also ein Quadrat mit dem Inhalt $G = 36$.

Untersuchung der Höhe:

Der Mittelpunkt des Quadrates ist M(2 | 4 | 2). Weiterhin ist $\overrightarrow{MS} = \begin{pmatrix} 4 \\ 2 \\ 4 \end{pmatrix}$; $|\overrightarrow{MS}| = \sqrt{16 + 4 + 16} = 6$

und $\overrightarrow{AM} \cdot \overrightarrow{MS} = \begin{pmatrix} -3 \\ 0 \\ 3 \end{pmatrix} \cdot \begin{pmatrix} 4 \\ 2 \\ 4 \end{pmatrix} = 0$. Es handelt sich also um eine senkrechte Pyramide mit der Höhe $h = 6$.

Rauminhalt der Pyramide:

$V = \frac{1}{3} \cdot G \cdot h = \frac{1}{3} \cdot 36 \cdot 6 = 72$

2 GERADEN UND EBENEN

Geradengleichung in Parameterform, Punktprobe

PARAMETERFORM

Gleichung einer Geraden in Parameterform:

Die Gleichung einer Geraden g durch die Punkte P und Q mit den Ortsvektoren $\vec{p}$ und $\vec{q}$ lautet: $\vec{x} = \vec{p} + t \cdot \vec{u}$; $t \in \mathbb{R}$, wobei $\vec{u} = \vec{q} - \vec{p}$ ist.

Man nennt t einen Parameter,

der Vektor $\vec{p}$ heißt Stützvektor,

der Vektor $\vec{u}$ heißt Richtungsvektor.

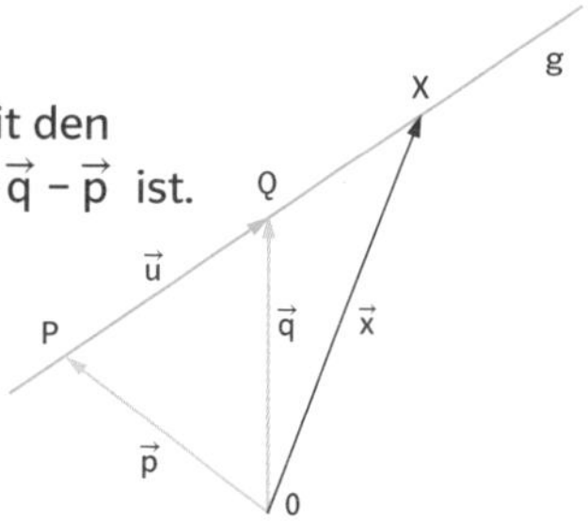

Verwendet man die Punkte P und Q, so gilt: $\vec{x} = \overrightarrow{OP} + t \cdot \overrightarrow{PQ}$; $t \in \mathbb{R}$.

Mit $\vec{x} = \begin{pmatrix} x_1 \\ x_2 \\ x_3 \end{pmatrix}$ und $P(p_1 | p_2 | p_3)$ bzw. $Q(q_1 | q_2 | q_3)$ kann man auch schreiben:

$$\vec{x} = \begin{pmatrix} p_1 \\ p_2 \\ p_3 \end{pmatrix} + t \cdot \begin{pmatrix} q_1 - p_1 \\ q_2 - p_2 \\ q_3 - p_3 \end{pmatrix};\ t \in \mathbb{R} \quad \text{bzw.} \quad \begin{pmatrix} x_1 \\ x_2 \\ x_3 \end{pmatrix} = \begin{pmatrix} p_1 \\ p_2 \\ p_3 \end{pmatrix} + t \cdot \begin{pmatrix} q_1 - p_1 \\ q_2 - p_2 \\ q_3 - p_3 \end{pmatrix};\ t \in \mathbb{R}.$$

TIPP

In der Geradengleichung $\vec{x} = \overrightarrow{OP} + t \cdot \overrightarrow{PQ}$ ist $\overrightarrow{OP}$ ein Ortsvektor.

$\overrightarrow{OP}$ ergibt sich also direkt aus den Koordinaten von P.

Dagegen ergibt sich der Vektor $\overrightarrow{PQ}$ als Differenz zweier Ortsvektoren.

Der Ortsvektor von Q ist kein Richtungsvektor einer Geraden.

GERADE IN DER x_1x_2-EBENE

In der x_1x_2-Ebene ist z. B. $\vec{x} = \begin{pmatrix} 1 \\ 2 \end{pmatrix} + t \cdot \begin{pmatrix} -4 \\ 1 \end{pmatrix}$; $t \in \mathbb{R}$ bzw. $\begin{pmatrix} x_1 \\ x_2 \end{pmatrix} = \begin{pmatrix} 1 \\ 2 \end{pmatrix} + t \cdot \begin{pmatrix} -4 \\ 1 \end{pmatrix}$; $t \in \mathbb{R}$ eine Gleichung einer Geraden.

Eliminiert man t, ergibt sich $x_2 = -\frac{1}{4}x_1 + \frac{9}{4}$.
In der Analysis schreibt man hierfür meistens $y = -\frac{1}{4}x + \frac{9}{4}$.

PUNKTPROBE

Um zu prüfen, ob ein Punkt A auf einer Geraden g liegt, führt man eine sogenannte „Punktprobe“ durch, d. h., man setzt die Koordinaten von A in die Gleichung von g ein.
Gibt es einen Wert für t, der die Vektorgleichung erfüllt, **liegt A auf g**, gibt es keinen solchen Wert, **liegt A nicht auf g**.

Bei der Durchführung dieses Verfahrens schreibt man die Vektorgleichung um in ein LGS mit drei linearen Gleichungen und einer Variablen t. Ergibt sich aus den drei Gleichungen jeweils der gleiche Wert für t, liegt A auf g.

GERADENGLEICHUNG IN PARAMETERFORM, PUNKTPROBE

Gegeben sind der Punkt A(1 | 1 | 2) und die Gerade g durch die Punkte P(3 | −7 | 5) und Q(−1 | 4 | 2).

a) Stellen Sie eine Gleichung für g auf.

b) Prüfen Sie, ob der Punkt A auf g liegt.

LÖSUNGEN

a) Eine Gleichung für die Gerade g durch die Punkte P und Q hat die Form:

$\vec{x} = \overrightarrow{OP} + t \cdot \overrightarrow{PQ}$, $t \in \mathbb{R}$,

wobei $\overrightarrow{OP}$ ein Stützvektor und $\overrightarrow{PQ}$ ein Richtungsvektor von g ist (vgl. Fig.).

Damit gilt:

$\vec{x} = \begin{pmatrix} 3 \\ -7 \\ 5 \end{pmatrix} + t \cdot \begin{pmatrix} -4 \\ 11 \\ -3 \end{pmatrix}$; $t \in \mathbb{R}$.

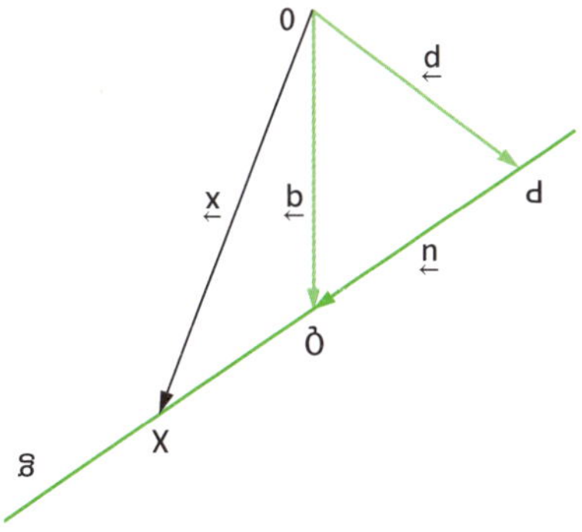

b) Durchführung einer „Punktprobe":

Wenn A auf g liegt, muss es eine reelle Zahl t geben, welche die Gleichung

$\begin{pmatrix} 3 \\ -7 \\ 5 \end{pmatrix} + t \cdot \begin{pmatrix} -4 \\ 11 \\ -3 \end{pmatrix} = \begin{pmatrix} 1 \\ 1 \\ 2 \end{pmatrix}$ bzw. das LGS $\begin{aligned} 3 - 4t &= 1 \\ -7 + 11t &= 1 \\ 5 - 3t &= 2 \end{aligned}$ erfüllt.

Aus $3 - 4t = 1$ folgt $t = 0{,}5$, aus $5 - 3t = 2$ aber $t = 1$.

Also liegt A nicht auf g.

Gleichung einer Ebene in Parameterform:
Die Gleichung einer Ebene E mit dem Stützvektor $\vec{p}$ und den Spannvektoren $\vec{u}$ und $\vec{v}$ lautet (vgl. Fig.):

$\vec{x} = \vec{p} + r \cdot \vec{u} + s \cdot \vec{v}$; $r, s \in \mathbb{R}$.

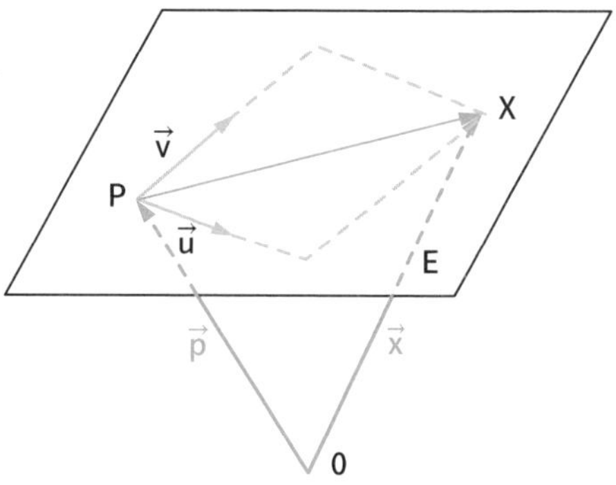

AUFSTELLEN EINER GLEICHUNG FÜR EINE EBENE E IN PARAMETERFORM

E kann festgelegt sein durch:

a) Punkte A, B und C

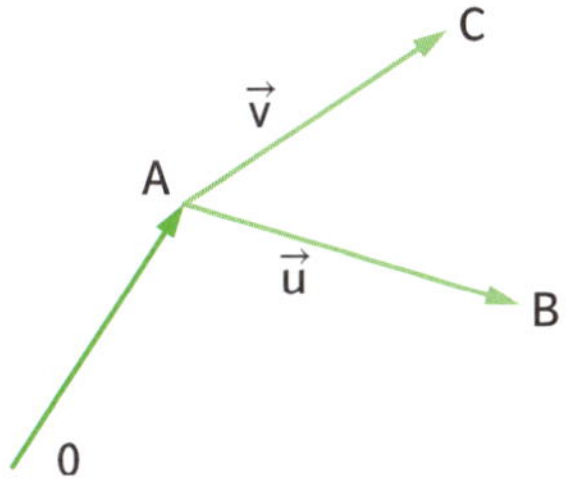

Stützvektor: Ortsvektor von A

Spannvektoren: $\vec{u} = \overrightarrow{AB}$, $\vec{v} = \overrightarrow{AC}$

b) Gerade g und Punkt A

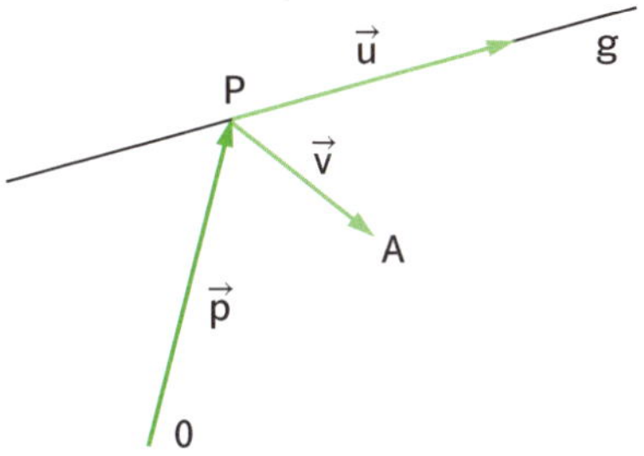

Stützvektor: Stützvektor von g

Spannvektoren: $\vec{u}$ von g, $\vec{v} = \overrightarrow{PA}$

c) Geraden g und h, die sich in S schneiden

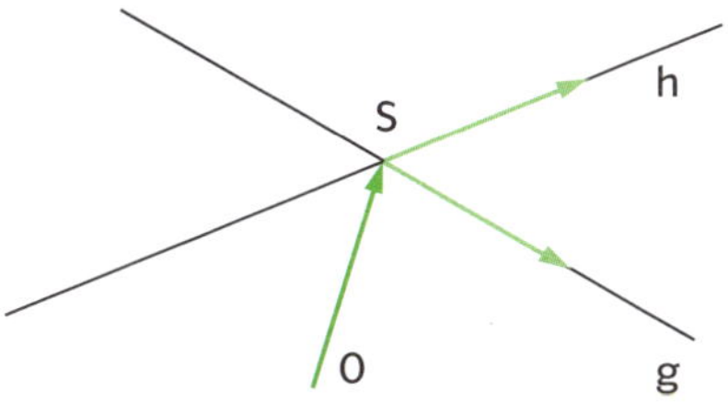

Stützvektor: Ortsvektor von S

Spannvektoren: Richtungsvektoren von g und h

d) Geraden g und h, die parallel sind

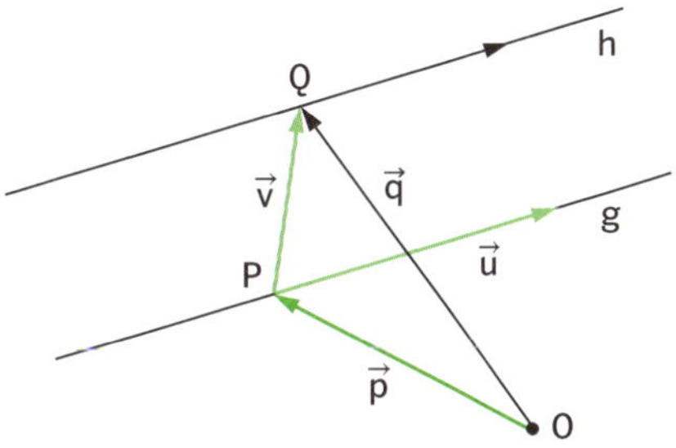

Stützvektor: Stützvektor von g

Spannvektoren: $\vec{u}$ von g, $\vec{v} = \overrightarrow{PQ}$

PUNKTPROBE FÜR D

Setzt man die Koordinaten für D in die Gleichung für E ein, erhält man ein LGS mit drei linearen Gleichungen für zwei Variablen r und s.
Aus zwei Gleichungen erhält man Werte für r und s; erfüllen diese Werte auch die dritte Gleichung, liegt der Punkt D in E.

PARAMETER EINER EBENENGLEICHUNG

Gegeben sind die Punkte A(1 | −1 | 2), B(3 | 2 | −1) und C(4 | −2 | 3).

a) Ermitteln Sie eine Parametergleichung der Ebene E, die durch A, B und C geht.

b) Prüfen Sie, ob der Punkt D(8 | −7 | 8) in E liegt.

LÖSUNGEN

a) Wählt man den Ortsvektor von A als Stützvektor und $\overrightarrow{AB}$ und $\overrightarrow{AC}$ als Spannvektoren, so gilt (vgl. Fig.):

$$E:\ \vec{x} = \begin{pmatrix} 1 \\ -1 \\ 2 \end{pmatrix} + r \cdot \begin{pmatrix} 2 \\ 3 \\ -3 \end{pmatrix} + s \cdot \begin{pmatrix} 3 \\ -1 \\ 1 \end{pmatrix};\ r, s \in \mathbb{R}.$$

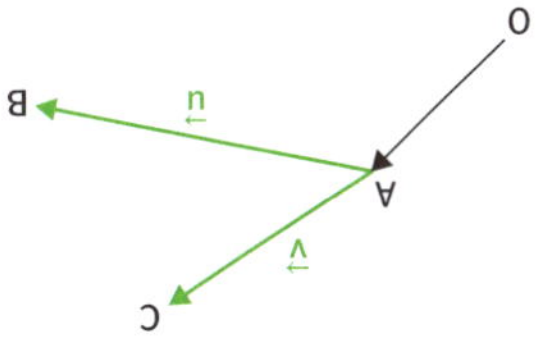

b) Durchführung einer „Punktprobe“:
Wenn D in E liegt, muss es reelle Zahlen r und s geben, welche die Gleichung

$$\begin{pmatrix} 1 \\ -1 \\ 2 \end{pmatrix} + r \cdot \begin{pmatrix} 2 \\ 3 \\ -3 \end{pmatrix} + s \cdot \begin{pmatrix} 3 \\ -1 \\ 1 \end{pmatrix} = \begin{pmatrix} 8 \\ -7 \\ 8 \end{pmatrix}$$

bzw. das LGS

$$\begin{aligned} 1 + 2r + 3s &= 8 \quad [1] \\ -1 + 3r - s &= -7 \quad [2] \\ 2 - 3r + s &= 8 \quad [3] \end{aligned}$$

erfüllen.

Aus [1] und [2] folgt $r = -1$; $s = 3$. Für diese beiden Werte ist Gleichung [3] auch erfüllt.
Damit liegt D in E.

GLEICHUNG EINER EBENE IN KOORDINATENFORM

$a_1 \cdot x_1 + a_2 \cdot x_2 + a_3 \cdot x_3 = b \quad (1)$

Eine Koordinatengleichung einer Ebene E wird oft benötigt, z. B. für Abstandsberechnungen.
Sind von E drei Punkte A, B und C gegeben, bieten sich folgende Möglichkeiten an:

1. Man notiert zunächst eine Gleichung in Parameterform (vgl. Seite 215) und eliminiert die Parameter r und s (vgl. Seite 220).
2. Man setzt die Koordinaten der Punkte A, B und C in (1) ein und löst das LGS (vgl. Seite 221).
3. Man ermittelt zunächst eine Gleichung in Normalenform (vgl. Seite 222) und schreibt diese um in Koordinatenform (vgl. Lösung der Aufgabe 1 auf Seite 224).

Für die Normalenform benötigt man einen Normalenvektor. Diesen kann man ermitteln
a) mit Gleichungen.
b) mit dem Vektorprodukt (auch Kreuzprodukt genannt).

Bei den Möglichkeiten 1., 2. und 3. a) muss ein LGS gelöst werden.
Steht ein GTR zur Verfügung, mit dem man ein LGS lösen kann, sind diese Verfahren schnell durchführbar.
Ohne GTR geht 3. b) am schnellsten und ist am wenigsten fehleranfällig.
Allerdings muss man das Vektorprodukt kennen.

VEKTORPRODUKT

Das Vektorprodukt zweier Vektoren $\vec{a} = \begin{pmatrix} a_1 \\ a_2 \\ a_3 \end{pmatrix}$ und $\vec{b} = \begin{pmatrix} b_1 \\ b_2 \\ b_3 \end{pmatrix}$ ist der Vektor $\vec{c}$ mit

$$\vec{c} = \begin{pmatrix} c_1 \\ c_2 \\ c_3 \end{pmatrix} = \vec{a} \times \vec{b} = \begin{pmatrix} a_1 \\ a_2 \\ a_3 \end{pmatrix} \times \begin{pmatrix} b_1 \\ b_2 \\ b_3 \end{pmatrix} = \begin{pmatrix} a_2b_3 - a_3b_2 \\ a_3b_1 - a_1b_3 \\ a_1b_2 - a_2b_1 \end{pmatrix}.$$

Im Unterschied zum Skalarprodukt erhält man also mit dem **Vektorprodukt einen Vektor**.

Merkregel für das Vektorprodukt:

a_1 b_1

a_2 b_2

$c_1 = a_2b_3 - a_3b_2$

a_3 b_3

$c_2 = a_3b_1 - a_1b_3$

a_1 b_1

$c_3 = a_1b_2 - a_2b_1$

a_2 b_2

KOORDINATENFORM AUS PARAMETERFORM

Gleichung einer Ebene in Koordinatenform:

$$a_1 \cdot x_1 + a_2 \cdot x_2 + a_3 \cdot x_3 = b$$

Ist eine Gleichung einer Ebene in Parameterform gegeben, erhält man eine Koordinatenform, wenn man das zugehörige LGS notiert und die Parameter eliminiert.

LÖSUNG DER AUFGABE 2 AUF SEITE 224 MIT GTR

Der gegebenen Gleichung entspricht das LGS

$$\begin{aligned} x_1 &= 1 - 2r - s \\ x_2 &= 2 + 3r - 4s \\ x_3 &= 4 + 5r + 2s \end{aligned} \quad \text{bzw. umgestellt:} \quad \begin{aligned} -2r - s &= x_1 - 1 \\ 3r - 4s &= x_2 - 2. \\ 5r + 2s &= x_3 - 4 \end{aligned}$$

Durch diese Umstellung, bei der die Summanden mit r und s zuerst notiert werden, erhält man in der reduzierten Stufenform eine Zeile, die r und s nicht enthält.

$$\text{Aus} \quad \begin{aligned} -2r - s &= x_1 - 1 \\ 3r - 4s &= x_2 - 2 \\ 5r + 2s &= x_3 - 4 \end{aligned} \quad \text{ergibt sich die Matrix } A = \begin{pmatrix} -2 & -1 & 1 & 0 & 0 & -1 \\ 3 & -4 & 0 & 1 & 0 & -2 \\ 5 & 2 & 0 & 0 & 1 & -4 \end{pmatrix}.$$

Gibt man die Matrix A in den GTR ein (vgl. Fig. 1), erhält man mit dem Befehl *rref* die reduzierte Stufenform der Matrix A (vgl. Fig. 2 und Fig. 3).

Die letzte Zeile lautet ausführlich: $0 \cdot r + 0 \cdot s = 1 \cdot x_1 - \frac{1}{26} \cdot x_2 + \frac{11}{26} \cdot x_3 - \frac{34}{13}$.

Damit erhält man als Koordinatengleichung:

$E\colon\ 26x_1 - x_2 + 11x_3 = 68$.

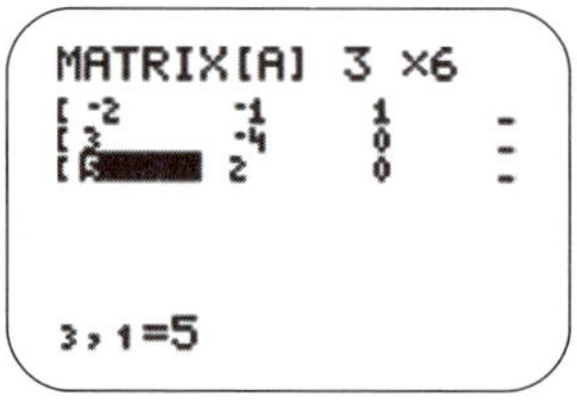

Fig. 1

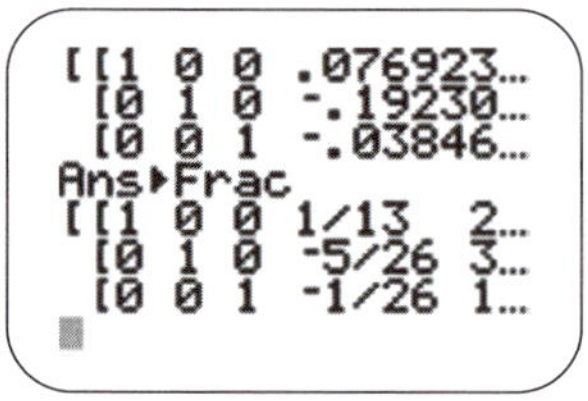

Fig. 2

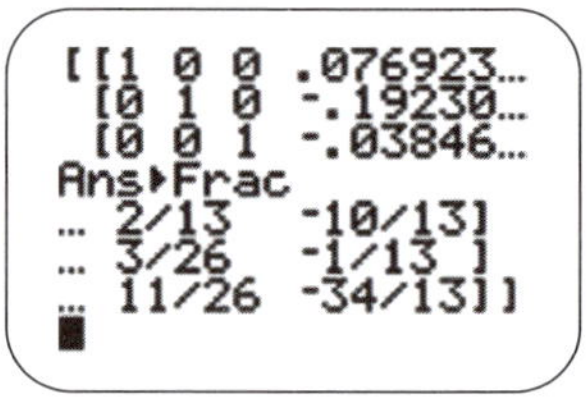

Fig. 3

KOORDINATENGLEICHUNG AUS DREI PUNKTEN

Gleichung einer Ebene in Koordinatenform:

$a \cdot x_1 + b \cdot x_2 + c \cdot x_3 = d \quad (1)$

Sind die Koordinaten von drei Punkten der Ebene gegeben, erhält man durch Einsetzen dieser Koordinaten in Gleichung (1) ein **LGS für a, b, c und d**. Dieses LGS bringt man auf die Stufenform und drückt dann **a, b und c in Abhängigkeit von d** aus (vgl. Lösung der Aufgabe 3 auf Seite 225).
Durch **Wahl z. B. von d** ergeben sich dann a, b und c.

LÖSUNG DER AUFGABE 3 AUF SEITE 225 MIT DEM GTR

Ansatz: $ax_1 + bx_2 + cx_3 = d$;

Punktprobe mit den gegebenen Punkten liefert das LGS

$$\begin{aligned} 2a + 3b - c &= d \\ 8a + 4b - 9c &= d \\ 11a + 12b - 7c &= d \end{aligned} \quad \text{mit der Matrix } A = \begin{pmatrix} 2 & 3 & -1 & 1 \\ 8 & 4 & -9 & 1 \\ 11 & 12 & -7 & 1 \end{pmatrix}.$$

Gibt man die Matrix A in den GTR ein (vgl. Fig. 1), erhält man mit dem Befehl *rref* die reduzierte Stufenform der Matrix A. Der Befehl *frac* wandelt die Dezimalzahlen in Brüche um (vgl. Fig. 2).

Man liest ab: $1 \cdot a = -\frac{22}{7}d$; $1 \cdot b = \frac{12}{7}d$; $1 \cdot c = -\frac{15}{7}d$.

Setzt man $d = 7$, folgt $a = -22$; $b = 12$; $c = -15$.

Damit ergibt sich die Koordinatengleichung

E: $-22x_1 + 12x_2 - 15x_3 = 7$.

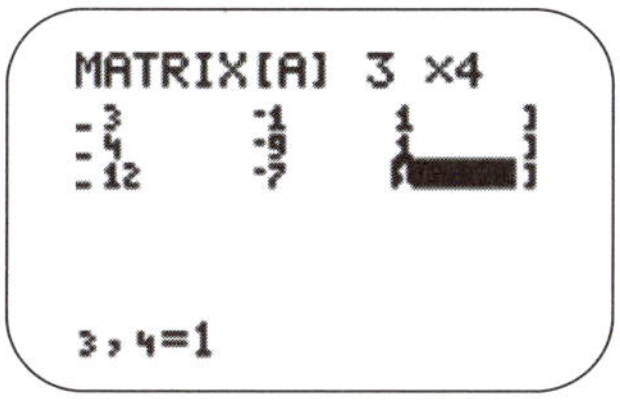

Fig. 1

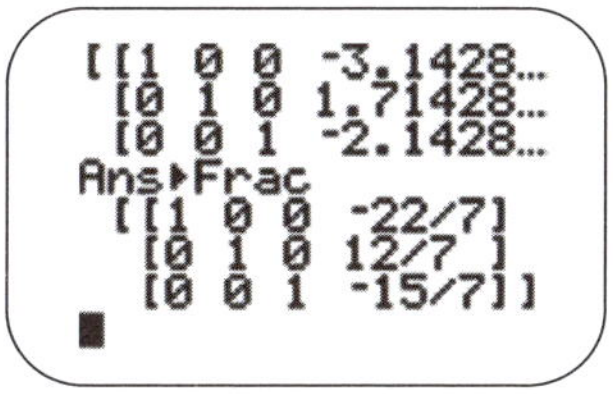

Fig. 2

Gleichung einer Ebene in Normalenform:
Sind $\vec{p}$ ein Stützvektor, $\vec{n}$ ein Normalenvektor und $\vec{x}$ der Ortsvektor eines Punktes in der Ebene E, so ist (vgl. Fig.)

$$(\vec{x} - \vec{p}) \cdot \vec{n} = 0.$$

die Gleichung einer Ebene in Normalenform.

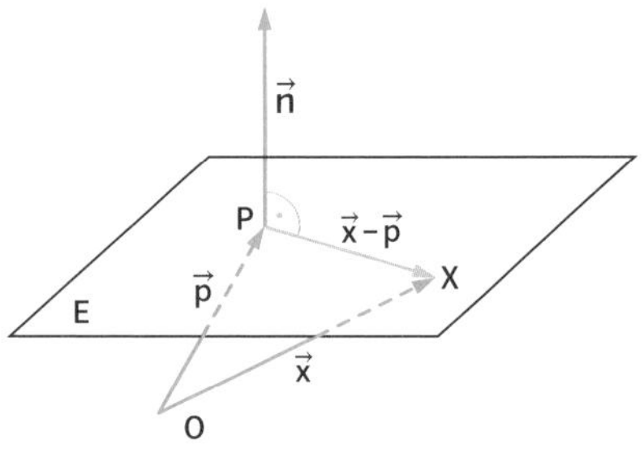

Diese Form ergibt sich, wenn man beachtet, dass die Vektoren $\vec{x} - \vec{p}$ und $\vec{n}$ orthogonal sind (Skalarprodukt gleich null).
Soll eine Gleichung in Parameterform umgeschrieben werden in eine Koordinatenform, so tritt die Normalenform oft als „Zwischenform“ auf (vgl. Seite 218).
Zur Bestimmung eines Normalenvektors vgl. Seite 219.

Ist eine Gleichung in Normalenform gegeben, kann man direkt einen Normalenvektor $\vec{n}$ von E ablesen.

HESSE'SCHE NORMALENFORM

Ist $\overrightarrow{n_0}$ ein Normalenvektor mit dem Betrag 1 (Normalen-Einheitsvektor, vgl. Seite 183), so nennt man die Ebenengleichung

$$(\vec{x} - \vec{p}) \cdot \overrightarrow{n_0} = 0$$

die Hesse'sche Normalenform in vektorieller Darstellung und die Gleichung

$$\frac{a_1x_1 + a_2x_2 + a_3x_3 - b}{\sqrt{a_1^2 + a_2^2 + a_3^2}} = 0$$

die Hesse'sche Normalenform in Koordinatendarstellung.

Beide Formen sind sehr hilfreich bei der Berechnung des Abstandes eines Punktes von einer Ebene (vgl. Seite 248).

EBENENGLEICHUNG – KOORDINATENFORM; NORMALENFORM

1. Die Ebene E geht durch die Punkte A(8|6|2), B(1|7|7) und C(6|2|0).
   Ermitteln Sie eine Koordinatengleichung von E.

2. Gegeben ist die Ebene $E: \vec{x} = \begin{pmatrix}1\\2\\4\end{pmatrix} + r\cdot\begin{pmatrix}-2\\3\\5\end{pmatrix} + s\cdot\begin{pmatrix}-1\\-4\\2\end{pmatrix};\ r, s \in \mathbb{R}.$
   Ermitteln Sie eine Koordinatengleichung von E.

LÖSUNGEN

1. Gegeben sind die Punkte A(8|6|2), B(1|7|7) und C(6|2|0). Hieraus erhält man:
   $\overrightarrow{AB} = \begin{pmatrix}-7\\1\\5\end{pmatrix}$ und $\overrightarrow{AC} = \begin{pmatrix}-2\\-4\\-2\end{pmatrix}$.
   Ist $\vec{n}$ ein Normalenvektor von $\overrightarrow{AB}$ und $\overrightarrow{AC}$ (vgl. Fig.), ergibt sich mit dem Vektorprodukt:
   $$\vec{n} = \overrightarrow{AB} \times \overrightarrow{AC} = \begin{pmatrix}-7\\1\\5\end{pmatrix} \times \begin{pmatrix}-2\\-4\\-2\end{pmatrix} = \begin{pmatrix}1\cdot(-2)-5\cdot(-4)\\5\cdot(-2)-(-7)\cdot(-2)\\(-7)\cdot(-4)-1\cdot(-2)\end{pmatrix} = \begin{pmatrix}18\\-24\\30\end{pmatrix}.$$
   Ebenengleichung in Normalenform: $\left[\vec{x} - \begin{pmatrix}8\\6\\2\end{pmatrix}\right] \cdot \begin{pmatrix}18\\-24\\30\end{pmatrix} = 0$
   Mit $\left[\begin{pmatrix}x_1\\x_2\\x_3\end{pmatrix} - \begin{pmatrix}8\\6\\2\end{pmatrix}\right] \cdot \begin{pmatrix}18\\-24\\30\end{pmatrix} = 0$ ergibt sich: $18x_1 - 24x_2 + 30x_3 - (8\cdot 18 - 6\cdot 24 + 60) = 0$
   bzw. $3x_1 - 4x_2 + 5x_3 - 10 = 0$.

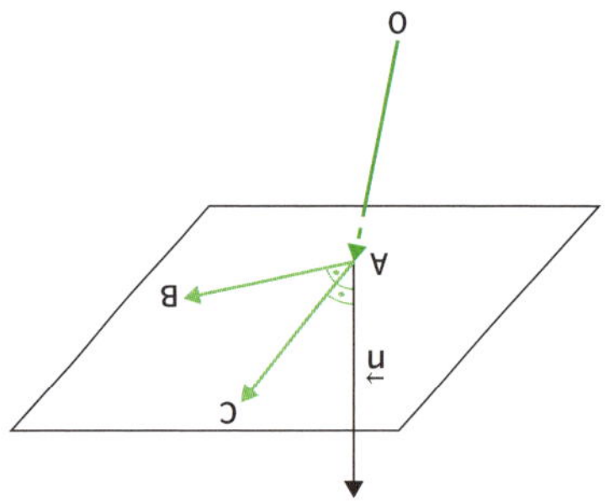

2. Der gegebenen Gleichung entspricht das LGS
   $x_1 = 1 - 2r - s$ [1]
   $x_2 = 2 + 3r - 4s$ [2]
   $x_3 = 4 + 5r + 2s$ [3]
   [2] + 2 · [3] ergibt: $x_2 + 2x_3 = 10 + 13r$ [4]
   (−4) · [1] + [2] ergibt: $x_2 - 4x_1 = -2 + 11r$ [5]
   11 · [4] − 13 · [5] ergibt: $52x_1 - 2x_2 + 22x_3 = 136$
   Hieraus folgt die Koordinatengleichung $E: 26x_1 - x_2 + 11x_3 = 68$.

**3. Die Ebene E geht durch die Punkte A(2 | 3 | −1), B(8 | 4 | −9) und C(11 | 12 | −7).
Bestimmen Sie eine Koordinatengleichung von E.**

**4. Die Ebene E geht durch den Punkt P(1 | −4 | 5) und ist orthogonal zu der Geraden durch A(−3 | 2 | 7) und B(10 | 5 | 1).
Ermitteln Sie eine Gleichung von E in Normalenform.**

LÖSUNGEN

3. Ansatz: $ax_1 + bx_2 + cx_3 = d$
Punktprobe mit den gegebenen Punkten liefert das LGS

$$\begin{aligned} 2a + 3b - c &= d \quad [1] \\ 8a + 4b - 9c &= d \quad [2] \\ 11a + 12b - 7c &= d \quad [3] \end{aligned}$$

Dieses LGS ist äquivalent zu dem LGS

$$\begin{aligned} 2a + 3b - c &= d \\ 3b + c &= 3d \\ 21c &= -45d \end{aligned}$$

mit der Lösung $a = -\frac{22}{7}d;\ b = \frac{12}{7}d;\ c = -\frac{15}{7}d.$

Setzt man $d = 7$, folgt $a = -22;\ b = 12;\ c = -15.$
Damit ergibt sich die Koordinatengleichung $E:\ -22x_1 + 12x_2 - 15x_3 = 7.$

4. Der Richtungsvektor $\overrightarrow{AB} = \begin{pmatrix} 13 \\ 3 \\ -6 \end{pmatrix}$ von g ist ein Normalenvektor von E („Rollentausch" von Richtungsvektor und Normalenvektor; vgl. Fig.).

Mit $\vec{p} = \overrightarrow{OP} = \begin{pmatrix} 1 \\ -4 \\ 5 \end{pmatrix}$ als Stützvektor ergibt sich eine Gleichung für E in Normalenform:

$$E:\ \left[\vec{x} - \begin{pmatrix} 1 \\ -4 \\ 5 \end{pmatrix}\right] \cdot \begin{pmatrix} 13 \\ 3 \\ -6 \end{pmatrix} = 0.$$

Aber auch

$$\vec{x} \cdot \begin{pmatrix} 13 \\ 3 \\ -6 \end{pmatrix} - \begin{pmatrix} 1 \\ -4 \\ 5 \end{pmatrix} \cdot \begin{pmatrix} 13 \\ 3 \\ -6 \end{pmatrix} = 0 \quad \text{bzw.} \quad \vec{x} \cdot \begin{pmatrix} 13 \\ 3 \\ -6 \end{pmatrix} + 29 = 0$$

sind Gleichungen in Normalenform.

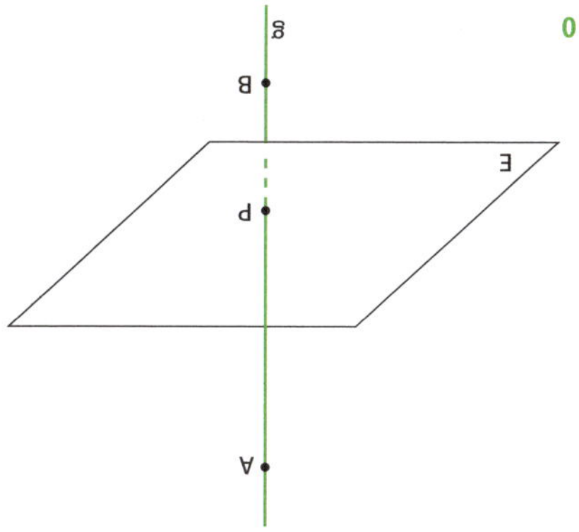

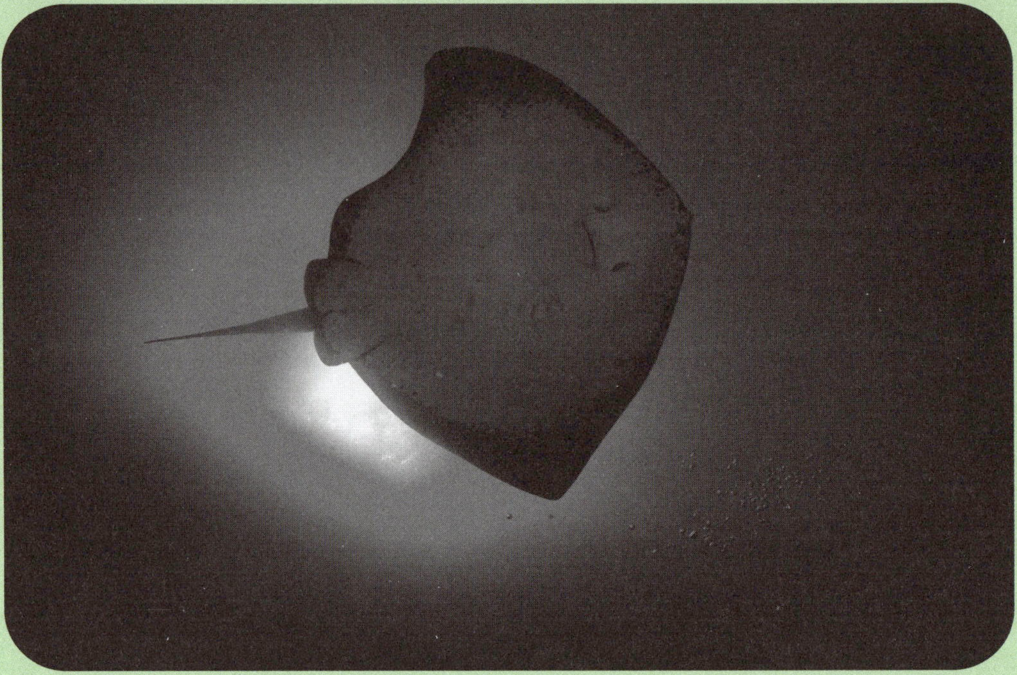

Besondere Lagen von Geraden erkennt man an **speziellen Werten von Koordinaten** im Stützvektor und im Richtungsvektor. Mit

$$g: \vec{x} = \begin{pmatrix} p_1 \\ p_2 \\ p_3 \end{pmatrix} + t \cdot \begin{pmatrix} u_1 \\ u_2 \\ u_3 \end{pmatrix};\ t \in \mathbb{R}$$

gilt z. B.:

Für $p_1 = p_2 = p_3 = 0$ geht g durch den Ursprung;
für $p_1 = p_2 = p_3 = 0$ und $u_2 = u_3 = 0$ ist g mit der x_1-Achse identisch;
für $u_2 = u_3 = 0$ ist g eine Parallele zur x_1-Achse;
für $u_1 = u_2 = 1$ und $u_3 = 0$ ist g eine Parallele zu einer der Winkelhalbierenden zwischen der x_1-Achse und der x_2-Achse (vgl. Fig.).

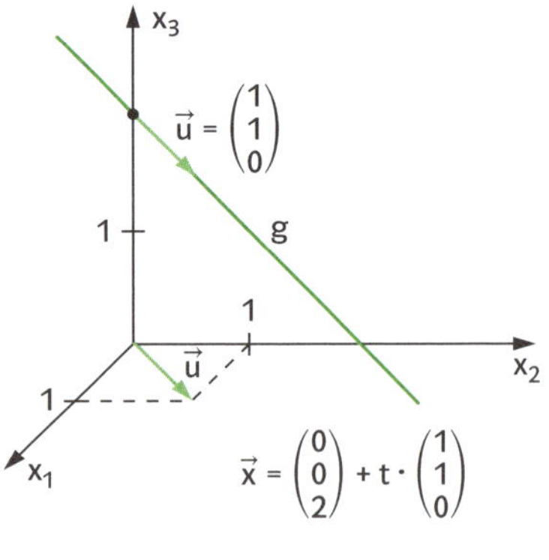

BEISPIELE FÜR BESONDERE LAGEN VON GERADEN

a) x_1-Achse:

$$\vec{x} = t \cdot \begin{pmatrix} 1 \\ 0 \\ 0 \end{pmatrix};\ t \in \mathbb{R}$$

b) x_2-Achse:

$$\vec{x} = t \cdot \begin{pmatrix} 0 \\ 1 \\ 0 \end{pmatrix};\ t \in \mathbb{R}$$

c) x_3-Achse:

$$\vec{x} = t \cdot \begin{pmatrix} 0 \\ 0 \\ 1 \end{pmatrix};\ t \in \mathbb{R}$$

d) 1. Winkelhalbierende in der x_1x_2-Ebene:

$$\vec{x} = t \cdot \begin{pmatrix} 1 \\ 1 \\ 0 \end{pmatrix};\ t \in \mathbb{R}$$

e) 2. Winkelhalbierende in der x_1x_2-Ebene:

$$\vec{x} = t \cdot \begin{pmatrix} 1 \\ -1 \\ 0 \end{pmatrix};\ t \in \mathbb{R}$$

f) Gerade durch den Punkt $P(0\,|\,0\,|\,2)$ und parallel zu einer Winkelhalbierenden der x_1x_3-Ebene:

$$\vec{x} = \begin{pmatrix} 0 \\ 0 \\ 2 \end{pmatrix} + t \cdot \begin{pmatrix} 1 \\ 0 \\ 1 \end{pmatrix};\ t \in \mathbb{R}$$

EBENENGLEICHUNG IN KOORDINATENFORM

Die besondere Lage einer Ebene erkennt man sofort, wenn die Gleichung in **Koordinatenform** gegeben ist:
Fehlt in der Gleichung eine Koordinate x_i, ist die Ebene zu deren Achse parallel.
So fehlt z.B. in der Gleichung $x_1 + 2x_3 = 2$ die x_2-Koordinate; also ist die Ebene **parallel zur x_2-Achse** (vgl. Fig. 1).

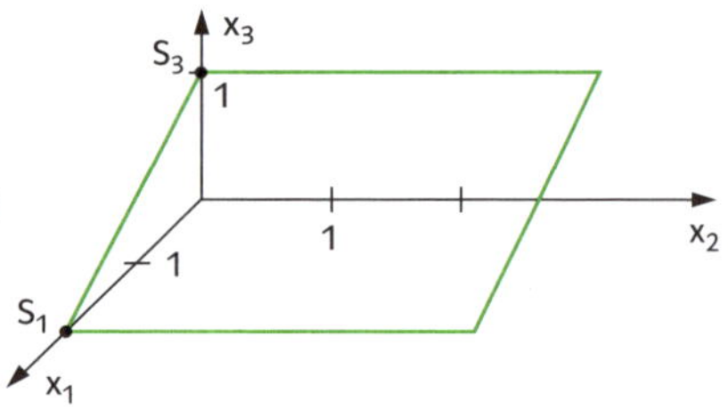

Fig. 1

Fehlen in der Gleichung zwei Koordinaten, ist die Ebene parallel zu der von diesen Koordinaten aufgespannten Koordinatenebene.
So fehlen z.B. in der Gleichung $x_2 = 2$ die Koordinaten x_1 und x_3; also ist die Ebene **parallel zur x_1x_3-Koordinatenebene** (vgl. Fig. 2).

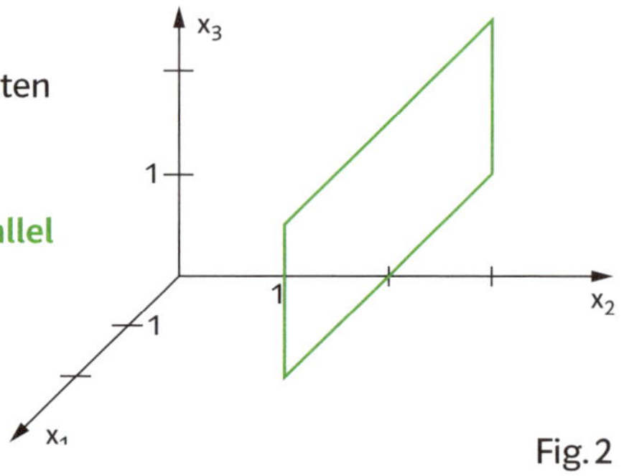

Fig. 2

EBENENGLEICHUNG IN PARAMETERFORM

Ist eine Gleichung in Parameterform gegeben, erkennt man besondere Lagen an speziellen Werten von Koordinaten im Stützvektor und in den Spannvektoren. Mit

$$E\colon \vec{x} = \begin{pmatrix} p_1 \\ p_2 \\ p_3 \end{pmatrix} + r \cdot \begin{pmatrix} u_1 \\ u_2 \\ u_3 \end{pmatrix} + s \cdot \begin{pmatrix} v_1 \\ v_2 \\ v_3 \end{pmatrix};\ r, s \in \mathbb{R}$$

gilt z. B.:
Ist $p_1 = p_2 = p_3 = 0$, geht E durch den Ursprung;
ist $u_1 = v_1 = 0$, ist E parallel zur x_2x_3-Ebene;
ist $v_1 = v_2 = 0$, ist E parallel zur x_3-Achse (vgl. Fig.).

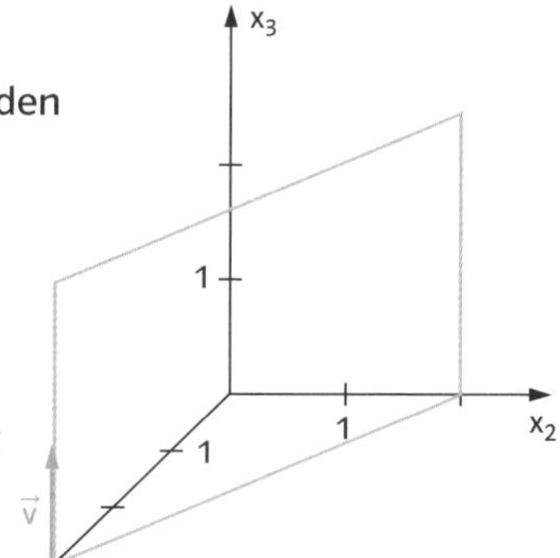

2

BESONDERE LAGEN VON GERADEN UND EBENEN

1. Gegeben ist die Gerade $g: \vec{x} = \begin{pmatrix} 0 \\ 1 \\ 0 \end{pmatrix} + t \cdot \begin{pmatrix} 1 \\ 1 \\ 0 \end{pmatrix}$; $t \in \mathbb{R}$.

   Beschreiben Sie die Lage von g; zeichnen Sie einen Ausschnitt von g.

LÖSUNGEN

1. Der Punkt P mit dem Stützvektor $\begin{pmatrix} 0 \\ 1 \\ 0 \end{pmatrix}$ liegt auf der x_2-Achse und hat die Koordinaten $P(0|1|0)$.

   Der Richtungsvektor $\begin{pmatrix} 1 \\ 1 \\ 0 \end{pmatrix}$ liegt in der x_1x_2-Ebene und ist parallel zu einer der Winkelhalbierenden der x_1x_2-Ebene.

   Damit geht g durch P und ist parallel zu einer der Winkelhalbierenden der x_1x_2-Ebene.

   Zeichnung: Siehe Fig.

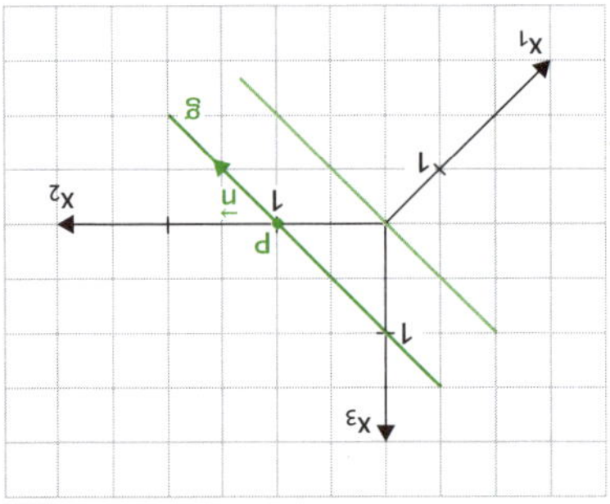

2. Beschreiben Sie die Lage der Ebene E_1 mit der Gleichung $x_2 + 2x_3 = 4$; zeichnen Sie einen Ausschnitt von E_1.

3. Die Ebene E_3 (vgl. Fig.) ist parallel zur x_3-Achse. Ermitteln Sie eine Gleichung von E_2.

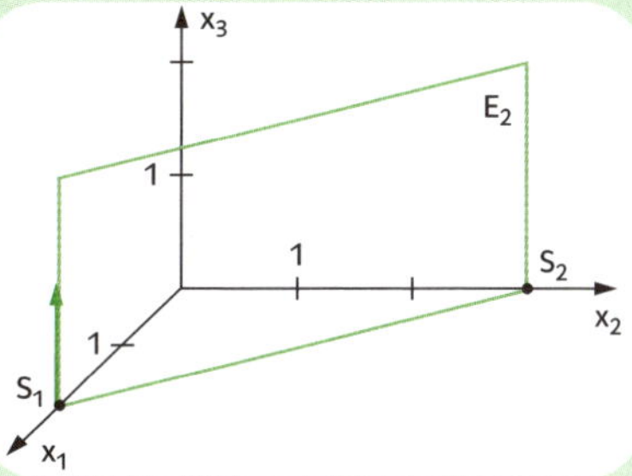

LÖSUNGEN

2. E_1: $x_2 + 2x_3 = 4$
Da x_1 fehlt, ist die Ebene E_1 **parallel zur x_1-Achse.**
Schnittpunkt mit der x_2-Achse:
Mit $x_1 = x_3 = 0$ ergibt sich $S_2(0|4|0)$.
Schnittpunkt mit der x_3-Achse:
Mit $x_1 = x_2 = 0$ ergibt sich $S_3(0|0|2)$.
Ausschnitt von E_1; vgl. Fig.

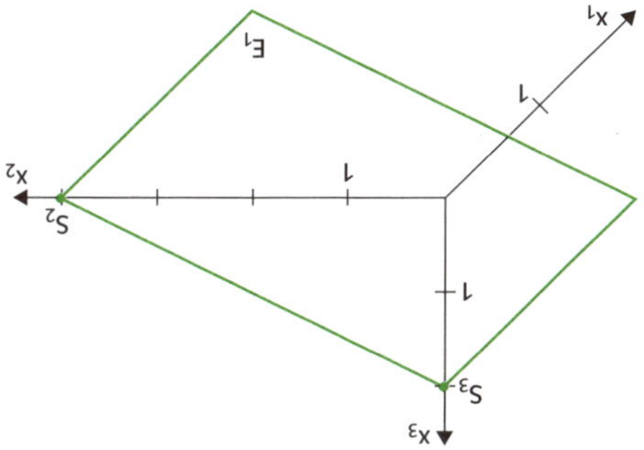

3. Die Ebene E_2 ist parallel zur x_3-Achse.
Spurpunkte von E_2 sind: $S_1(2|0|0)$; $S_2(0|3|0)$.
Damit sind $\vec{u} = \begin{pmatrix} 0 \\ 0 \\ 1 \end{pmatrix}$ und $\vec{v} = \overrightarrow{S_1S_2} = \begin{pmatrix} -2 \\ 3 \\ 0 \end{pmatrix}$
Spannvektoren von E_2. Der Ortsvektor von S_1 ist ein Stützvektor von E_2. Damit ist
E_2: $\vec{x} = \begin{pmatrix} 2 \\ 0 \\ 0 \end{pmatrix} + r \cdot \begin{pmatrix} 0 \\ 0 \\ 1 \end{pmatrix} + s \cdot \begin{pmatrix} -2 \\ 3 \\ 0 \end{pmatrix}$; $r, s \in \mathbb{R}$
eine Gleichung von E_2.

2 Gegenseitige Lage von Geraden

Für zwei Geraden im Raum sind 4 Fälle möglich:
- Sie sind **echt parallel,**
- sie sind **identisch,**
- sie **schneiden sich,**
- sie sind **windschief.**

Im konkreten Fall kann man an den Richtungsvektoren erkennen, ob die Geraden parallel sind oder nicht.

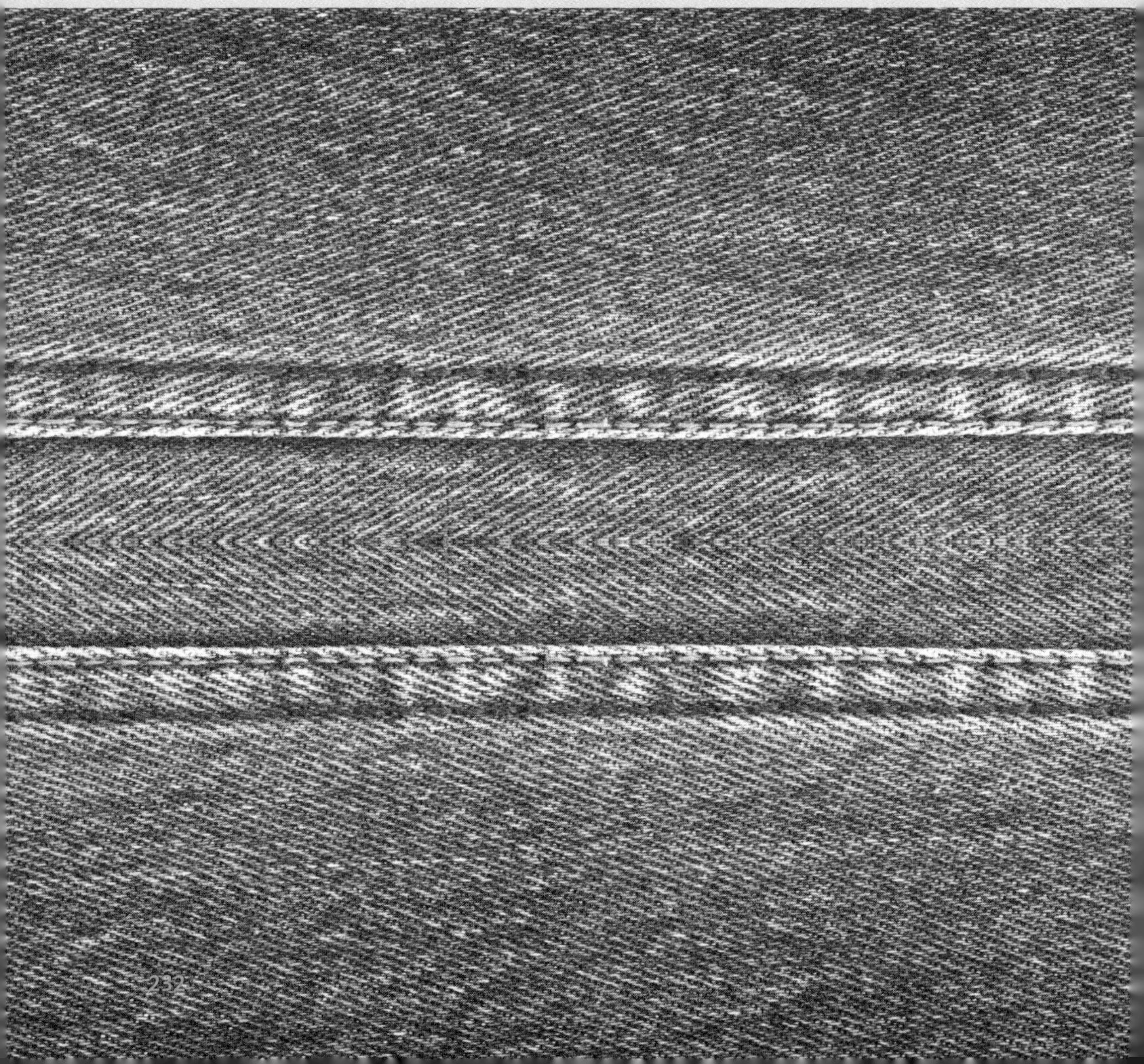

Eine weitere Untersuchung ist dann nach folgendem Schema möglich:

$g \parallel h$	
Ein Punkt auf g liegt nicht auf h	Ein Punkt auf g liegt auf h
g und h sind echt parallel (Aufg. 1 auf S. 235)	g und h sind identisch (Aufg. 2 auf S. 235)

$g \nparallel h$	
Das LGS hat eine Lösung	Das LGS hat keine Lösung
g und h schneiden sich (Seite 234)	g und h sind windschief (Seite 234)

LÖSUNG DER AUFGABEN a) UND b) AUF SEITE 235 MIT GTR

a) Aus der Gleichung $\begin{pmatrix} 2 \\ -1 \\ 3 \end{pmatrix} + r \cdot \begin{pmatrix} 1 \\ -1 \\ 4 \end{pmatrix} = \begin{pmatrix} -1 \\ 3 \\ 2 \end{pmatrix} + s \cdot \begin{pmatrix} -3 \\ 3 \\ -12 \end{pmatrix}$

folgt $r \cdot \begin{pmatrix} 1 \\ -1 \\ 4 \end{pmatrix} + s \cdot \begin{pmatrix} 3 \\ -3 \\ 12 \end{pmatrix} = \begin{pmatrix} -3 \\ 4 \\ -1 \end{pmatrix}$.

Gibt man die Matrix $A = \begin{pmatrix} 1 & 3 & -3 \\ -1 & -3 & 4 \\ 4 & 12 & -1 \end{pmatrix}$ in den GTR ein, erhält man mit dem Befehl *rref* die reduzierte Stufenform der Matrix A (vgl. Fig. 1). Dieser entnimmt man, dass das LGS keine Lösung hat und damit g und h sich nicht schneiden. Die Richtungsvektoren von g und h sind linear abhängig. **Also sind g und h echt parallel.**

b) Man erhält die Matrix $B = \begin{pmatrix} 4 & 2 & 2 \\ 2 & 1 & 1 \\ -6 & -3 & -3 \end{pmatrix}$. Gibt man diese Matrix in den GTR ein, erhält man mit dem Befehl *rref* das Ergebnis von Fig. 2.
Das LGS hat unendlich viele Lösungen; **g und h sind identisch**.

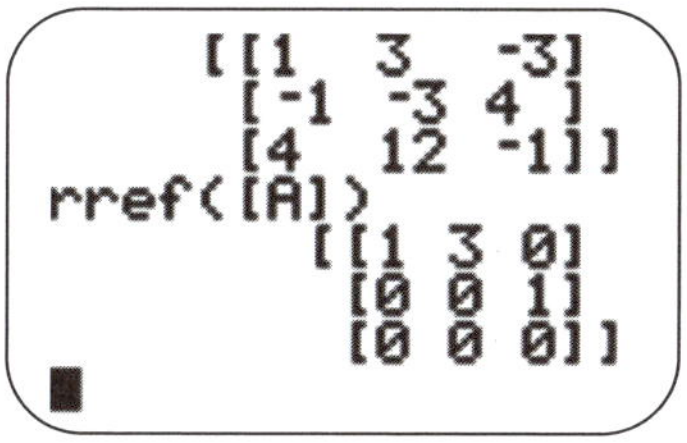

Fig. 1

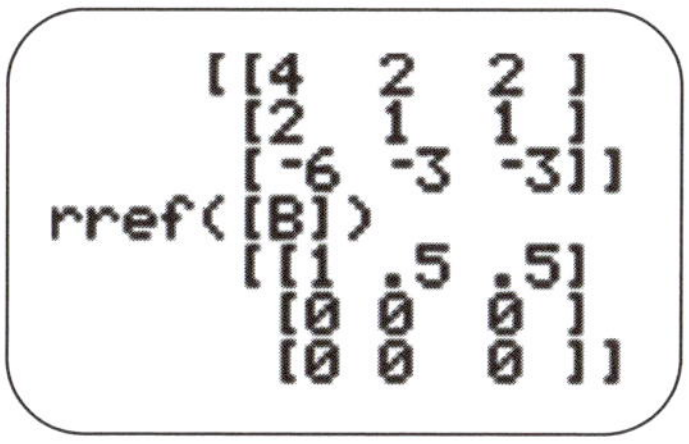

Fig. 2

Sind g und h nicht parallel, setzt man die rechten Seiten der Vektorgleichungen gleich.

Dieser neuen Vektorgleichung entspricht ein LGS.
- Hat das LGS **eine Lösung, schneiden sich g und h** (vgl. Aufgabe c) auf Seite 235);
- hat das LGS **keine Lösung, sind g und h windschief** (vgl. Aufgabe d) auf Seite 235).

LÖSUNG DER AUFGABEN c) UND d) AUF SEITE 235 MIT GTR

c) Der Richtungsvektor von h ist kein Vielfaches des Richtungsvektors von g. Also sind g und h nicht parallel.

Aus der Gleichung $\begin{pmatrix} 4 \\ 1 \\ 3 \end{pmatrix} + r \cdot \begin{pmatrix} 3 \\ -1 \\ 2 \end{pmatrix} = \begin{pmatrix} 0 \\ 3 \\ -1 \end{pmatrix} + s \cdot \begin{pmatrix} 1 \\ -1 \\ 2 \end{pmatrix}$ folgt $r \cdot \begin{pmatrix} 3 \\ -1 \\ 2 \end{pmatrix} + s \cdot \begin{pmatrix} -1 \\ 1 \\ -2 \end{pmatrix} = \begin{pmatrix} -4 \\ 2 \\ -4 \end{pmatrix}$.

Mit $A = \begin{pmatrix} 3 & -1 & -4 \\ -1 & 1 & 2 \\ 2 & -2 & -4 \end{pmatrix}$ und dem Befehl *rref* erhält man Fig. 1.

Das LGS ist eindeutig lösbar mit $r = -1$; $s = 1$. Also schneiden sich g und h in **S(1 | 2 | 1)**.

d) Man erhält die Matrix $B = \begin{pmatrix} 1 & -2 & -3 \\ -3 & -7 & 3 \\ 4 & -3 & -12 \end{pmatrix}$. Mit dieser Matrix und dem Befehl *rref* erhält man Fig. 2.

Der untersten Zeile entnimmt man: $0 \cdot r + 0 \cdot s = 1$.
Das LGS hat keine Lösung; g und h schneiden sich nicht, **sie sind windschief**.

```
      [[1  3  -3]
       [-1 -3 4 ]
       [4  12 -1]]
rref([A])
          [[1 3 0]
           [0 0 1]
           [0 0 0]]
█
```

Fig. 1

```
      [[4  2  2 ]
       [2  1  1 ]
       [-6 -3 -3]]
rref([B])
      [[1 .5 .5]
       [0 0  0 ]
       [0 0  0 ]]
```

Fig. 2

GEGENSEITIGE LAGE VON GERADEN

Gegeben sind die Geraden g und h.
Untersuchen Sie die gegenseitige Lage von g und h.
Berechnen Sie gegebenenfalls die Koordinaten des Schnittpunktes S.

a) $g\colon \vec{x} = \begin{pmatrix} 2 \\ -1 \\ 3 \end{pmatrix} + r \cdot \begin{pmatrix} 1 \\ -1 \\ 4 \end{pmatrix};\ r \in \mathbb{R} \qquad h\colon \vec{x} = \begin{pmatrix} -1 \\ 3 \\ 2 \end{pmatrix} + s \cdot \begin{pmatrix} -3 \\ 3 \\ -12 \end{pmatrix};\ s \in \mathbb{R}$

b) $g\colon \vec{x} = \begin{pmatrix} -1 \\ -1 \\ 2 \end{pmatrix} + r \cdot \begin{pmatrix} 4 \\ 2 \\ -6 \end{pmatrix};\ r \in \mathbb{R} \qquad h\colon \vec{x} = \begin{pmatrix} 1 \\ 0 \\ -1 \end{pmatrix} + s \cdot \begin{pmatrix} -2 \\ -1 \\ 3 \end{pmatrix};\ s \in \mathbb{R}$

c) $g\colon \vec{x} = \begin{pmatrix} 4 \\ 1 \\ 3 \end{pmatrix} + r \cdot \begin{pmatrix} 3 \\ -1 \\ 2 \end{pmatrix};\ r \in \mathbb{R} \qquad h\colon \vec{x} = \begin{pmatrix} 0 \\ 3 \\ -1 \end{pmatrix} + s \cdot \begin{pmatrix} 1 \\ -1 \\ 2 \end{pmatrix};\ s \in \mathbb{R}$

d) $g\colon \vec{x} = \begin{pmatrix} 2 \\ 2 \\ 5 \end{pmatrix} + r \cdot \begin{pmatrix} 1 \\ -3 \\ 4 \end{pmatrix};\ r \in \mathbb{R} \qquad h\colon \vec{x} = \begin{pmatrix} -1 \\ 5 \\ -7 \end{pmatrix} + s \cdot \begin{pmatrix} 2 \\ 7 \\ 3 \end{pmatrix};\ s \in \mathbb{R}$

LÖSUNGEN

a) Der Richtungsvektor von h ist das (−3)-fache des Richtungsvektors von g.
Also sind g und h parallel.
Für $r = 0$ ergibt sich $P(2\,|\,-1\,|\,3)$ auf g. Punktprobe für P und h ergibt: $\begin{pmatrix} 2 \\ -1 \\ 3 \end{pmatrix} = \begin{pmatrix} -1 \\ 3 \\ 2 \end{pmatrix} + s \cdot \begin{pmatrix} -3 \\ 3 \\ -12 \end{pmatrix}$.
Aus $2 = -1 - 3s$ folgt $s = -1$. Wegen $-1 \neq 3 - 1 \cdot 3$ liegt P nicht auf h. **Damit sind g und h echt parallel.**

b) Der Richtungsvektor von g ist das (−2)-fache des Richtungsvektors von h.
Also sind g und h parallel.
Für $r = 0$ ergibt sich $P(-1\,|\,-1\,|\,2)$ auf g. Punktprobe für P und h ergibt: $\begin{pmatrix} -1 \\ -1 \\ 2 \end{pmatrix} = \begin{pmatrix} 1 \\ 0 \\ -1 \end{pmatrix} + s \cdot \begin{pmatrix} -2 \\ -1 \\ 3 \end{pmatrix}$.
Alle drei Gleichungen sind für $s = 1$ erfüllt. Also liegt P auf h. **Damit sind g und h identisch.**

c) Die Geraden g und h sind nicht parallel. Der Vektorgleichung
$\begin{pmatrix} 4 \\ 1 \\ 3 \end{pmatrix} + r \cdot \begin{pmatrix} 3 \\ -1 \\ 2 \end{pmatrix} = \begin{pmatrix} 0 \\ 3 \\ -1 \end{pmatrix} + s \cdot \begin{pmatrix} 1 \\ -1 \\ 2 \end{pmatrix}$ entspricht das LGS $\begin{array}{l} 3r - s = -4 \\ -r + s = 2 \\ 2r - 2s = -4 \end{array}$.
Dieses LGS hat die einzige Lösung $r = -1$; $s = 1$. Es ergibt sich der Schnittpunkt **$S(1\,|\,2\,|\,1)$.**

d) Die Geraden g und h sind nicht parallel. Der Vektorgleichung
$\begin{pmatrix} 2 \\ 2 \\ 5 \end{pmatrix} + r \cdot \begin{pmatrix} 1 \\ -3 \\ 4 \end{pmatrix} = \begin{pmatrix} -1 \\ 5 \\ -7 \end{pmatrix} + s \cdot \begin{pmatrix} 2 \\ 7 \\ 3 \end{pmatrix}$ entspricht das LGS $\begin{array}{l} r - 2s = -3 \\ -3r - 7s = 3 \\ 4r - 3s = -12 \end{array}$.
Diese LGS hat keine Lösung. **Die Geraden g und h sind windschief.**

Für die Lage einer Geraden g und einer Ebene E sind 3 Fälle möglich:
- g und E schneiden sich,
- g und E sind echt parallel,
- g liegt in E.

Für die Untersuchung der Lage hängt der rechnerische Aufwand davon ab, in welcher Form die Ebene gegeben ist.
Ist die Ebene E in Koordinatenform gegeben, ist der rechnerische Aufwand am geringsten.
Setzt man x_1, x_2 und x_3 aus der Geradengleichung in die Gleichung für E ein, ergibt sich eine Gleichung für den Parameter.
Die verschiedenen Lagen von g und E ergeben sich, je nachdem, ob diese Gleichung genau eine Lösung, keine Lösung, unendlich viele Lösungen hat.

Ist die Ebene E in Parameterform gegeben, ist der Einsatz eines GTR sehr hilfreich (vgl. Seite 238).

HINWEIS AUF EINEN HÄUFIGEN SONDERFALL

Ist ein Normalenvektor von E ein Vielfaches eines Richtungsvektors von g, sind g und E orthogonal. Dieser Fall ist einfach zu entscheiden.

Beispiel:

Zeigen Sie, dass die Gerade g: $\vec{x} = \begin{pmatrix} -2 \\ 1 \\ -1 \end{pmatrix} + t \cdot \begin{pmatrix} 4 \\ 2 \\ 1 \end{pmatrix}$; $t \in \mathbb{R}$

die Ebene E: $12x_1 + 6x_2 + 3x_3 = 10$ orthogonal schneidet.

Lösung:

Der Vektor $\vec{u} = \begin{pmatrix} 4 \\ 2 \\ 1 \end{pmatrix}$ ist ein Richtungsvektor von g.

Die Ebene E hat $\vec{n} = \begin{pmatrix} 12 \\ 6 \\ 3 \end{pmatrix}$ als Normalenvektor.

Da $\vec{n} = 3 \cdot \vec{u}$ ist, schneidet g die Ebene E orthogonal.

Ist die Ebene E in Parameterform gegeben, setzt man die rechten Seiten gleich.
Die sich ergebende Vektorgleichung ist äquivalent einem LGS, das zu lösen ist.

Steht ein GTR zur Verfügung, ist die Lösung des LGS einfacher.

Um das LGS zu vermeiden, kann man die Parameterform der Ebenengleichung in eine Koordinatenform umwandeln. Hierzu bestimmt man einen Normalenvektor mit dem Kreuzprodukt.

LÖSUNG DER AUFGABE c) AUF SEITE 239 MIT GTR

Aus der Gleichung

$$\begin{pmatrix} 6 \\ 3 \\ 12 \end{pmatrix} + t \cdot \begin{pmatrix} 1 \\ 2 \\ 2 \end{pmatrix} = \begin{pmatrix} 0 \\ 3 \\ 0 \end{pmatrix} + r \cdot \begin{pmatrix} 4 \\ -3 \\ 1 \end{pmatrix} + s \cdot \begin{pmatrix} 2 \\ 2 \\ -3 \end{pmatrix}$$

folgt $r \cdot \begin{pmatrix} 4 \\ -3 \\ 1 \end{pmatrix} + s \cdot \begin{pmatrix} 2 \\ 2 \\ -3 \end{pmatrix} + t \cdot \begin{pmatrix} -1 \\ -2 \\ -2 \end{pmatrix} = \begin{pmatrix} 6 \\ 0 \\ 12 \end{pmatrix}$.

Mit $A = \begin{pmatrix} 4 & 2 & -1 & 6 \\ -3 & 2 & -2 & 0 \\ 1 & -3 & -2 & 12 \end{pmatrix}$ und dem Befehl *rref* erhält man zunächst Fig. 1 und mit dem Befehl *frac* dann Fig. 2.

Man entnimmt: $r = \frac{4}{3}$; $s = -\frac{4}{3}$; $t = -\frac{10}{3}$.
Die Gerade g und die Ebene E schneiden sich in $S\left(\frac{8}{3} \middle| -\frac{11}{3} \middle| \frac{16}{3}\right)$.

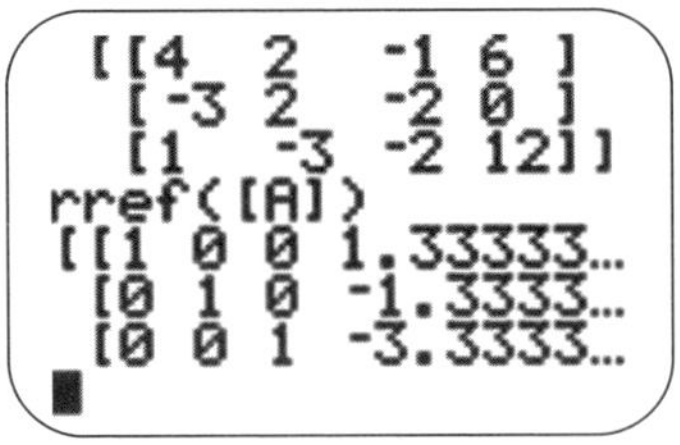

Fig. 1

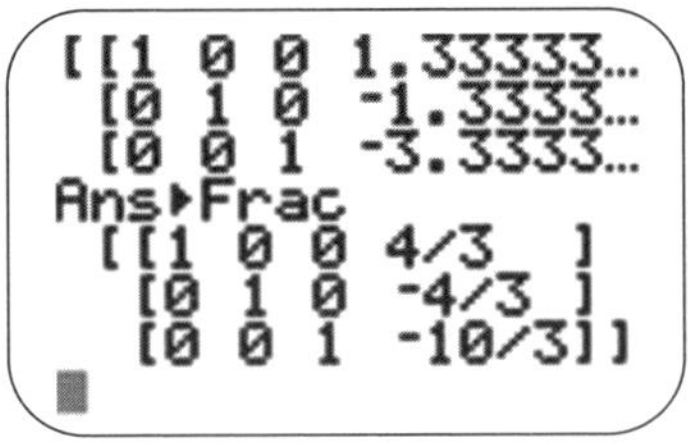

Fig. 2

GEGENSEITIGE LAGE VON GERADE UND EBENE

1. Untersuchen Sie die gegenseitige Lage der Geraden g und der Ebene E.

a) $g: \vec{x} = \begin{pmatrix} -3 \\ -1 \\ 1 \end{pmatrix} + t \cdot \begin{pmatrix} -8 \\ -6 \\ 1 \end{pmatrix};\ t \in \mathbb{R}$ $\quad$ $E: x_1 + 2x_2 + 2x_3 = 6$

b) $g: \vec{x} = \begin{pmatrix} 2 \\ 2 \\ 1 \end{pmatrix} + t \cdot \begin{pmatrix} 0 \\ 3 \\ 1 \end{pmatrix};\ t \in \mathbb{R}$ $\quad$ $E: x_1 + x_2 - 3x_3 = 4$

2. Untersuchen Sie die gegenseitige Lage der Geraden

$g: \vec{x} = \begin{pmatrix} 6 \\ 3 \\ 12 \end{pmatrix} + r \cdot \begin{pmatrix} 1 \\ 2 \\ 2 \end{pmatrix};\ t \in \mathbb{R}$

und der Ebene $E: \vec{x} = \begin{pmatrix} 0 \\ 3 \\ 0 \end{pmatrix} + r \cdot \begin{pmatrix} 4 \\ -3 \\ 1 \end{pmatrix} + s \cdot \begin{pmatrix} 2 \\ 2 \\ -3 \end{pmatrix};\ r, s \in \mathbb{R}.$

WISSENSCHECK

LÖSUNGEN

1. a) Setzt man $x_1 = -3 - 8t$, $x_2 = -1 - 6t$ und $x_3 = 1 + t$ in die Gleichung für E ein, ergibt sich: $-3 - 8t + 2(-1 - 6t) + 2(1 + t) = 6$; hieraus folgt $t = -0{,}5$.
Also schneiden sich g und E; der Schnittpunkt ist **S(1 | 2 | 0,5)**.

b) Setzt man $x_1 = 2$, $x_2 = 2 + 3t$ und $x_3 = 1 + t$ in die Gleichung für E ein, ergibt sich: $2 + 2 + 3t - 3(1 + t) = 4$; hieraus folgt die falsche Aussage $0 = 3$.
Also sind g und E echt parallel.

2. Aus der Gleichung $\begin{pmatrix} 6 \\ 3 \\ 12 \end{pmatrix} + t \cdot \begin{pmatrix} 1 \\ 2 \\ 2 \end{pmatrix} = \begin{pmatrix} 0 \\ 3 \\ 0 \end{pmatrix} + r \cdot \begin{pmatrix} 4 \\ -3 \\ 1 \end{pmatrix} + s \cdot \begin{pmatrix} 2 \\ 2 \\ -3 \end{pmatrix}$

folgt das LGS $\begin{array}{l} t - 4r - 2s = -6 \\ 2t + 3r - 2s = 0 \\ 2t - r + 3s = -12 \end{array}$ bzw. $\begin{array}{l} t - 4r - 2s = -6 \\ 11r + 2s = 12. \\ 9s = -12 \end{array}$

Man erhält $s = -\frac{4}{3};\ r = \frac{4}{3};\ t = -\frac{10}{3}$.

Setzt man $t = -\frac{10}{3}$ in die Gleichung für g ein, erhält man den Ortsvektor des Schnittpunktes S und somit **$S\left(\frac{8}{3} \middle| -\frac{11}{3} \middle| \frac{16}{3}\right)$**.

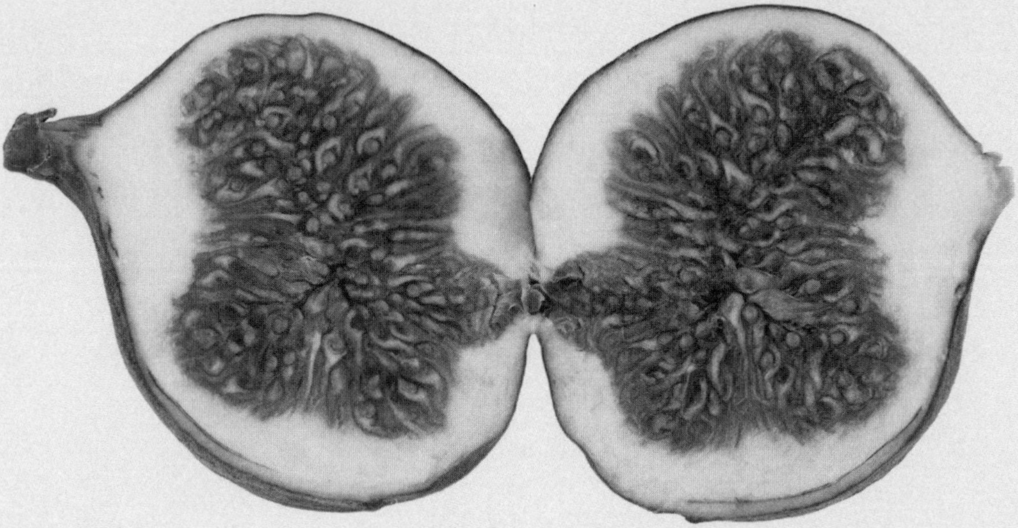

Für die Lage zweier Ebenen sind 3 Fälle möglich:

- Sie schneiden sich (Schnittgerade),
- sie sind echt parallel,
- sie sind identisch.

Für die Untersuchung der Lage hängt der rechnerische Aufwand davon ab, in welcher Form die Ebenen gegeben sind.

Ist eine der Ebenen in Koordinatenform gegeben, ist der Rechenaufwand am geringsten.

Sind beide Gleichungen in Koordinatenform gegeben, fasst man beide Gleichungen als ein LGS mit 3 Variablen auf (Aufgabe a) auf Seite 243).
Ist eine Gleichung in Koordinaten- und eine in Parameterform gegeben, setzt man x_1, x_2 und x_3 aus der Parametergleichung in die Koordinatengleichung ein und erhält eine Gleichung mit den beiden Parametern (Aufgabe b) auf Seite 243).

Sind beide Gleichungen in Parameterform gegeben, ist der Einsatz eines GTR sehr hilfreich (vgl. Seite 242).
Ohne GTR ist zu überlegen, ob man mindestens eine der Gleichungen in eine Koordinatenform umwandelt.

TIPPS

Die Gleichung einer Schnittgerade zweier Ebenen enthält einen Parameter.
Sind beide Ebenengleichungen in Koordinatenform gegeben, ist zunächst nicht ersichtlich, wie der Parameter „entsteht“: Er kommt in die Rechnung durch eine Setzung; z. B. $x_3 = t$ (vgl. Lösung zu Aufgabe a) auf Seite 243).
Denken Sie also bei Schnittproblemen von Ebenen immer daran, dass eine Gleichung für die Schnittgerade einen Parameter enthält, der durch Setzung „ins Spiel“ kommen kann.
Eine Gleichung für die Schnittgerade erhält man, in dem man das LGS als Vektorgleichung schreibt (vgl. Lösung zu Aufgabe a) auf Seite 243).

Ist eine der beiden Gleichungen in Parameterform gegeben, so muss der eine Parameter durch den anderen ausgedrückt werden, um eine Gleichung für die Schnittgerade zu erhalten (vgl. Lösung zu Aufgabe b) auf Seite 243).

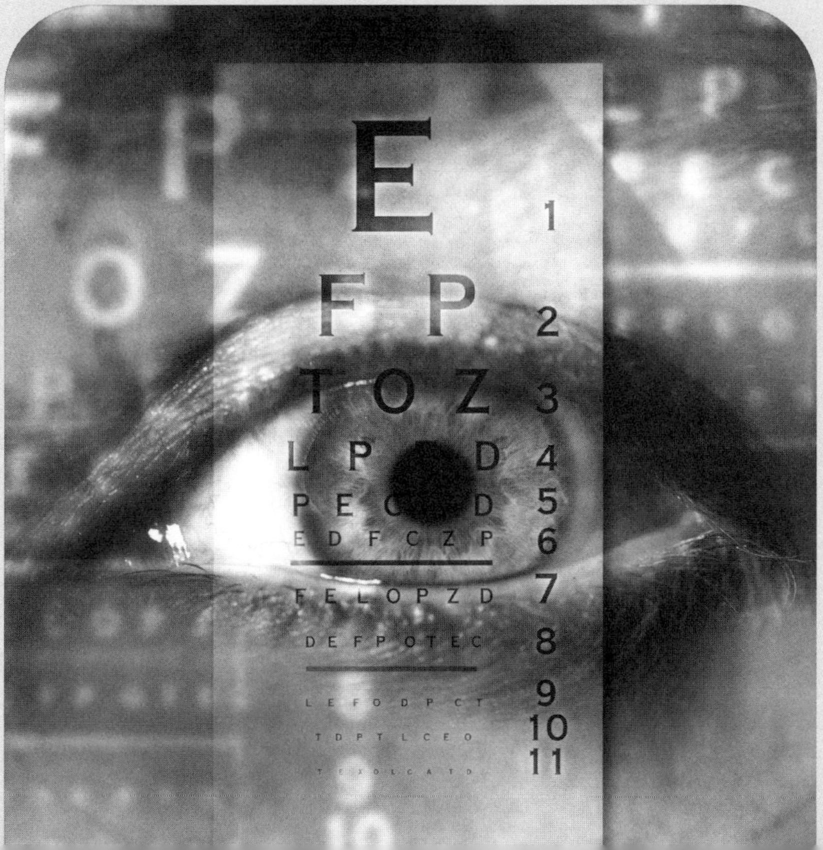

Sind **beide Gleichungen in Parameterform** gegeben und ist die Untersuchung **ohne GTR** durchzuführen, ist es ratsam, eine der beiden Gleichungen in die Koordinatenform umzuwandeln.

Ist ein GTR zugelassen, ist eine Umwandlung nicht angebracht, denn in diesem Fall ist die „Größe" des LGS unwichtig.
Zu beachten ist aber, dass die sich ergebende Vektorgleichung **umgeordnet** werden muss. Denn nur so erhält man einen Zusammenhang z. B. zwischen t und u bzw. zwischen r und s.

LÖSUNG DER AUFGABE c) AUF SEITE 243 MIT DEM GTR

Aus der Gleichung $\begin{pmatrix} 2 \\ -1 \\ 2 \end{pmatrix} + r \cdot \begin{pmatrix} 2 \\ 0 \\ -1 \end{pmatrix} + s \cdot \begin{pmatrix} 2 \\ 1 \\ 1 \end{pmatrix} = \begin{pmatrix} 1 \\ -1 \\ 1 \end{pmatrix} + t \cdot \begin{pmatrix} -1 \\ 2 \\ 2 \end{pmatrix} + u \cdot \begin{pmatrix} 4 \\ 1 \\ 2 \end{pmatrix}$ folgt

$$r \cdot \begin{pmatrix} 2 \\ 0 \\ -1 \end{pmatrix} + s \cdot \begin{pmatrix} 2 \\ 1 \\ 1 \end{pmatrix} + t \cdot \begin{pmatrix} 1 \\ -2 \\ -2 \end{pmatrix} + u \cdot \begin{pmatrix} -4 \\ -1 \\ -2 \end{pmatrix} = \begin{pmatrix} -1 \\ 0 \\ -1 \end{pmatrix} \text{ mit der Matrix } A = \begin{pmatrix} 2 & 2 & 1 & -4 & -1 \\ 0 & 1 & -2 & -1 & 0 \\ -1 & 1 & -2 & -2 & -1 \end{pmatrix}.$$

Gibt man die Matrix A in den GTR ein, erhält man mit dem Befehl *rref* die reduzierte Stufenform von A (vgl. Fig. 1). Der untersten Zeile entnimmt man: $t - 0{,}8\,u = -0{,}6$.
Die Ebenen E_1 und E_2 schneiden sich.
Setzt man $t = 0{,}8\,u - 0{,}6$ in die Gleichung für E_2 ein, erhält man für die Gleichung der Schnittgeraden

$$g\colon \vec{x} = \begin{pmatrix} 1 \\ -1 \\ 1 \end{pmatrix} + (0{,}8\,u - 0{,}6) \cdot \begin{pmatrix} -1 \\ 2 \\ 2 \end{pmatrix} + u \cdot \begin{pmatrix} 4 \\ 1 \\ 2 \end{pmatrix} = \begin{pmatrix} 1{,}6 \\ -2{,}2 \\ -0{,}2 \end{pmatrix} + u \cdot \begin{pmatrix} 3{,}2 \\ 2{,}6 \\ 3{,}6 \end{pmatrix};\ u \in \mathbb{R}.$$

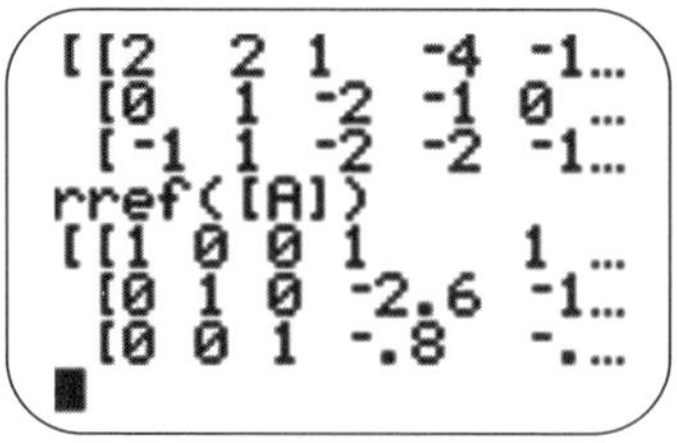

Fig. 1

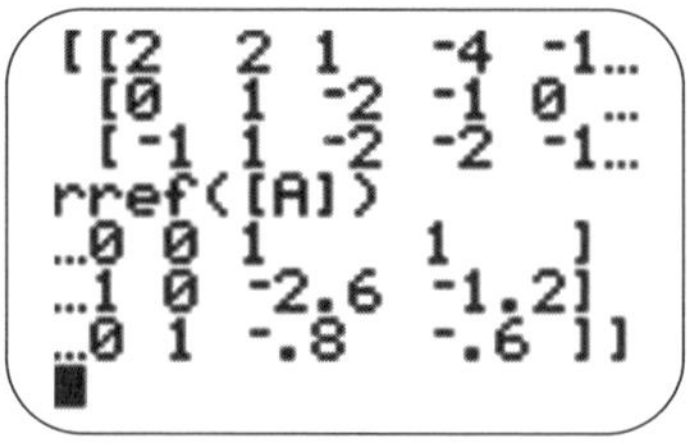

Fig. 2

GEGENSEITIGE LAGE VON EBENEN

Untersuchen Sie die gegenseitige Lage der Ebenen E_1 und E_2.

a) $E_1\colon 3x_1 + x_2 - 4x_3 = -1; E_2\colon \vec{x} = \begin{pmatrix} 1 \\ 2 \\ -1 \end{pmatrix} + r \cdot \begin{pmatrix} -2 \\ 0 \\ 1 \end{pmatrix} + s \cdot \begin{pmatrix} 1 \\ 1 \\ -4 \end{pmatrix},\ r, s \in \mathbb{R}$

b) $E_1\colon \vec{x} = \begin{pmatrix} 2 \\ -1 \\ 2 \end{pmatrix} + r \cdot \begin{pmatrix} 2 \\ 0 \\ -1 \end{pmatrix} + s \cdot \begin{pmatrix} 2 \\ 1 \\ 1 \end{pmatrix};\ r, s \in \mathbb{R}$ und

$E_2\colon \vec{x} = \begin{pmatrix} 1 \\ -1 \\ 1 \end{pmatrix} + t \cdot \begin{pmatrix} -1 \\ 2 \\ 2 \end{pmatrix} + u \cdot \begin{pmatrix} 4 \\ 1 \\ 2 \end{pmatrix};\ r, u \in \mathbb{R}$

LÖSUNGEN

a) Der Parametergleichung von E_2 entsprechen die Gleichungen:
$x_1 = 1 - 2r + s;\ x_2 = 2 + s;\ x_3 = -1 + r - 4s.$
Eingesetzt in die Gleichung für E_1 ergibt: $3(1 - 2r + s) + 2 + s - 4(-1 + r - 4s) = -1.$
Hieraus folgt: $r = 1 + 2s$. Ersetzt man in der Gleichung für E_2 den Parameter r durch $1 + 2s$, erhält man für die Schnittgerade:

$$g\colon \vec{x} = \begin{pmatrix} 1 \\ 2 \\ -1 \end{pmatrix} + (1 + 2s) \cdot \begin{pmatrix} -2 \\ 0 \\ 1 \end{pmatrix} + s \cdot \begin{pmatrix} 1 \\ 1 \\ -4 \end{pmatrix} = \begin{pmatrix} -1 \\ 2 \\ 0 \end{pmatrix} + s \cdot \begin{pmatrix} -3 \\ 1 \\ -2 \end{pmatrix};\ s \in \mathbb{R}.$$

b) Setzt man die rechten Seiten der gegebenen Gleichungen gleich, entsteht ein LGS mit drei Gleichungen und den vier Variablen r, s, t und u. Man vermeidet dieses LGS, wenn man eine der Gleichungen in die Koordinatenform umwandelt.

Mit dem Vektorprodukt erhält man einen Normalenvektor der Ebene E :

$$\vec{n} = \begin{pmatrix} 2 \\ 0 \\ -1 \end{pmatrix} \times \begin{pmatrix} 2 \\ 1 \\ 1 \end{pmatrix} = \begin{pmatrix} 0 \cdot 1 - (-1) \cdot 1 \\ -1 \cdot 2 - 2 \cdot 1 \\ 2 \cdot 1 - 0 \cdot 2 \end{pmatrix} = \begin{pmatrix} 1 \\ -4 \\ 2 \end{pmatrix}.$$

Damit ergibt sich eine Gleichung in Normalenform: $E_1\colon \left[\vec{x} - \begin{pmatrix} 2 \\ -1 \\ 2 \end{pmatrix}\right] \cdot \begin{pmatrix} 1 \\ -4 \\ 2 \end{pmatrix} = 0.$

Hieraus folgt die Gleichung in Koordinatenform:
$E_1\colon x_1 - 4x_2 + 2x_3 - 10 = 0.$
Setzt man nun $x_1 = 1 - t + 4u;\ x_2 = -1 + 2t + u;\ x_3 = 1 + 2t + 2u$ aus der Gleichung für E_2 ein, erhält man:
$1 - t + 4u - 4(-1 + 2t + u) + 2(1 + 2t + 2u) - 10 = 0$ und hieraus $u = \frac{3}{4} + \frac{5}{4}t.$
Als Gleichung der Schnittgeraden ergibt sich damit:

$$\vec{x} = \begin{pmatrix} 1 \\ -1 \\ 1 \end{pmatrix} + t \cdot \begin{pmatrix} -1 \\ 2 \\ 2 \end{pmatrix} + \left(\frac{3}{4} + \frac{5}{4}t\right) \cdot \begin{pmatrix} 4 \\ 1 \\ 2 \end{pmatrix} = \begin{pmatrix} 4 \\ -0{,}25 \\ 2{,}5 \end{pmatrix} + t \cdot \begin{pmatrix} 4 \\ 3{,}25 \\ 4{,}5 \end{pmatrix};\ t \in \mathbb{R}.$$

METHODE „LAUFENDER PUNKT“

Gegeben ist eine Gerade $g: \vec{x} = \begin{pmatrix} p_1 \\ p_2 \\ p_3 \end{pmatrix} + t \cdot \begin{pmatrix} u_1 \\ u_2 \\ u_3 \end{pmatrix}$; $t \in \mathbb{R}$.

Gesucht sind ein oder mehrere Punkte auf g, die eine vorgegebene Bedingung erfüllen sollen.

Mit $Q(q_1 | q_2 | q_3)$ gilt daher:
$q_1 = p_1 + t \cdot u_1,\ q_2 = p_2 + t \cdot u_2,\ q_3 = p_3 + t \cdot u_3$
bzw.
$Q(p_1 + t \cdot u_1 | p_2 + t \cdot u_2 | p_3 + t \cdot u_3)$.

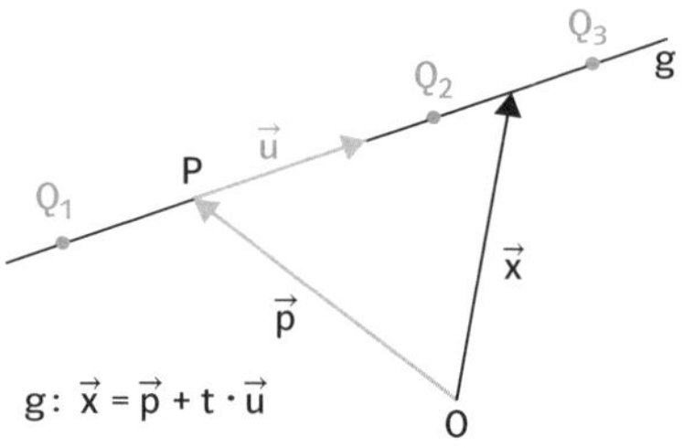

Im konkreten Fall sind die Koordinaten von Q nur vom Parameter t abhängig.
Dieser Parameter kann dann durch die zusätzliche Bedingung berechnet werden.

Da $t \in \mathbb{R}$ ist, „läuft“ Q auf g.

Diese zusätzliche Bedingung kann z. B. sein:
- Der Abstand zu einem gegebenen Punkt A hat einen vorgegebenen Wert d.
- Die Abstände zu zwei gegebenen Punkten A und B sind gleich.
- Der Vektor $\overrightarrow{AQ}$ mit gegebenem Punkt A ist orthogonal zum Richtungsvektor von g.
  Dieser Fall ist besonders häufig; nämlich dann, wenn ein Lotfußpunkt auf g gesucht ist (vgl. Seite 254).

WEITERE HINWEISE ZU DEM VERFAHREN

Zunächst werden die Koordinaten von Q auf g immer in Abhängigkeit vom Parameter t angegeben.
Danach geht das Verfahren unterschiedlich weiter.

Da in a) ein Abstand d vorgegeben ist, wird in diesem Fall der Betrag des Vektors $\overrightarrow{AQ}$ gleich d gesetzt.

In b) werden die Beträge $\left|\overrightarrow{AQ}\right|$ und $\left|\overrightarrow{BQ}\right|$ berechnet und gleich gesetzt.

In c) dagegen ist eine Orthogonalität vorgegeben, deshalb wird das Skalarprodukt von $\overrightarrow{AQ}$ und dem Richtungsvektor $\vec{u}$ von g gleich null gesetzt.

METHODE „HILFSEBENE“

Besonders bei Abstandsberechnungen kann die Einführung einer Hilfsebene hilfreich sein.
So z.B. bei der Berechnung
- des Abstandes eines Punktes von einer Geraden (vgl. Aufgabe auf Seite 247).
- des Abstandes windschiefer Geraden (vgl. Fig.).

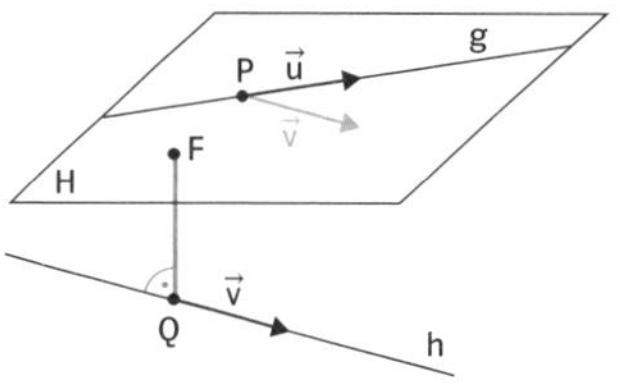

Entscheidend ist, dass man sich zunächst die Lage der Hilfsebene H verdeutlicht und dann aufgrund dieser Überlegungen die Form der Gleichung für H wählt.
Da bei a) die Hilfsebene H orthogonal zu g ist, bietet sich die Normalenform einer Ebene an, denn ein Richtungsvektor von g ist ein Normalenvektor von H („Rollentausch“ von Richtungs- und Normalenvektor).
Bei b) dagegen wird man die Ebene, in der g liegt und die parallel zu h verläuft als Hilfsebene H wählen (vgl. Fig.). Richtungsvektoren von g und h sind also auch Spannvektoren von H. Deshalb bietet sich hier die Parameterform einer Ebene an.

STRATEGIEN BEI ABSTANDSBERECHNUNGEN

Erläutern Sie die Methode, eine Hilfsebene einzuführen, an der folgenden Fragestellung:

Gegeben sind der Punkt P(2|4|2) und die Gerade g: $\vec{x} = \begin{pmatrix} 7 \\ 2 \\ -2 \end{pmatrix} + t \begin{pmatrix} -2 \\ 2 \\ 1 \end{pmatrix}$; $t \in \mathbb{R}$.

Gesucht ist der Fußpunkt des Lotes von P auf g.

LÖSUNGEN

Gegeben: P(2|4|2); g: $\vec{x} = \begin{pmatrix} 7 \\ 2 \\ -2 \end{pmatrix} + t \cdot \begin{pmatrix} -2 \\ 2 \\ 1 \end{pmatrix}$; $t \in \mathbb{R}$ Gesucht: Fußpunkt des Lotes von P auf g.

Methode, eine **Hilfsebene** einzuführen:
Führt man die Ebene H als Hilfsebene ein, die durch P geht und orthogonal zu g ist, so erhält man den Fußpunkt des Lotes als Schnittpunkt von H und g (siehe Fig.). Aufgrund der Lage von H bietet sich als Gleichung die Normalenform an, die dann in die Koordinatenform umgewandelt wird.

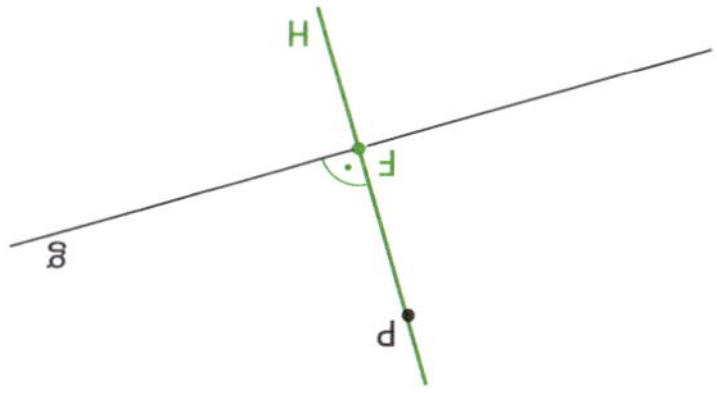

1. Schritt: Hilfsebene
Die Hilfsebene H geht durch P; ein Richtungsvektor von g ist ein Normalenvektor von H.

Damit ist $\left[\vec{x} - \begin{pmatrix} 2 \\ 4 \\ 2 \end{pmatrix}\right] \cdot \begin{pmatrix} -2 \\ 2 \\ 1 \end{pmatrix} = 0$ eine Gleichung für H in Normalenform.

Berechnet man das Skalarprodukt der Vektoren, ergibt sich eine Koordinatenform:
$-2(x_1 - 2) + 2(x_2 - 4) + (x_3 - 2) = 0$ bzw. H: $2x_1 - 2x_2 - x_3 + 6 = 0$.

2. Schritt: Lotfußpunkt
Um g mit H zu schneiden, setzt man x_1, x_2 und x_3 aus der Gleichung für g in die Gleichung für H ein und erhält: $2(7 - 2t) - 2(2 + 2t) - (-2 + t) + 6 = 0$. Hieraus folgt $t = 2$ und damit **F(3|6|0)**.

2 Abstandsberechnungen; Abstand Punkt – Ebene (Hesse'sche Normalenform)

Hat der Punkt die Koordinaten $P(p_1 | p_2 | p_3)$ und die Ebene die Koordinatengleichung $E\colon\ ax_1 + bx_2 + cx_3 = d$, so gilt für den Abstand $d(P; E)$ von P und E:

$$d(P; E) = \left| \frac{a \cdot p_1 + b \cdot p_2 + c \cdot p_3 - d}{\sqrt{a^2 + b^2 + c^2}} \right|.$$

In einem konkreten Fall kann man also den gesuchten Abstand direkt mit dieser Formel berechnen.
Oder aber man führt die einzelnen Schritte der Reihe nach durch:

1. SCHRITT: HESSE'SCHE NORMALENFORM

Normalenvektor $\vec{n} = \begin{pmatrix} a \\ b \\ c \end{pmatrix}$; $|\vec{n}| = \sqrt{a^2 + b^2 + c^2}$

Hesse'sche Normalenform von E: $\dfrac{ax_1 + bx_2 + cx_3 - d}{\sqrt{a^2 + b^2 + c^2}} = 0$

2. SCHRITT: ABSTANDSBERECHNUNG

Setzt man in die linke Seite dieser Gleichung für x_1, x_2 und x_3 die Koordinaten p_1, p_2 und p_3 des Punktes P ein, erhält man den gesuchten Abstand als Betrag dieses Terms.

Bemerkung: Mit der Hesse'schen Normalenform erhält man den Abstand eines Punktes P von einer Ebene E, ohne den Fußpunkt des Lotes zu kennen.

TIPPS

- Ist z. B. $2x_1 - 3x_2 - 8x_3 = 9$ die gegebene Gleichung für E, muss diese auf die Form $2x_1 - 3x_2 - 8x_3 - 9 = 0$ gebracht werden.
- Bei den Koordinaten eines Normalenvektors $\vec{n}$ ist auf die Vorzeichen der Koeffizienten in der Gleichung für E zu achten:
  $\vec{n} = \begin{pmatrix} 2 \\ -3 \\ -8 \end{pmatrix}$.
- Zur Berechnung des Abstandes wird nur die linke Seite der Hesse'schen Normalenform benötigt. Der Abstand eines Punktes von einer Ebene ist immer größer oder gleich null.
  Er ist nur dann null, wenn der Punkt P in der Ebene E liegt.
  Bei der Rechnung ergibt sich eine nichtnegative Zahl durch den Betrag.

Der Abstand d eines Punktes P von einer Ebene E ist gleich der Länge des Lotes von P auf E (vgl. Seite 248).
Bei Aufgaben mit Abstandsberechnungen sollte man vor der Bearbeitung den ganzen Text lesen.

Denn:

- Ist nur der Abstand d gesucht, berechnet man diesen mit der Hesse'schen Normalenform der Ebene E (vgl. Seite 248).
- Ist auch der Lotfußpunkt F gesucht, ermittelt man zunächst diesen mit einer Hilfsgeraden h
- und dann d als Betrag des Vektors $\overrightarrow{PF}$.

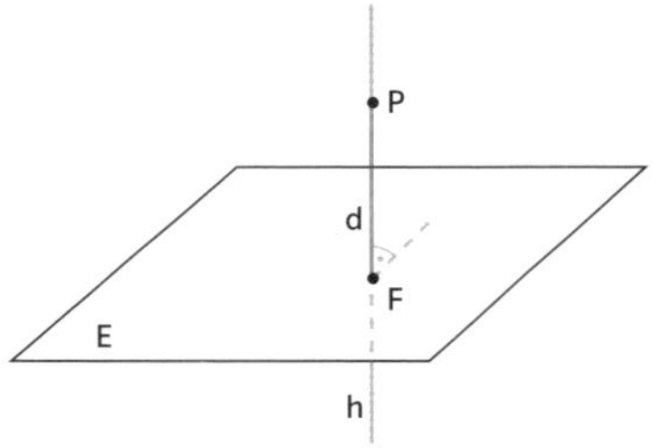

1. SCHRITT: HILFSGERADE H

Die Hilfsgerade h geht durch den Punkt $P(p_1 | p_2 | p_3)$ und ist orthogonal zu E. Damit ist der Ortsvektor von P ein Stützvektor von h und ein Normalenvektor $\vec{n}$ von E ein Richtungsvektor von h.
Ist die Ebene E in der Koordinatenform $ax_1 + bx_2 + cx_3 = d$ gegeben, erhält man einen Normalenvektor $\vec{n}$ der Ebene E aus den Koeffizienten a, b und c. Damit ergibt sich:

$$h\colon \vec{x} = \begin{pmatrix} p_1 \\ p_2 \\ p_3 \end{pmatrix} + t \cdot \begin{pmatrix} a \\ b \\ c \end{pmatrix};\ t \in \mathbb{R}.$$

2. SCHRITT: LOTFUSSPUNKT F

Zur Ermittlung der Koordinaten von F schreibt man $\vec{x} = \begin{pmatrix} x_1 \\ x_2 \\ x_3 \end{pmatrix}$ und setzt

$$x_1 = p_1 + t \cdot a,\ x_2 = p_2 + t \cdot b,\ x_3 = p_3 + t \cdot c$$

in die Gleichung von E ein. Man erhält eine Gleichung für t. Setzt man die Lösung für t in die Gleichung für h ein, erhält man den Ortsvektor von F.

3. SCHRITT: ABSTAND

Mit $P(p_1 | p_2 | p_3)$ und $F(f_1 | f_2 | f_3)$ ergibt sich $\overrightarrow{PF} = \begin{pmatrix} f_1 - p_1 \\ f_2 - p_2 \\ f_3 - p_3 \end{pmatrix}$.

Der Betrag dieses Vektors ist der gesuchte Abstand: $d(P; E) = |\overrightarrow{PF}|$.

TIPPS

- Da ein Normalenvektor von E ein Richtungsvektor der Hilfsgeraden h ist, kann man ohne weitere Rechnung eine Gleichung für h notieren („Rollentausch" eines Normalenvektors).
- Im 2. Schritt berechnet man zunächst einen t-Wert aus einer linearen Gleichung. Setzt man den ermittelten Wert in die Gleichung für die Hilfsgerade h ein, erhält man den Ortsvektor von F und schreibt entsprechend $\overrightarrow{OF} = \begin{pmatrix} f_1 \\ f_2 \\ f_3 \end{pmatrix}$ im Gegensatz zu $F(f_1 | f_2 | f_3)$.

ABSTANDSBERECHNUNGEN; PUNKT – EBENE

1. Gegeben sind der Punkt P(4 | 6 | 10) und die Ebene E: $x_1 + 2x_2 + 2x_3 = 18$. Berechnen Sie den Abstand des Punktes P von der Ebene E.

2. Gegeben sind der Punkt P(3 | −3 | 1) und die Ebene E: $2x_1 - 6x_2 - 3x_3 + 28 = 0$. Berechnen Sie die Koordinaten des Lotfußpunktes des Lotes durch P auf die Ebene E sowie den Abstand des Punktes P von der Ebene E.

LÖSUNGEN

1. Gegeben: Punkt P(4 | 6 | 10); Ebene E: $x_1 + 2x_2 + 2x_3 = 18$
   Gesucht: Abstand d(P; E) des Punktes P von der Ebene E.

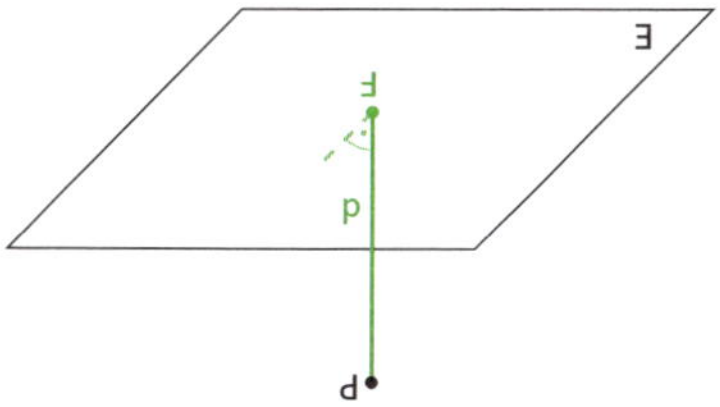

   1. Schritt: $\vec{n} = \begin{pmatrix} 1 \\ 2 \\ 2 \end{pmatrix}$; $|\vec{n}| = \sqrt{1^2 + 2^2 + 2^2} = \sqrt{9} = 3$

   Hesse'sche Normalenform von E:

   HNF von E: $\frac{x_1 + 2x_2 + 2x_3 - 18}{3} = 0$

   2. Schritt: Abstandsberechnung

   Setzt man die Koordinaten des Punktes P in die linke Seite der HNF von E ein, ergibt sich:

   $d(P; E) = \left|\frac{4 + 2 \cdot 6 + 2 \cdot 10 - 18}{3}\right| = \left|\frac{4 + 12 + 20 - 18}{3}\right| = 6.$ Der Punkt P hat von der Ebene E den **Abstand 6.**

2. **1. Schritt:** Hilfsgerade

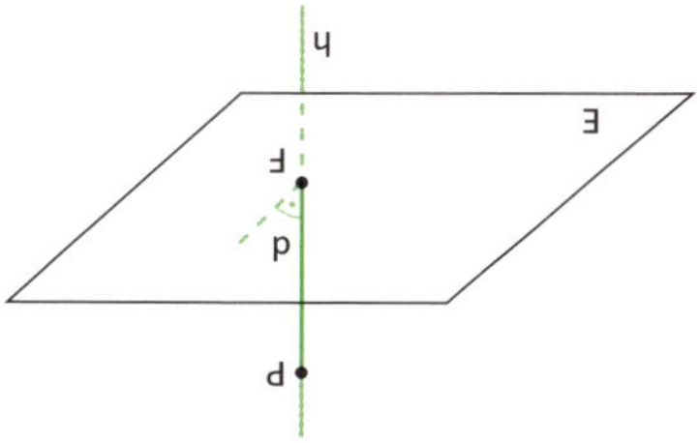

   Es sei h die Gerade durch P orthogonal zu E. Dann ist der Ortsvektor von P ein Stützvektor und ein Normalenvektor von E ein Richtungsvektor von h.

   $h: \vec{x} = \begin{pmatrix} 3 \\ -3 \\ 1 \end{pmatrix} + t \cdot \begin{pmatrix} 2 \\ -6 \\ -3 \end{pmatrix}; \ t \in \mathbb{R}$

   2. Schritt: Lotfußpunkt

   Die Gerade h schneidet die Ebene E in F (vgl. Fig.).

   Der Gleichung für h entnimmt man: $x_1 = 3 + 2t$; $x_2 = -3 - 6t$; $x_3 = 1 - 3t$.

   Eingesetzt in die Gleichung für E ergibt: $2(3 + 2t) - 6(-3 - 6t) - 3(1 - 3t) + 28 = 0$. Hieraus folgt $t = -1$.

   Mit dem Ortsvektor $\overrightarrow{OF} = \begin{pmatrix} 3 \\ -3 \\ 1 \end{pmatrix} - 1 \cdot \begin{pmatrix} 2 \\ -6 \\ -3 \end{pmatrix} = \begin{pmatrix} 1 \\ 3 \\ 4 \end{pmatrix}$ folgt F(1 | 3 | 4).

   3. Schritt: Abstand

   Es ist $\overrightarrow{PF} = \begin{pmatrix} -2 \\ 6 \\ 3 \end{pmatrix}$ und $d = |\overrightarrow{PF}| = \sqrt{4 + 36 + 9} = 7$. Der Punkt P hat von der Ebene E den **Abstand 7.**

Der Abstand d eines Punktes P von einer Geraden g ist gleich der Länge des Lotes von P auf g; d.h. der **Abstand d ist gleich dem Betrag des Vektors $\overrightarrow{PF}$**, wobei F der Lotfußpunkt ist (vgl. Fig.).

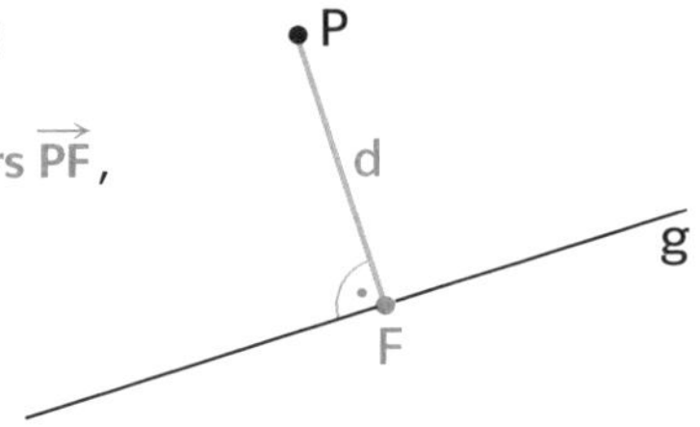

Den Lotfußpunkt F kann man bestimmen
a) mit der Methode eines „laufenden Punktes“ (vgl. Seite 244) oder
b) mit einer Hilfsebene (vgl. Seite 246).

Mit beiden Methoden berechnet man zunächst den Fußpunkt F des Lotes von P auf g und dann die Länge des Lotes als Betrag des Vektors $\overrightarrow{PF}$.

LÖSUNG DER AUFGABE 1 VON SEITE 259

(Lösung der Aufgabe 1 von Seite 259)

1. Schritt: Hilfsebene

Es sei H die Hilfsebene durch P orthogonal zu g. Dann ist ein Richtungsvektor von g ein Normalenvektor von H.

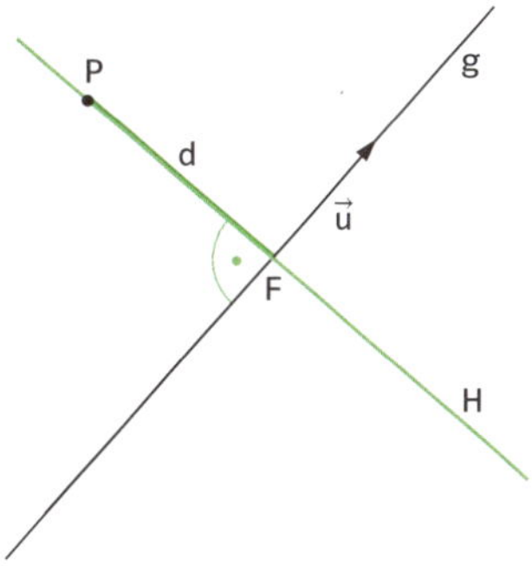

$$H:\ \left[\vec{x} - \begin{pmatrix}1\\2\\4\end{pmatrix}\right] \cdot \begin{pmatrix}2\\-1\\1\end{pmatrix} = 0$$

Hieraus folgt $2(x_1 - 1) - (x_2 - 2) + (x_3 - 4) = 0$ bzw.
$H:\ 2x_1 - x_2 + x_3 - 4 = 0$.

2. Schritt: Lotfußpunkt

Die Gerade g schneidet die Hilfsebene H in F.
Der Gleichung für g entnimmt man: $x_1 = 6 + 2t;\ x_2 = -1 - t;\ x_3 = 3 + t$.
Eingesetzt in die Gleichung für H ergibt: $2(6 + 2t) - (-1 - t) + (3 + t) - 4 = 0$.
Hieraus folgt $t = -2$.
Mit dem Ortsvektor $\overrightarrow{OF} = \begin{pmatrix}6\\-1\\3\end{pmatrix} - 2 \cdot \begin{pmatrix}2\\-1\\1\end{pmatrix} = \begin{pmatrix}2\\1\\1\end{pmatrix}$ folgt $F(2\,|\,1\,|\,1)$.

3. Schritt: Abstand

Es ist $\overrightarrow{PF} = \begin{pmatrix}1\\-1\\-3\end{pmatrix}$ und $|\overrightarrow{PF}| = \sqrt{1 + 1 + 9} = \sqrt{11}$.
Ergebnis: Der Punkt P hat von der Geraden g den Abstand $d(P; g) = \sqrt{11}$.

Den Abstand zweier windschiefer Geraden kann man berechnen:
a) mit der Formel $d(g;h) = \left|(\vec{q} - \vec{p}) \cdot \vec{n_0}\right|$.
b) mit der Methode eines „laufenden Punktes“.
c) mit einer Hilfsebene.

Die Möglichkeiten b) und c) sind dann wichtig, wenn Ihnen die Formel nicht geläufig ist oder wenn Sie beschreiben sollen, wie man den Abstand windschiefer Geraden berechnen kann.

METHODE EINES „LAUFENDEN PUNKTES“

Ist der Vektor $\overrightarrow{AB}$ mit $A \in g$ und $B \in h$ orthogonal zu den Richtungsvektoren $\vec{u}$ und $\vec{v}$, ergibt sich der **Abstand von g und h als Betrag des Vektors $\overrightarrow{AB}$.**

Da $A \in g$ ist, erhält man die Koordinaten von A in Abhängigkeit von s; entsprechend die Koordinaten von B in Abhängigkeit von t.
Aus den Bedingungen $\overrightarrow{AB} \cdot \vec{u} = 0$ und $\overrightarrow{AB} \cdot \vec{v} = 0$ erhält man ein LGS für s und t (vgl. Fig.).
Damit kennt man die Koordinaten der Lotfußpunkte A und B.

Bemerkung:
Bei diesem Verfahren „laufen“ sogar zwei Punkte, A auf g und B auf h.

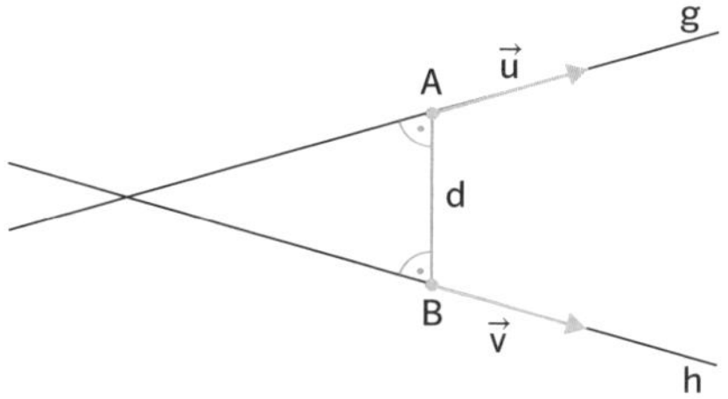

METHODE: HILFSEBENE

Der Abstand von g und h ergibt sich als Abstand eines Punktes Q auf h von der Hilfsebene H, die g enthält und parallel zu h ist (vgl. Fig.).
Bei gegebenen Gleichungen für g und für h sind zwei Spannvektoren von H bekannt.
Damit bietet sich als Gleichung für H die Parameterform an.
Zur Abstandsberechnung wird die Gleichung für H zunächst in die Koordinatenform und dann in die Hesse'sche Normalenform umgewandelt. Der gesuchte Abstand von g und h ergibt sich als Abstand eines beliebigen Punktes Q auf h von H.

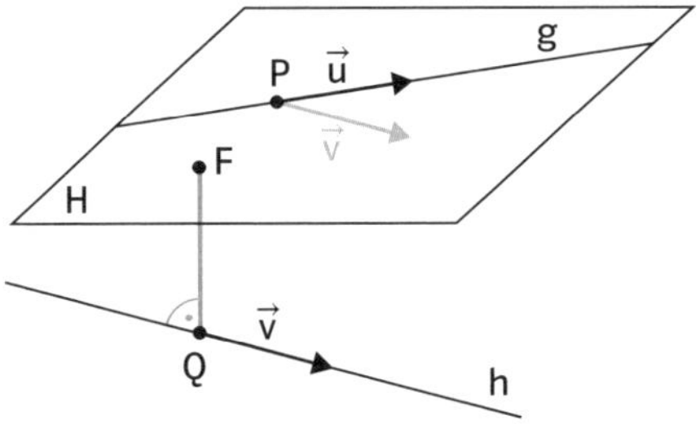

ABSTANDSBERECHNUNGEN; PUNKT – GERADE UND GERADE – GERADE

1. Gegeben sind der Punkt P(1|2|4)
und die Gerade $g\colon \vec{x} = \begin{pmatrix} 6 \\ -1 \\ 3 \end{pmatrix} + t \cdot \begin{pmatrix} 2 \\ -1 \\ 1 \end{pmatrix};\ t \in \mathbb{R}$.
Berechnen Sie den Abstand des Punktes P von der Geraden g.

2. Gegeben sind die Geraden $g\colon \vec{x} = \begin{pmatrix} -1 \\ 4 \\ 5 \end{pmatrix} + s \cdot \begin{pmatrix} -1 \\ 1 \\ 0 \end{pmatrix};\ s \in \mathbb{R}$
und $h\colon \vec{x} = \begin{pmatrix} 2 \\ -1 \\ 3 \end{pmatrix} + t \cdot \begin{pmatrix} 3 \\ -2 \\ -2 \end{pmatrix};\ t \in \mathbb{R}$.
Berechnen Sie den Abstand von g und h.

LÖSUNGEN

1. Lösung (Methode eines „laufenden Punktes“)
1. Schritt: Es sei F der Lotfußpunkt. Da F auf g liegt, müssen die Koordinaten von F die Gleichung von g erfüllen: $F(6+2t\,|\,-1-t\,|\,3+t)$.
2. Schritt: Lotfußpunkt

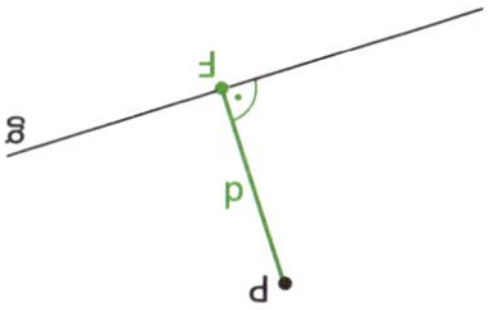

Mit $\overrightarrow{PF} = \begin{pmatrix} 5+2t \\ -3-t \\ -1+t \end{pmatrix}$ folgt aus $\begin{pmatrix} 5+2t \\ -3-t \\ -1+t \end{pmatrix} \cdot \begin{pmatrix} 2 \\ -1 \\ 1 \end{pmatrix} = 0$ die Gleichung
$2(5+2t) - (-3-t) + (-1+t) = 0$ bzw. $6t + 12 = 0$ mit der Lösung $t = -2$.
Also gilt: $F(2\,|\,1\,|\,1)$.
3. Schritt: Abstand: Es ist $\overrightarrow{PF} = \begin{pmatrix} 1 \\ -1 \\ -3 \end{pmatrix}$ und $|\overrightarrow{PF}| = \sqrt{1+1+9} = \sqrt{11}$.
Der Punkt P hat von der Geraden g den Abstand $d(P; g) = \sqrt{11}$.

2. Lösung (mit der Formel)
Sind g und h windschiefe Geraden mit $g\colon \vec{x} = \vec{p} + s\cdot\vec{u};\ s \in \mathbb{R}$ und $h\colon \vec{x} = \vec{q} + t\cdot\vec{v};\ t \in \mathbb{R}$ und ist $\overrightarrow{n_0}$ ein Einheitsvektor, der orthogonal zu $\vec{u}$ und zu $\vec{v}$ ist, dann gilt für den Abstand d von g und h:
$d(g; h) = |(\vec{q} - \vec{p}) \cdot \overrightarrow{n_0}|$.
1. Schritt: Ermittlung von $\overrightarrow{n_0}$
Ist $\vec{n} = \begin{pmatrix} n_1 \\ n_2 \\ n_3 \end{pmatrix}$ orthogonal zu $\vec{u} = \begin{pmatrix} -1 \\ 1 \\ 0 \end{pmatrix}$ und orthogonal zu $\vec{v} = \begin{pmatrix} 3 \\ -2 \\ -2 \end{pmatrix}$, so gilt: $\begin{matrix} -n_1 + n_2 = 0 \\ 3n_1 - 2n_2 - 2n_3 = 0 \end{matrix}$.
Setzt man $n_2 = 2$, so ist $n_1 = 2$ und $n_3 = 1$.
Aus $\vec{n} = \begin{pmatrix} 2 \\ 2 \\ 1 \end{pmatrix}$ folgt $|\vec{n}| = \sqrt{4+4+1} = 3$ und somit $\overrightarrow{n_0} = \frac{1}{3} \cdot \begin{pmatrix} 2 \\ 2 \\ 1 \end{pmatrix}$.
2. Schritt: Abstand von g und h: $d(g; h) = \left|\left[\begin{pmatrix} 2 \\ -1 \\ 3 \end{pmatrix} - \begin{pmatrix} -1 \\ 4 \\ 5 \end{pmatrix}\right] \cdot \frac{1}{3} \cdot \begin{pmatrix} 2 \\ 2 \\ 1 \end{pmatrix}\right| = \left|\frac{1}{3} \cdot \begin{pmatrix} 3 \\ -5 \\ -2 \end{pmatrix} \cdot \begin{pmatrix} 2 \\ 2 \\ 1 \end{pmatrix}\right| = \left|\frac{-6}{3}\right| = 2$

2 Winkelberechnungen; Schnittwinkel zwischen Geraden

Zwei **Vektoren** $\vec{a}$ und $\vec{b}$ bilden zwei Winkel. Unter dem Winkel α zwischen den Vektoren versteht man den **kleineren der beiden**.
Also gilt (vgl. Fig.): $0 \leq \alpha \leq 180°$.
Für den Winkel zwischen $\vec{a}$ und $\vec{b}$ gilt

$$\cos(\alpha) = \frac{\vec{a} \cdot \vec{b}}{|\vec{a}| \cdot |\vec{b}|}.$$

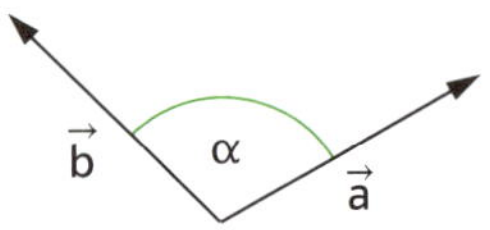

Da Winkel bis 180° möglich sind, enthält die Formel im Zähler **keinen Betrag** (vgl. Fig.), denn für $0 \leq \alpha \leq 180°$ gilt

$$1 \leq \cos(\alpha) \leq -1.$$

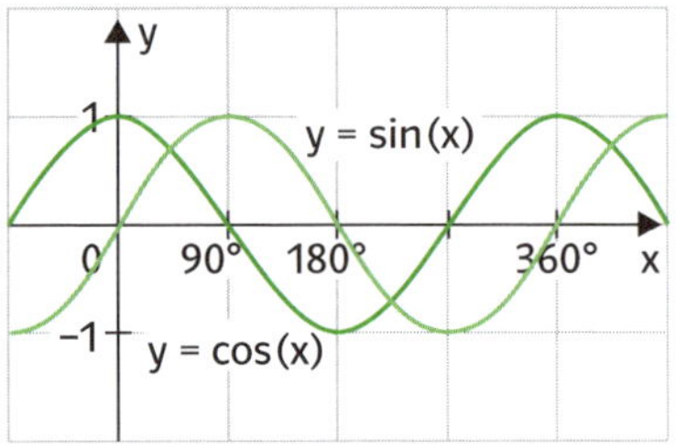

Schneiden sich zwei Geraden, entstehen vier Winkel, von denen jeweils zwei gleich groß sind. Unter dem Schnittwinkel α von Geraden (vgl. Fig.) versteht man den Winkel, der kleiner oder gleich 90° ist. Daher enthält die Formel im Zähler einen Betrag. Sind $\vec{a}$ und $\vec{b}$ Richtungsvektoren der Geraden, so gilt:

$$\cos(\alpha) = \frac{|\vec{a} \cdot \vec{b}|}{|\vec{a}| \cdot |\vec{b}|}.$$

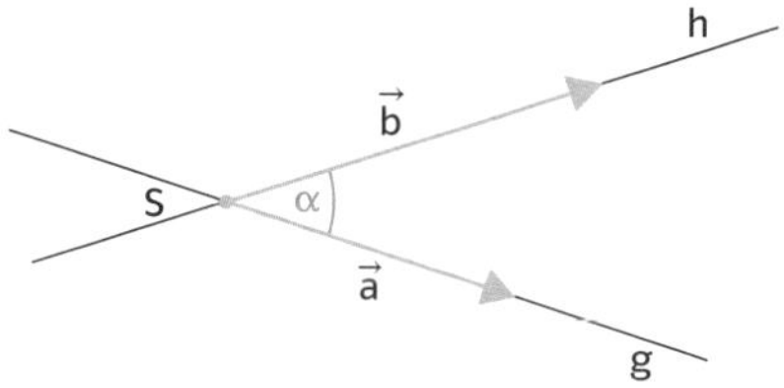

TIPPS

Überprüfen Sie, ob bei Berechnungen von Schnittwinkeln der Rechner auf „Degree" eingestellt ist.

Nur Geraden, die sich schneiden, haben einen Schnittwinkel. Vor Berechnung eines Schnittwinkels muss man also prüfen, ob ein Schnittpunkt existiert. Die angegebene Formel, in der nur die Richtungsvektoren eingehen, liefert auch dann eine Zahl, wenn kein Schnittpunkt vorhanden ist.

In der Ebene ist die Situation anders: Hier haben zwei Geraden stets einen Schnittpunkt oder sie sind parallel.

Unter dem Schnittwinkel α zwischen der Geraden g und der Ebene E versteht man den Schnittwinkel von g und s (vgl. Fig.). Dabei ist s die Schnittgerade der Ebene F, die orthogonal zu E ist und g enthält, mit E. Da die Bestimmung einer Gleichung für s mühsam ist, sucht man nach einer einfacheren Möglichkeit zur Berechnung von α.

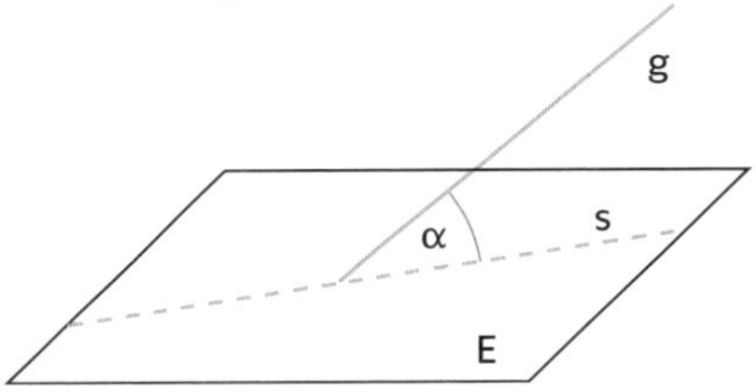

Ist $\vec{u}$ ein Richtungsvektor von g und $\vec{n}$ ein Normalenvektor von E, so gilt (vgl. Fig.):

$$\cos(90° - \alpha) = \frac{|\vec{u} \cdot \vec{n}|}{|\vec{u}| \cdot |\vec{n}|}.$$

Mit $\cos(90° - \alpha) = \sin(\alpha)$ ergibt sich:

$$\sin(\alpha) = \frac{|\vec{u} \cdot \vec{n}|}{|\vec{u}| \cdot |\vec{n}|}.$$

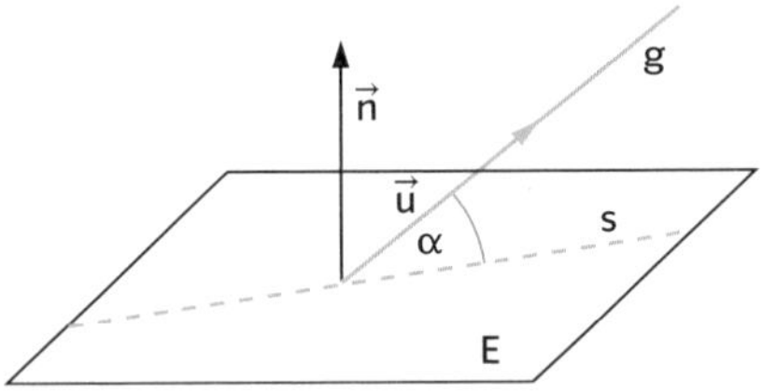

TIPPS

Überprüfen Sie, ob bei Berechnungen von Schnittwinkeln der Rechner auf „Degree" eingestellt ist.

Beachten Sie, dass bei den Formeln zur Berechnung von Schnittwinkeln nur bei der für den Schnittwinkel einer Geraden und einer Ebene die Sinusfunktion auftritt.

Zur Berechnung von α nach der Formel benötigt man neben einem Richtungsvektor von g einen Normalenvektor von E. Aus einer Gleichung für E in Koordinatenform kann man direkt einen Normalenvektor ablesen. Ist die Gleichung in Parameterform gegeben, muss man zunächst einen Normalenvektor ermitteln. Dies geschieht am einfachsten mit dem Vektorprodukt (vgl. Seite 219).

Unter dem Schnittwinkel α zwischen zwei Ebenen E_1 und E_2 versteht man den Schnittwinkel der Geraden s_1 und s_2 (vgl. Fig. 1). Da die Bestimmung von Gleichungen für s_1 und s_2 mühsam ist, sucht man nach einer einfacheren Möglichkeit zur Berechnung von α.

Fig. 2 zeigt, dass die Winkel zwischen s_1 und s_2 bzw. zwischen $\overrightarrow{n_1}$ und $\overrightarrow{n_2}$ gleich sind.
Ist $\overrightarrow{n_1}$ ein Normalenvektor von E_1 und $\overrightarrow{n_2}$ ein Normalenvektor von E_2, so gilt:

$$\cos(\alpha) = \frac{\left|\overrightarrow{n_1} \cdot \overrightarrow{n_2}\right|}{\left|\overrightarrow{n_1}\right| \cdot \left|\overrightarrow{n_2}\right|}.$$

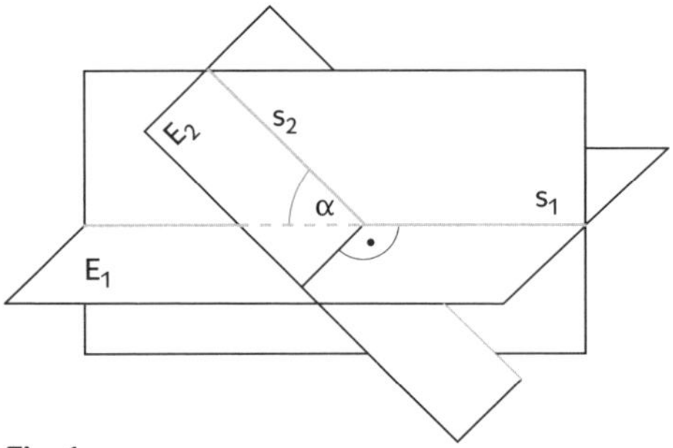

Fig. 1

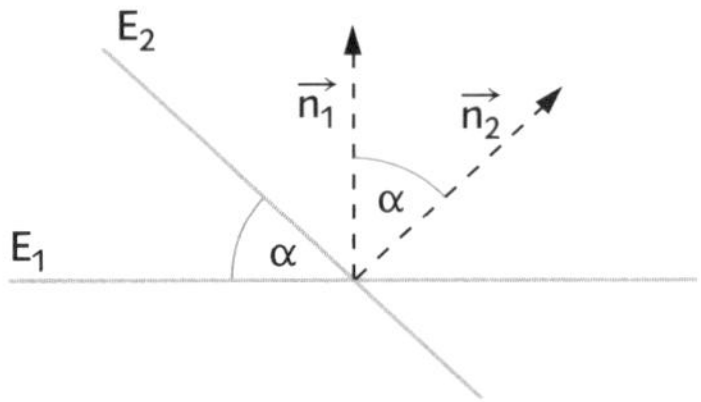

Fig. 2

TIPPS

Überprüfen Sie, ob bei Berechnungen von Schnittwinkeln der Rechner auf „Degree" eingestellt ist.

Zur Berechnung von α nach der Formel benötigt man einen Normalenvektor $\overrightarrow{n_1}$ von E_1 und einen Normalenvektor $\overrightarrow{n_2}$ von E_2. Aus Gleichungen für E_1 und E_2 in Koordinatenform kann man direkt Normalenvektoren ablesen. Sind eine oder beide Gleichungen in Parameterform gegeben, muss man zunächst Normalenvektoren ermitteln. Dies geschieht am einfachsten mit dem Vektorprodukt (vgl. Seite 219).

Winkelberechnungen; Winkel zwischen Seitenflächen einer Pyramide

Um bei Körpern Winkel zwischen Flächen vektoriell berechnen zu können, muss man Ebenen einführen; Ebenen, in denen die Flächen liegen. Mit den angegebenen Formeln erhält man immer Winkel, die kleiner oder gleich 90° sind. Bei Körpern kann es aber sein, dass ein gesuchter Winkel größer als 90° ist. So ist z. B. in Fig. der Winkel zwischen den Seitenflächen ABS und BCS größer als 90° (vgl. Aufgabe 4 auf Seite 269), während der Winkel zwischen der Grundfläche OABC und der Seitenfläche ABS kleiner als 90° ist. Man muss sich also stets überlegen, ob der gesuchte Winkel größer als 90° ist. Ist dies der Fall, berechnet man zunächst β und erhält α als Nebenwinkel: $\alpha = 180° - \beta$.

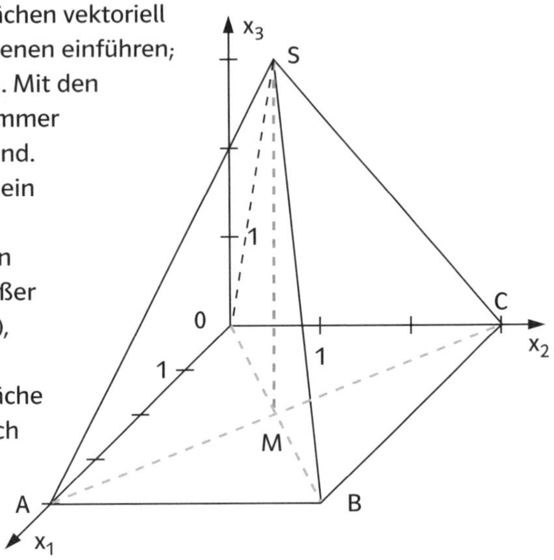

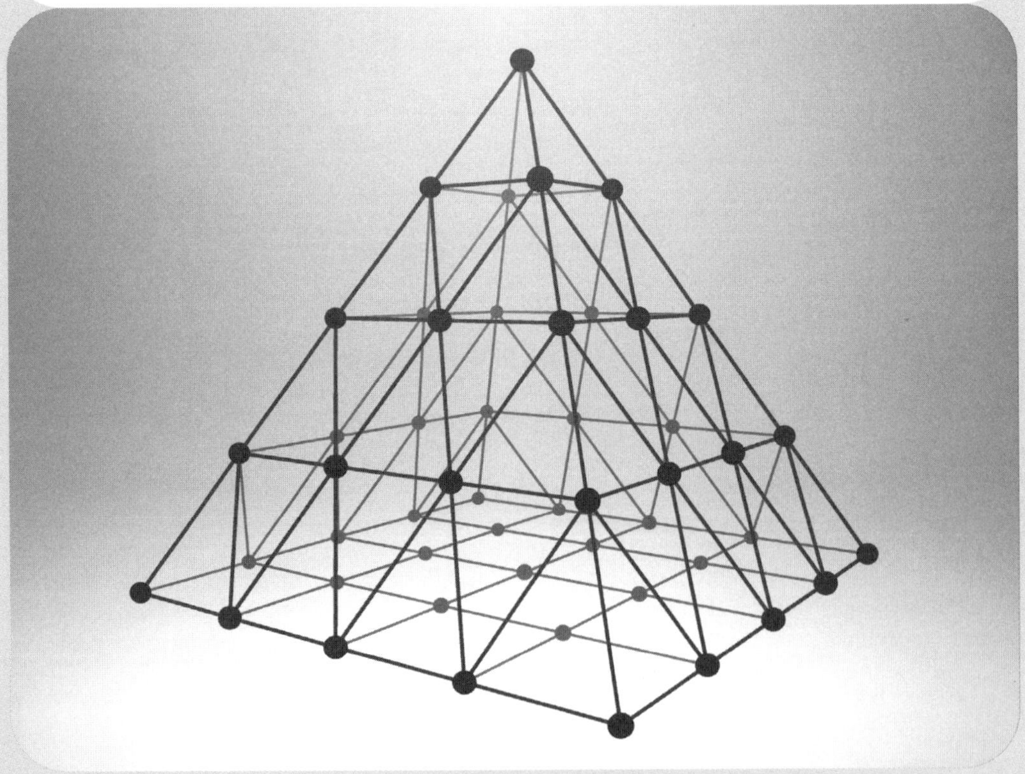

TIPPS

- In manchen Fällen kann man bei Körpern Winkel auch ohne Vektoren berechnen.
  Ist z. B. bei der gegebenen Pyramide (vgl. Aufgabe 4 auf Seite 269) der Winkel γ zwischen der Seitenfläche ABS und der Grundfläche OABC gesucht, betrachtet man das „Stützdreieck" M_1M_2S, wobei M_1 die Mitte von $\overline{AB}$ und M_2 die Mitte der Grundfläche ist (vgl. Fig.).

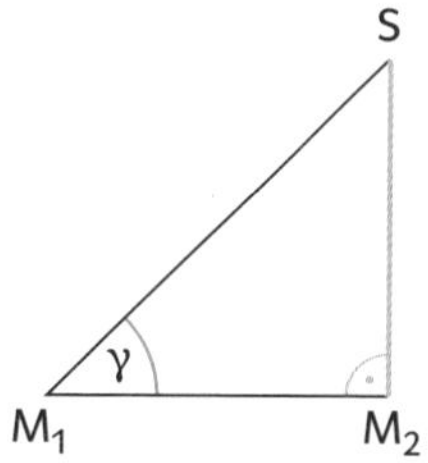

  Aus $\tan(\gamma) = \frac{\overline{M_2S}}{\overline{M_1M_2}} = \frac{2}{2} = 1$ folgt $\gamma = 45°$.

- Bei der Berechnung eines Winkels zwischen zwei Kanten eines Körpers, sollten Sie direkt die zugehörigen Vektoren verwenden (und nicht Geraden).

WINKELBERECHNUNGEN

1. **Die Geraden g: $\vec{x} = \begin{pmatrix} 2 \\ 3 \\ 5 \end{pmatrix} + s \cdot \begin{pmatrix} 1 \\ 4 \\ 2 \end{pmatrix}$; $s \in \mathbb{R}$ und**

h: $\vec{x} = \begin{pmatrix} 1 \\ -1 \\ 3 \end{pmatrix} + t \cdot \begin{pmatrix} -2 \\ 1 \\ 3 \end{pmatrix}$; $t \in \mathbb{R}$

schneiden sich. Berechnen Sie den Schnittwinkel von g und h.

2. **Die Gerade g: $\vec{x} = \begin{pmatrix} -1 \\ 4 \\ 7 \end{pmatrix} + t \cdot \begin{pmatrix} 2 \\ -2 \\ 1 \end{pmatrix}$; $t \in \mathbb{R}$ und**

die Ebene E: $2x_1 + x_2 + 2x_3 + 8 = 0$

schneiden sich. Berechnen Sie den Schnittwinkel von g und E.

LÖSUNGEN

1. Sind $\vec{u}$ und $\vec{v}$ Richtungsvektoren der Geraden, so gilt für den Schnittwinkel α (vgl. Fig.):

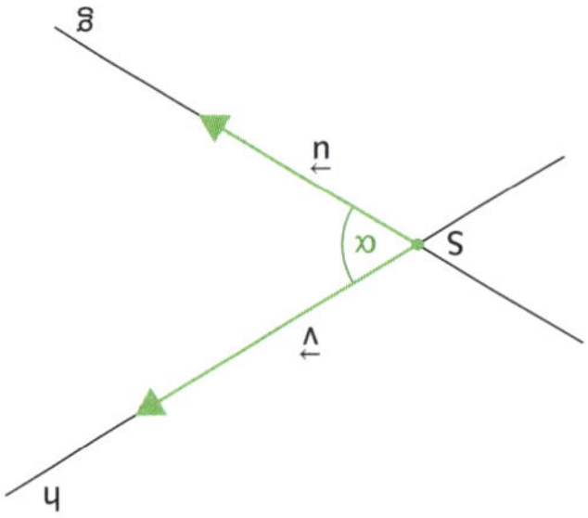

$\cos(\alpha) = \frac{|\vec{u} \cdot \vec{v}|}{|\vec{u}| \cdot |\vec{v}|}$.

Mit $\vec{u} = \begin{pmatrix} 1 \\ 4 \\ 2 \end{pmatrix}$; $|\vec{u}| = \sqrt{1 + 16 + 4} = \sqrt{21}$

und $\vec{v} = \begin{pmatrix} -2 \\ 1 \\ 3 \end{pmatrix}$; $|\vec{v}| = \sqrt{4 + 1 + 9} = \sqrt{14}$

erhält man $\cos(\alpha) = \frac{\left|\begin{pmatrix} 1 \\ 4 \\ 2 \end{pmatrix} \cdot \begin{pmatrix} -2 \\ 1 \\ 3 \end{pmatrix}\right|}{\sqrt{21} \cdot \sqrt{14}} = \frac{|-2 + 4 + 6|}{\sqrt{21} \cdot \sqrt{14}} = \frac{8}{\sqrt{21} \cdot \sqrt{14}} \approx 0{,}4666$

und somit **$\alpha \approx 62{,}19°$.**

2. Sind $\vec{u}$ ein Richtungsvektor von g und $\vec{n}$ ein Normalenvektor von E, so gilt für den Schnittwinkel α:

$\sin(\alpha) = \frac{|\vec{u} \cdot \vec{n}|}{|\vec{u}| \cdot |\vec{n}|}$.

Mit $\vec{u} = \begin{pmatrix} 2 \\ -2 \\ 1 \end{pmatrix}$, $|\vec{u}| = \sqrt{4 + 4 + 1} = \sqrt{9} = 3$ und $\vec{n} = \begin{pmatrix} 2 \\ 1 \\ 2 \end{pmatrix}$, $|\vec{n}| = \sqrt{4 + 1 + 4} = \sqrt{9} = 3$

erhält man $\sin(\alpha) = \frac{\left|\begin{pmatrix} 2 \\ -2 \\ 1 \end{pmatrix} \cdot \begin{pmatrix} 2 \\ 1 \\ 2 \end{pmatrix}\right|}{3 \cdot 3} = \frac{|4 - 2 + 2|}{9} = \frac{4}{9}$

und somit **$\alpha \approx 26{,}39°$.**

3. **Berechnen Sie den Schnittwinkel zwischen den Ebenen $E_1: 4x_1 - 3x_2 + 7x_3 - 10 = 0$ und $E_2: x_1 + 2x_2 - 5x_3 - 8 = 0$.**

4. **Die Punkte O(0|0|0), A(4|0|0), B(4|4|0), C(0|4|0) und S(2|2|2) bilden eine senkrechte quadratische Pyramide mit der Grundfläche OABC und der Spitze S.**
   Berechnen Sie den Winkel zwischen der Seitenfläche ABS und der Seitenfläche BCS.

LÖSUNGEN

3. Mit $\vec{n_1} = \begin{pmatrix} 4 \\ -3 \\ 7 \end{pmatrix}$, $|\vec{n_1}| = \sqrt{16 + 9 + 49} = \sqrt{74}$ und $\vec{n_2} = \begin{pmatrix} 1 \\ 2 \\ -5 \end{pmatrix}$; $|\vec{n_2}| = \sqrt{1 + 4 + 25} = \sqrt{30}$

   erhält man $\cos(\alpha) = \frac{\left|\begin{pmatrix} 4 \\ -3 \\ 7 \end{pmatrix} \cdot \begin{pmatrix} 1 \\ 2 \\ -5 \end{pmatrix}\right|}{\sqrt{74} \cdot \sqrt{30}} = \frac{|4 - 6 - 35|}{\sqrt{74} \cdot \sqrt{30}} = \frac{37}{\sqrt{74} \cdot \sqrt{30}}$

   und somit $\alpha \approx 38{,}25°$.

4. Die Seitenfläche ABS liegt in der Ebene mit der Gleichung

   $E_1: \vec{x} = \begin{pmatrix} 4 \\ 0 \\ 0 \end{pmatrix} + r \cdot \begin{pmatrix} 0 \\ 1 \\ 0 \end{pmatrix} + s \cdot \begin{pmatrix} -1 \\ 1 \\ 1 \end{pmatrix}$; $r, s \in \mathbb{R}$.

   Eliminiert man die Parameter r und s ergibt sich die Koordinatengleichung $x_1 + x_3 = 4$.
   Die Seitenfläche BCS liegt in der Ebene mit der Gleichung

   $E_2: \vec{x} = \begin{pmatrix} 4 \\ 4 \\ 0 \end{pmatrix} + u \cdot \begin{pmatrix} -1 \\ 0 \\ 0 \end{pmatrix} + v \cdot \begin{pmatrix} -1 \\ -1 \\ 1 \end{pmatrix}$; $u, v \in \mathbb{R}$.

   Eliminiert man die Parameter u und v, ergibt sich die Koordinatengleichung $x_2 + x_3 = 4$.

   Normalenvektoren: $\vec{n_1} = \begin{pmatrix} 1 \\ 0 \\ 1 \end{pmatrix}$ mit $|\vec{n_1}| = \sqrt{1 + 1} = \sqrt{2}$; $\vec{n_2} = \begin{pmatrix} 0 \\ 1 \\ 1 \end{pmatrix}$ mit $|\vec{n_2}| = \sqrt{1 + 1} = \sqrt{2}$.

   Bezeichnet β den Winkel zwischen E_1 und E_2, so gilt: $\cos(\beta) = \frac{|\vec{n_1} \cdot \vec{n_2}|}{|\vec{n_1}| \cdot |\vec{n_2}|} = \frac{\left|\begin{pmatrix} 1 \\ 0 \\ 1 \end{pmatrix} \cdot \begin{pmatrix} 0 \\ 1 \\ 1 \end{pmatrix}\right|}{\sqrt{2} \cdot \sqrt{2}} = \frac{1}{2}$ und $\beta = 60°$.

   Damit gilt für den Winkel α zwischen den Seitenflächen: $\alpha = 180° - \beta = 120°$.

Gesucht:
Punkte auf einer Geraden mit vorgegebenem Abstand

Mit der Hesse'schen Normalenform kann man den Abstand eines Punktes von einer Ebene berechnen.
Bei einer sogenannten „umgekehrten“ Abstandsaufgabe ist ein **Abstand gegeben und sind Punkte gesucht**, die von einem bestimmten Objekt diesen Abstand haben.

Solche Abstandsaufgaben kann man bearbeiten
a) mithilfe von Einheitsvektoren (vgl. Lösung der Aufgabe 1 auf Seite 275).
b) mithilfe der Methode eines „laufenden Punktes“ (vgl. Seite 244).

LÖSUNG DER AUFGABE 1 AUF SEITE 275 MIT DER METHODE EINES „LAUFENDEN PUNKTES"

Die Gerade g hat die Gleichung $g\colon \vec{x} = \begin{pmatrix} 2 \\ -1 \\ 3 \end{pmatrix} + t \cdot \begin{pmatrix} 4 \\ 0 \\ 3 \end{pmatrix};\ t \in \mathbb{R}$.

Für Punkte auf g gilt also: $P(2+4t\,|\,-1\,|\,3+3t)$.

Damit ist $\overrightarrow{AP} = \begin{pmatrix} -8+4t \\ 0 \\ -6+3t \end{pmatrix}$;

$|\overrightarrow{AP}| = \sqrt{(-8+4t)^2 + (-6+3t)^2} = \sqrt{25(t^2-4t+4)} = 5 \cdot |t-2|$. (1)

Die Bedingung ist $5 \cdot |t-2| = 15$. (2)

Sie ist erfüllt für $t_1 = 5;\ t_2 = -1$. Die gesuchten Punkte sind also $P_1(22\,|\,-1\,|\,18)$ und $P_2(-2\,|\,-1\,|\,0)$.

ALLGEMEINE BESCHREIBUNG

Arbeitet man mit Einheitsvektoren, muss man beachten, dass oft verschiedene Richtungen möglich sind. Hierdurch erhält man dann z. B. zwei Punkte, die die Bedingung erfüllen.

Bei der Methode eines „laufenden Punktes“ berechnet man zunächst den Abstand allgemein. Der sich ergebende Term enthält einen Betrag und einen Parameter (vgl. Zeile (1) auf Seite 271). Setzt man den ermittelten Term gleich dem gegebenen Abstand, erhält man eine Betragsgleichung (vgl. Zeile (2) auf Seite 271) mit mehreren Lösungen.
Die Durchführung dieser Methode ist häufig begrifflich schwieriger.

Gesucht:
Punkte auf einem Lot mit vorgegebenem Abstand

LÖSUNG MIT DER METHODE EINES „LAUFENDEN PUNKTES“

Die Lotgerade g hat die Gleichung

$g:\ \vec{x} = \begin{pmatrix} -5 \\ 1 \\ 1 \end{pmatrix} + t \cdot \begin{pmatrix} 1 \\ 2 \\ 2 \end{pmatrix};\ t \in \mathbb{R}.$

Für Punkte auf g gilt also: $P(-5+t\,|\,1+2t\,|\,1+2t)$.

Damit ist $\overrightarrow{FP} = \begin{pmatrix} t \\ 2t \\ 2t \end{pmatrix};\ |\overrightarrow{FP}| = \sqrt{t^2 + 4t^2 + 4t^2} = \sqrt{9t^2} = 3 \cdot |t|.$ (1)

Die Bedingung ist $3 \cdot |t| = 12$. (2)
Sie ist erfüllt für $t_1 = 4;\ t_2 = -4$.

Die gesuchten Punkte sind also $P_1(-1\,|\,9\,|\,9)$ und $P_2(-9\,|\,-7\,|\,-7)$.

HINWEISE AUF SCHWIERIGKEITEN

Man erhält zwei Punkte auf dem Lot, da von F aus zwei Richtungen möglich sind.
Rechnerisch werden Vielfache des Einheitsvektors addiert bzw. subtrahiert.

Bei der Methode eines „laufenden Punktes“ erhält man zwei Punkte auf dem Lot dadurch, dass $\sqrt{9t^2} = 3 \cdot |t|$ ist und die Betragsgleichung $3 \cdot |t| = 12$ zwei Lösungen hat (vgl. Seite 273).
Die Lösung der Aufgabe mit dieser Methode ist also begrifflich schwieriger, da bei der Rechnung Beträge auftreten.

„UMGEKEHRTE" ABSTANDSAUFGABEN

1. Gegeben sind die Gerade $g: \vec{x} = \begin{pmatrix} 2 \\ -1 \\ 3 \end{pmatrix} + t \cdot \begin{pmatrix} 4 \\ 0 \\ 3 \end{pmatrix};\ t \in \mathbb{R}$ und der Punkt $A(10\,|\,-1\,|\,9)$ auf g.
   Gesucht sind Punkte auf g, die von A den Abstand 15 haben.

2. Gegeben sind die Ebene $E: x_1 + 2x_2 + 2x_3 + 1 = 0$ und der Punkt $F(-5\,|\,1\,|\,1)$ in E.
   Gesucht sind Punkte auf dem Lot zu E durch F, die von E den Abstand 12 haben.

LÖSUNGEN

1. Gesucht sind Punkte P_1 und P_2 auf g, die von A den Abstand 15 haben.
   Ist $\vec{u}$ ein Richtungsvektor von g und $\vec{u_0}$ der Einheitsvektor von $\vec{u}$, so gilt:

   $\vec{u} = \begin{pmatrix} 4 \\ 0 \\ 3 \end{pmatrix};\ |\vec{u}| = \sqrt{16+9} = 5;\ \vec{u_0} = \frac{1}{5} \cdot \vec{u} = \frac{1}{5} \cdot \begin{pmatrix} 4 \\ 0 \\ 3 \end{pmatrix}.$

   Für die Ortsvektoren von P_1 und P_2 erhält man (vgl. Fig.):

   $\overrightarrow{OP_1} = \overrightarrow{OA} + 15 \cdot \vec{u_0} = \begin{pmatrix} 10 \\ -1 \\ 9 \end{pmatrix} + 15 \cdot \frac{1}{5} \cdot \begin{pmatrix} 4 \\ 0 \\ 3 \end{pmatrix} = \begin{pmatrix} 22 \\ -1 \\ 18 \end{pmatrix};$

   $\overrightarrow{OP_2} = \overrightarrow{OA} - 15 \cdot \vec{u_0} = \begin{pmatrix} 10 \\ -1 \\ 9 \end{pmatrix} - 15 \cdot \frac{1}{5} \cdot \begin{pmatrix} 4 \\ 0 \\ 3 \end{pmatrix} = \begin{pmatrix} -2 \\ -1 \\ 0 \end{pmatrix}.$

   Also sind $P_1(22\,|\,-1\,|\,18)$ und $P_2(-2\,|\,-1\,|\,0)$ die gesuchten Punkte auf g.

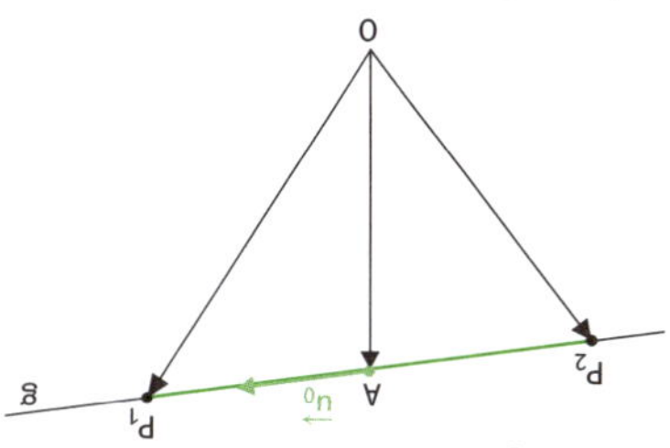

2. Es sei g das Lot zu E durch F.
   Gesucht sind Punkte P_1 und P_2 auf g, die von F den Abstand 12 haben.
   Ein Normalenvektor von E ist ein Richtungsvektor $\vec{u}$ von g (vgl. Fig.).
   Ist $\vec{u_0}$ der Einheitsvektor von $\vec{u}$, so gilt:

   $\vec{u} = \begin{pmatrix} 1 \\ 2 \\ 2 \end{pmatrix};\ |\vec{u}| = \sqrt{1+4+4} = 3;\ \vec{u_0} = \frac{1}{3} \cdot \vec{u} = \frac{1}{3} \cdot \begin{pmatrix} 1 \\ 2 \\ 2 \end{pmatrix}.$

   Für die Ortsvektoren von P_1 und P_2 erhält man:

   $\overrightarrow{OP_1} = \overrightarrow{OF} + 12 \cdot \vec{u_0} = \begin{pmatrix} -5 \\ 1 \\ 1 \end{pmatrix} + 12 \cdot \frac{1}{3} \cdot \begin{pmatrix} 1 \\ 2 \\ 2 \end{pmatrix} = \begin{pmatrix} -1 \\ 9 \\ 9 \end{pmatrix};$

   $\overrightarrow{OP_2} = \overrightarrow{OF} - 12 \cdot \vec{u_0} = \begin{pmatrix} -5 \\ 1 \\ 1 \end{pmatrix} - 12 \cdot \frac{1}{3} \cdot \begin{pmatrix} 1 \\ 2 \\ 2 \end{pmatrix} = \begin{pmatrix} -9 \\ -7 \\ -7 \end{pmatrix}.$

   Also sind $P_1(-1\,|\,9\,|\,9)$ und $P_2(-9\,|\,-7\,|\,-7)$ die gesuchten Punkte auf dem Lot.

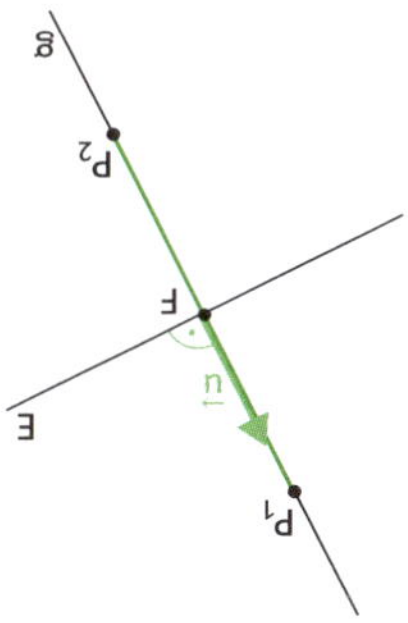

3 SPIEGELUNGEN IM RAUM

Spiegelung eines Punktes an einer Geraden

HINWEISE ZUR DURCHFÜHRUNG DER SPIEGELUNGEN

a) Spiegelung eines Punktes P an einem Punkt Q (vgl. Fig. 1):
$\overrightarrow{OP'} = \overrightarrow{OP} + 2 \cdot \overrightarrow{PQ}$

b) Spiegelung eines Punktes P an einer Geraden g (vgl. Fig. 2):
$\overrightarrow{OP'} = \overrightarrow{OP} + 2 \cdot \overrightarrow{PF}$
F ist der Fußpunkt des Lotes von P auf die Gerade g (vgl. Aufgabe 1 auf Seite 279).

c) Spiegelung eines Punktes P an einer Ebene E (vgl. Fig. 3):
$\overrightarrow{OP'} = \overrightarrow{OP} + 2 \cdot \overrightarrow{PF}$
F ist der Fußpunkt des Lotes von P auf die Ebene E (vgl. Seite 254).

d) Spiegelung einer Geraden g an einer Ebene E (vgl. Fig. 4):
Die Bildgerade G′ geht durch S und P′.
S ist der Schnittpunkt von g und E; P′ ist der Bildpunkt eines Punktes P auf g bei der Spiegelung an E.
Diese Spiegelung wird wie in c) durchgeführt.

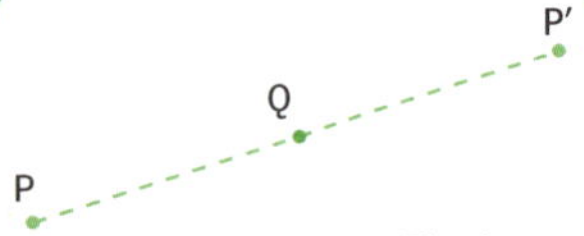

Fig. 1

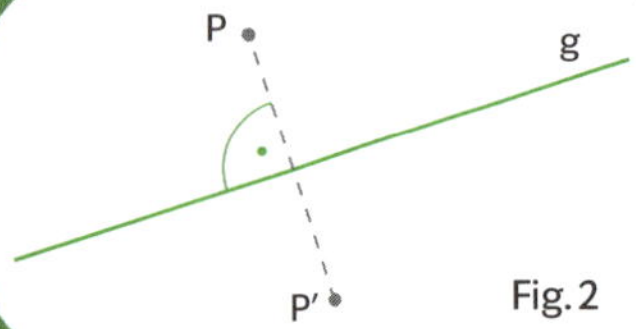

Fig. 2

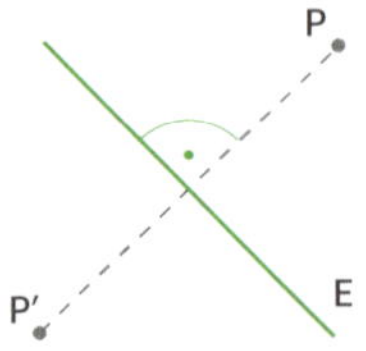

Fig. 3

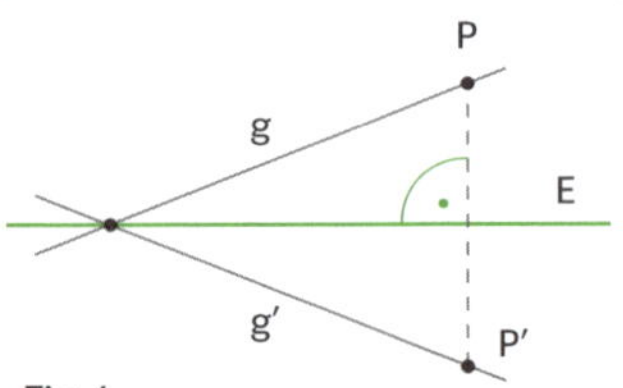

Fig. 4

Zu einzelnen Spiegelungen in der Ebene und im Raum vgl. Seite 276.

Bei manchen dort genannten Spiegelungen kann man das Problem auch wie folgt **umkehren**:

zu a) Gegeben sind P und P'. Gesucht ist der Punkt Q, an dem P gespiegelt wurde. Der Punkt Q ergibt sich direkt als **Mittelpunkt der Strecke PP'**.

zu b) Da die Gerade nicht eindeutig ist, kann diese bei gegebenen Punkten P und P' **nicht** ermittelt werden.

zu c) Gegeben sind P und P'. Gesucht ist die Ebene, an der P gespiegelt wurde (vgl. Beispiel).

zu d) Gegeben sind G' und g. Gesucht ist die Ebene, an der g gespiegelt wurde. Ein Stützvektor von E ist der Ortsvektor des Schnittpunktes S von g und G'. Sind $\overrightarrow{u_1}$ und $\overrightarrow{u_2}$ Einheitsvektoren in Richtung von g bzw. G', so sind $\overrightarrow{u_1} + \overrightarrow{u_2}$ und ein Vektor $\vec{n}$ mit $\vec{n}$ orthogonal zu $\overrightarrow{u_1}$ und zu $\overrightarrow{u_2}$ Spannvektoren von E. (Eine **Probe ist unerlässlich**, da eventuell die Richtung eines Einheitsvektors **umgekehrt** werden muss.)

BEISPIEL

Der Punkt P′(1|5|1) ist der B ildpunkt des Punktes P(3|3|9) an einer Ebene E. Ermitteln Sie eine Gleichung von E.

LÖSUNG

Der Mittelpunkt M der Strecke PP′ liegt in E.
Weiterhin ist der Vektor $\overrightarrow{PP'}$ ein Normalenvektor von E.
Mit P′(1|5|1) und P(3|3|9) ergibt sich M(2|4|5) (vgl. Seite 187).

Mit $\overrightarrow{PP'} = \begin{pmatrix} -2 \\ 2 \\ -8 \end{pmatrix}$ ergibt sich als Gleichung von E in Normalenform:

$$E: \left[\vec{x} - \begin{pmatrix} 2 \\ 4 \\ 5 \end{pmatrix}\right] \cdot \begin{pmatrix} -2 \\ 2 \\ -8 \end{pmatrix} = 0.$$

SPIEGELUNGEN

1. Der Punkt P(3 | 7 | −2) wird an der Geraden
$g: \vec{x} = \begin{pmatrix} 1 \\ -2 \\ 2 \end{pmatrix} + t \cdot \begin{pmatrix} 3 \\ 2 \\ -1 \end{pmatrix};\ t \in \mathbb{R}$
gespiegelt. Berechnen Sie die Koordinaten des Bildpunktes P′.

2. Der Punkt P(−5 | 1 | −4) wird an der Ebene
$E: x_1 - x_2 + 2x_3 - 4 = 0$
gespiegelt. Berechnen Sie die Koordinaten des Bildpunktes P′.

LÖSUNGEN

1. Ist F der Fußpunkt des Lotes von P auf g, so gilt (vgl. Fig.): $\overrightarrow{OP'} = \overrightarrow{OP} + 2 \cdot \overrightarrow{PF}$.
Berechnung der Koordinaten von F:
Es sei H die Hilfsebene, die orthogonal zu g ist und durch P geht.
Ein Richtungsvektor von g ist ein Normalenvektor von H:
$H: \left[\vec{x} - \begin{pmatrix} 3 \\ 7 \\ -2 \end{pmatrix}\right] \cdot \begin{pmatrix} 3 \\ 2 \\ -1 \end{pmatrix} = 0$ bzw. $3x_1 + 2x_2 - x_3 - 25 = 0$.
Setzt man die Koordinaten von g ein, ergibt sich:
$3(1+3t) + 2(-2+2t) - (2-t) - 25 = 0$ mit der Lösung $t = 2$.
Damit ist F(7 | 2 | 0) der Fußpunkt des Lotes von P auf g.
Mit $\overrightarrow{PF} = \begin{pmatrix} 4 \\ -5 \\ 2 \end{pmatrix}$ ergibt sich für den Ortsvektor von P′: $\overrightarrow{OP'} = \begin{pmatrix} 3 \\ 7 \\ -2 \end{pmatrix} + 2 \cdot \begin{pmatrix} 4 \\ -5 \\ 2 \end{pmatrix} = \begin{pmatrix} 11 \\ -3 \\ 2 \end{pmatrix}$; **P′(11 | −3 | 2)**

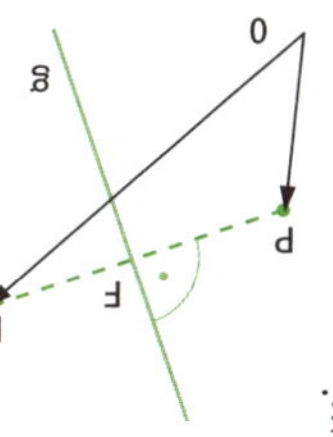

2. Ist F der Fußpunkt des Lotes von P auf E, so gilt (vgl. Fig.): $\overrightarrow{OP'} = \overrightarrow{OP} + 2 \cdot \overrightarrow{PF}$.
Berechnung der Koordinaten von F:
Es sei g die Gerade, die orthogonal zu E ist und durch P geht.
Ein Normalenvektor von E ist $g: \vec{x} = \begin{pmatrix} -5 \\ 1 \\ -4 \end{pmatrix} + t \cdot \begin{pmatrix} 1 \\ -1 \\ 2 \end{pmatrix};\ t \in \mathbb{R}$.
Setzt man die Koordinaten von g in die Gleichung von E ein, ergibt sich:
$-5 + t - (1-t) + 2(-4+2t) - 4 = 0$ mit der Lösung $t = 3$.
Damit ist F(−2 | −2 | 2) der Fußpunkt des Lotes von P auf E.
Mit $\overrightarrow{PF} = \begin{pmatrix} 3 \\ -3 \\ 6 \end{pmatrix}$ ergibt sich für den Ortsvektor von P′:
$\overrightarrow{OP'} = \begin{pmatrix} -5 \\ 1 \\ -4 \end{pmatrix} + 2 \cdot \begin{pmatrix} 3 \\ -3 \\ 6 \end{pmatrix} = \begin{pmatrix} 1 \\ -5 \\ 8 \end{pmatrix}$; **P′(1 | −5 | 8)**

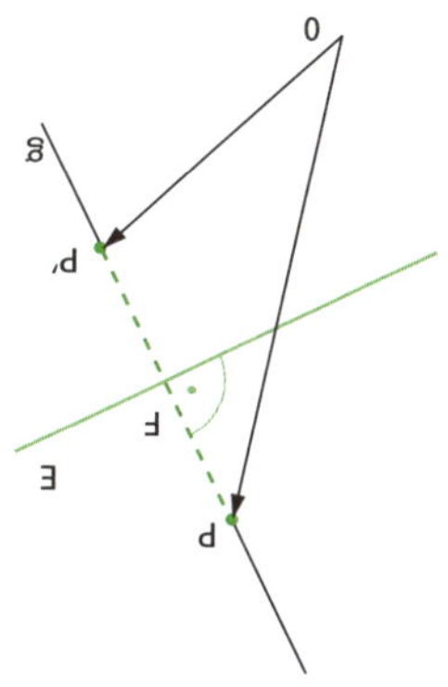

STOCHASTIK

1 BERECHNUNG VON WAHRSCHEINLICHKEITEN

Pfadregeln

In einfachen Fällen eignet sich bei mehrstufigen Zufallsexperimenten zur systematischen Bestimmung aller Ergebnisse ein **Baumdiagramm**.

Mit einem Baumdiagramm kann man aber auch Wahrscheinlichkeiten ermitteln.

1. PFADREGEL (PRODUKTREGEL)

Die Wahrscheinlichkeit für ein Ergebnis erhält man, indem man die Wahrscheinlichkeiten längs des dazugehörigen Pfades multipliziert.

2. PFADREGEL (SUMMENREGEL)

Die Wahrscheinlichkeit eines Ereignisses erhält man, indem man die Wahrscheinlichkeiten der zugehörigen Ergebnisse addiert.

TIPPS

- Häufig genügt auch ein verkürztes Baumdiagramm. In einem solchen Diagramm werden nur die Pfade gezeichnet, die zu den Ergebnissen des betrachteten Ereignisses führen. Für die zu lösende Aufgabe auf Seite 285 erhält man:

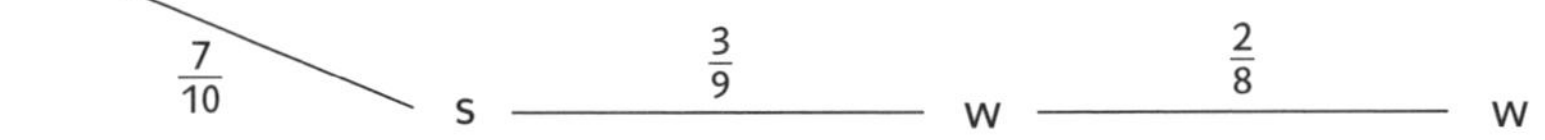

- Ist die Wahrscheinlichkeit eines Ereignisses der Form A: „Mindestens ein Treffer" gesucht, wird die Rechnung vereinfacht, wenn man zum Gegenereignis übergeht: $\overline{A}$: „Kein Treffer".
  Es gilt: $P(A) = 1 - P(\overline{A})$.

PFADREGELN

In einem Gefäß liegen drei weiße und sieben schwarze Kugeln. Es wird dreimal eine Kugel ohne Zurücklegen gezogen. Bestimmen Sie die Wahrscheinlichkeit, dass genau zwei weiße Kugeln gezogen werden.

LÖSUNGEN

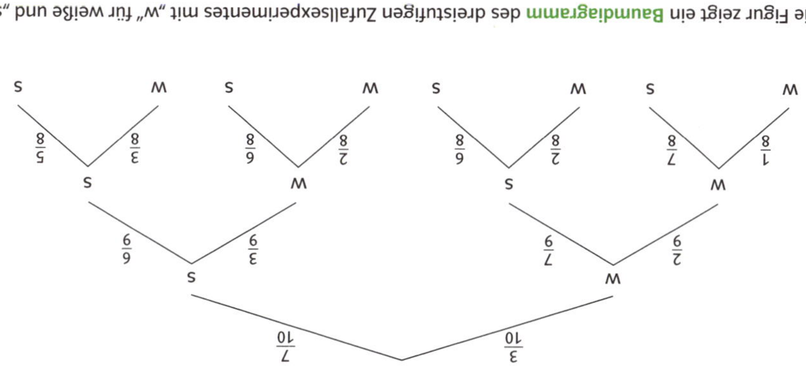

Die Figur zeigt ein **Baumdiagramm** des dreistufigen Zufallsexperimentes mit „w" für weiße und „s" für schwarze Kugel. Mithilfe der 1. Pfadregel (**Produktregel**) und der 2. Pfadregel (**Summenregel**) ergibt sich die Wahrscheinlichkeit für das Ereignis A: Genau zwei weiße Kugeln:

$P(wws) + P(wsw) + P(sww) = \frac{3}{10} \cdot \frac{2}{9} \cdot \frac{7}{8} + \frac{3}{10} \cdot \frac{7}{9} \cdot \frac{2}{8} + \frac{7}{10} \cdot \frac{3}{9} \cdot \frac{2}{8} = \frac{21}{120} = 0{,}175$

ERINNERUNG

Zu dem Ereignis $A \cap B$ (Schnittmenge) gehören alle Ergebnisse, die in A und B zugleich liegen. Das Ereignis A und B tritt also genau dann ein, wenn sowohl A als auch B eintritt.

Zu jedem Ereignis A gibt es ein Gegenereignis $\overline{A}$, das alle Ergebnisse enthält, die nicht zu A gehören.
Man kann P(A) aus $P(\overline{A})$ berechnen, denn es gilt: $P(A) = 1 - P(\overline{A})$.

Zu dem Ereignis $A \cup B$ (Vereinigungsmenge) gehören alle Ergebnisse, die in A oder in B oder in A und B zugleich liegen. Das Ereignis A oder B tritt also genau dann ein, wenn mindestens eines der Ereignisse A, B eintritt.

ADDITIONSSATZ

Um aus P(A) und P(B) die Wahrscheinlichkeit $P(A \cup B)$ zu ermitteln, darf man die Wahrscheinlichkeiten P(A) und P(B) nicht einfach addieren. Fig. 1 verdeutlicht den Sachverhalt:

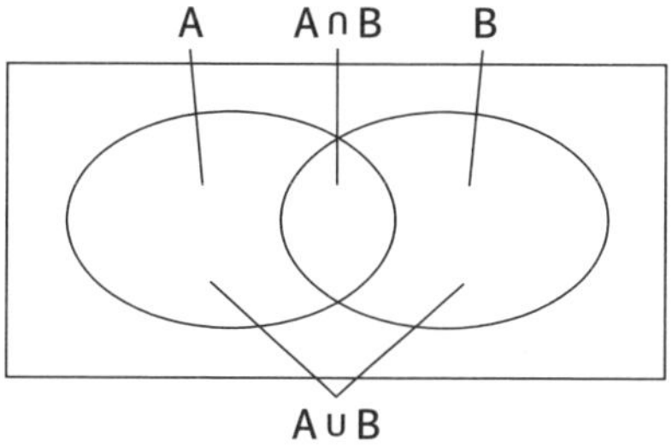

Fig. 1

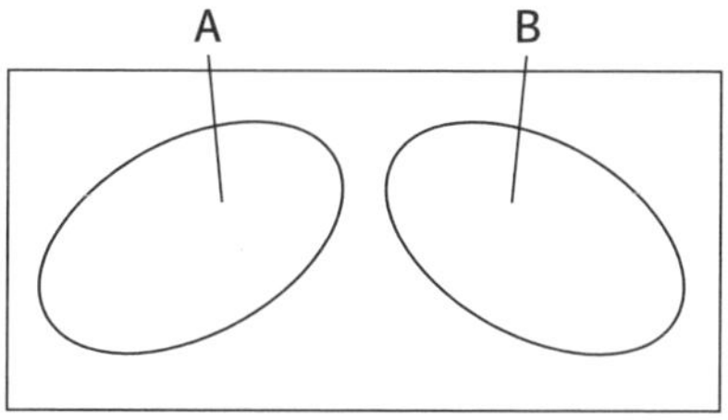

Fig. 2

Addiert man die Flächeninhalte von A und von B, so wird der Inhalt von $A \cap B$ doppelt gezählt. Deshalb gilt:
$P(A \cup B) = P(A) + P(B) - P(A \cap B)$. (Additionssatz)

Nur wenn zu $A \cap B$ keine Ergebnisse gehören (Fig. 2), genügt es, die Wahrscheinlichkeiten zu addieren.
Nur in diesem Fall gilt: $P(A \cup B) = P(A) + P(B)$.

TIPPS

- Sind bei einem Zufallsexperiment alle Ergebnisse gleich wahrscheinlich (z. B. bei Glücksspielen), lässt sich der Additionssatz direkt anwenden, denn die Wahrscheinlichkeiten $P(A)$, $P(B)$ und $P(A \cap B)$ lassen sich in diesem Fall direkt durch systematisches Abzählen bestimmen.
- Komplizierter ist der Fall bei tatsächlichen Anwendungen. Hier ist die Bestimmung von $P(A \cap B)$ schwieriger (vgl. Seite 291).

  Man kann $P(A)$ aus $P(\overline{A})$ berechnen, denn es gilt: $P(A) = 1 - P(\overline{A})$.

ADDITIONSSATZ

Auf den vier gleich großen Feldern eines Glücksrades stehen die Zahlen 1; 2; 3 und 4.
Das Glücksrad wird zweimal gedreht. Betrachtet wird die Summe der Zahlen aus den beiden Drehungen. Mit welcher Wahrscheinlichkeit ist diese Summe ungerade oder mindestens 6?

LÖSUNGEN

A: Die Summe der Zahlen ist ungerade.
B: Die Summe der Zahlen ist mindestens 6.
Gesucht ist $P(A \cup B)$.

Mit dem **Additionssatz** ergibt sich: $P(A \cup B) = P(A) + P(B) - P(A \cap B)$.

Die Ergebnismenge des zweistufigen Zufallsexperimentes hat $4 \cdot 4 = 16$ Elemente.

Beschreibt $1 - 2$ das Ergebnis „1 bei der ersten Drehung und 2 bei der zweiten Drehung", so gilt:
$A = \{1-2;\ 1-4;\ 2-1;\ 2-3;\ 3-2;\ 3-4;\ 4-1;\ 4-3\}$,
$B = \{2-4;\ 3-3;\ 3-4;\ 4-2;\ 4-3;\ 4-4\}$,
$A \cap B = \{3-4;\ 4-3\}$.

Damit ergibt sich: $P(A \cup B) = \frac{8}{16} + \frac{6}{16} - \frac{2}{16} = \frac{12}{16} = \frac{3}{4}$.

Bei einer Untersuchung wurden 850 Personen befragt, ob sie Brillenträger sind und ob sie eine Rot-Grün-Sehschwäche haben. Die Vierfeldertafeln (Fig. 1; Fig. 2) enthalten die ermittelten Anzahlen.

	A	$\overline{A}$	
B	80	6	86
$\overline{B}$	350	414	764
	430	420	850

A: Person ist männlich;
B: Person hat Rot-Grün-Sehschwäche

Fig. 1

	A	$\overline{A}$	
B	26	24	50
$\overline{B}$	404	396	800
	430	420	850

A: Person ist männlich;
B: Person ist Brillenträger

Fig. 2

Mit den Daten aus Fig. 1 ergibt sich: $P(A) = \frac{430}{850} \approx 0{,}5059$; $P(B) = \frac{86}{850} \approx 0{,}1012$;
$P(A \cap B) = \frac{80}{850} \approx 0{,}0941$; $P(A) \cdot P(B) = \frac{430}{850} \cdot \frac{86}{850} \approx 0{,}0512$.
Damit ist $P(A \cap B) \neq P(A) \cdot P(B)$.

Mit den Daten aus Fig. 2 ergibt sich: $P(A) = \frac{430}{850} \approx 0{,}5059$; $P(B) = \frac{50}{850} \approx 0{,}0588$;
$P(A \cap B) = \frac{26}{850} \approx 0{,}0306$; $P(A) \cdot P(B) = \frac{430}{850} \cdot \frac{50}{850} \approx 0{,}0298$.
Damit ist $P(A \cap B) \approx P(A) \cdot P(B)$.

Männer haben häufiger eine Rot-Grün-Sehschwäche als Frauen. Der Anteil dieser Sehschwäche ist also abhängig vom Geschlecht. Bei Brillenträgern ist dies anders. Männer und Frauen sind etwa gleich häufig Brillenträger. Das Merkmal „Brillenträger" ist also unabhängig vom Geschlecht.

Diese Sprechweise überträgt man in der Stochastik auf beliebige Ereignisse und definiert:
Zwei Ereignisse A und B sind genau dann unabhängig, wenn gilt:
$P(A \cap B) = P(A) \cdot P(B)$.

Man nennt diese Beziehung Multiplikationssatz.
Man kann zeigen: Sind A und B unabhängig, dann sind auch $\overline{A}$ und $\overline{B}$, A und $\overline{B}$, $\overline{A}$ und B voneinander unabhängig.

Wichtige Folgerung: Bei Unabhängigkeit der Ereignisse A und B vereinfacht sich der Additionssatz zu:
$P(A \cup B) = P(A) + P(B) - P(A) \cdot P(B)$.

TIPPS

- Bei den Aufgaben zur Unabhängigkeit von Ereignissen kann man zwei Typen unterscheiden:
  Die Ereignisse sollen auf **Unabhängigkeit untersucht** werden; dann überprüft man die Gleichung $P(A \cap B) = P(A) \cdot P(B)$.
  Oder aber man setzt die **Unabhängigkeit voraus**. Dann verwendet man die angegebene Gleichung zur Bestimmung von $P(A \cap B)$.
- Die **Unabhängigkeit** von Ereignissen darf nicht verwechselt werden mit der **Unvereinbarkeit** von Ereignissen. Bei der Unvereinbarkeit handelt es sich um eine Eigenschaft der Ereignisse A und B.
  Man nennt A, B unvereinbar, wenn $A \cap B = \{\ \}$ gilt.
  Bei der Unabhängigkeit handelt es sich um eine Eigenschaft ihrer Wahrscheinlichkeiten.
  Sie ist deshalb auch oft nicht sofort ersichtlich.

MULTIPLIKATIONSSATZ

1. Bei der Kontrolle einer Abfüllanlage von Flaschen enthalten 5 von 100 Flaschen nicht die vorgesehene Füllmenge und 7 von 150 Flaschen sind nicht korrekt verschlossen. Mit welcher Wahrscheinlichkeit hat eine zufällig herausgegriffene Flasche keinen der beiden Fehler?

2. In einer Schale liegen zwei Kugeln mit der Zahl 1, zwei Kugeln mit der Zahl 4 und je eine Kugel mit der Zahl 2 bzw. 3. Es werden zwei Kugeln mit Zurücklegen gezogen. Betrachtet werden die folgenden Ereignisse.
   A: Bei beiden Ziehungen erscheinen zwei gleiche Zahlen.
   B: Die Summe der beiden gezogenen Zahlen ist höchstens 4.
   Untersuchen Sie die Ereignisse A und B auf Unabhängigkeit.

LÖSUNGEN

1. A: Eine Flasche hat nicht die vorgesehene Füllmenge.
   B: Eine Flasche ist nicht korrekt verschlossen.
   Gesucht ist die Wahrscheinlichkeit $P(\overline{A} \cap \overline{B})$.
   Aufgrund der Beschreibung der Situation kann man davon ausgehen, dass die Ereignisse A, B und damit auch die Ereignisse $\overline{A}$ und $\overline{B}$ voneinander unabhängig sind. Dann gilt:
   $P(\overline{A} \cap \overline{B}) = P(\overline{A}) \cdot P(\overline{B}) = \frac{95}{100} \cdot \frac{143}{150} \approx 0{,}9057$.
   Fast 91 % der Flaschen haben keinen der beiden Fehler.

2. $A = \{1-1; 2-2; 3-3; 4-4\}$; $B = \{1-1; 1-2; 1-3; 2-1; 2-2; 3-1\}$; $A \cap B = \{1-1; 2-2\}$;
   $P(A) = \frac{1}{9} + \frac{1}{36} + \frac{1}{36} + \frac{1}{9} = \frac{5}{18}$; $P(B) = \frac{1}{9} + \frac{1}{18} + \frac{1}{18} + \frac{1}{18} + \frac{1}{36} + \frac{1}{18} = \frac{13}{36}$;
   $P(A \cap B) = \frac{1}{9} + \frac{1}{36} = \frac{5}{36}$; $P(A) \cdot P(B) = \frac{5}{18} \cdot \frac{13}{36}$.
   Da $P(A \cap B) \neq P(A) \cdot P(B)$ ist, sind die Ereignisse A und B voneinander abhängig.

2 BINOMIALVERTEILUNG

Zufallsvariable; Wahrscheinlichkeitsverteilung

Eine Münze wird dreimal geworfen. Spieler B zahlt an Spieler A einen Euro, wenn höchstens einmal Wappen fällt. A zahlt an B zwei Euro, wenn zweimal Wappen fällt. Fällt dreimal Wappen, zahlt keiner der Spieler.
Die Zufallsvariable X beschreibt den Gewinn von A in Euro.
Steht Z für „Zahl" und W für „Wappen", ordnet X den Ergebnissen ZZZ; ZZW; ZWZ; WZZ jeweils den Wert 1 zu; entsprechend ZWW; WWZ; WZW jeweils den Wert −2 und WWW den Wert 0.
Da nicht die einzelnen Ergebnisse, sondern nur der Gewinn von Interesse ist, interessiert man sich dafür, mit welchen Wahrscheinlichkeiten die Werte der Zufallsvariablen angenommen werden. Mit einem Baumdiagramm erhält man: Der Wert +1 wird mit der Wahrscheinlichkeit $\frac{1}{2}$, der Wert −2 mit der Wahrscheinlichkeit $\frac{3}{8}$ und die 0 mit der Wahrscheinlichkeit $\frac{1}{8}$ angenommen.
Diese Wahrscheinlichkeiten nennt man Wahrscheinlichkeitsverteilung der Zufallsvariablen X und notiert diese meistens in Form einer Tabelle.

x_i	0	+1	−2
$P(X = x_i)$	$\frac{1}{8}$	$\frac{1}{2}$	$\frac{3}{8}$

Der durchschnittlich zu erwartende Gewinn (in Euro) ist $0 \cdot \frac{1}{8} + 1 \cdot \frac{1}{2} + (-2) \cdot \frac{3}{8} = -0{,}25$.

Der Spieler A wird also auf lange Sicht 25 Cent pro Spiel verlieren. Man nennt diesen Wert Erwartungswert von X. Er wird mit E(X) oder auch mit $\mu(X)$, kurz μ (lies Mü) bezeichnet.

Allgemein:
Ist X eine Zufallsvariable, welche die Werte $x_1, \ldots, x_n$ annehmen kann, nennt man die Tabelle

x_i	x_1	x_2	...	x_n
$P(X = x_i)$	$P(X = x_1)$	$P(X = x_2)$	...	$P(X = x_n)$

Wahrscheinlichkeitsverteilung und die Zahl
$E(X) = \mu = x_1 \cdot P(X = x_1) + x_2 \cdot P(X = x_2) + \ldots + x_n \cdot P(X = x_n)$
Erwartungswert der Zufallsvariablen X.

Ein Spiel heißt **fair**, wenn der Erwartungswert des Gewinns für jeden Spieler null ist.

TIPPS

- Stellen Sie vor der Ermittlung einer Wahrscheinlichkeitsverteilung einer Zufallsvariablen X fest, welche Werte X annehmen kann.
- Die zugehörigen Wahrscheinlichkeiten kann man ermitteln
  1. durch ein Baumdiagramm,
  2. durch systematisches Abzählen,
  3. mithilfe der Kombinatorik,
  4. mithilfe des Additions- und Multiplikationssatzes.

ZUFALLSVARIABLE; WAHRSCHEINLICHKEITSVERTEILUNG

In einer Schale liegen drei weiße und zwei schwarze Kugeln. Es wird solange eine Kugel ohne Zurücklegen gezogen, bis die erste weiße Kugel erscheint.

a) Zeichnen Sie ein Baumdiagramm.

b) Führen Sie eine Zufallsvariable X ein. Welche Werte kann X annehmen?

c) Ermitteln Sie die Wahrscheinlichkeitsverteilung von X.

d) Wie oft muss man im Mittel ziehen?

LÖSUNGEN

a)

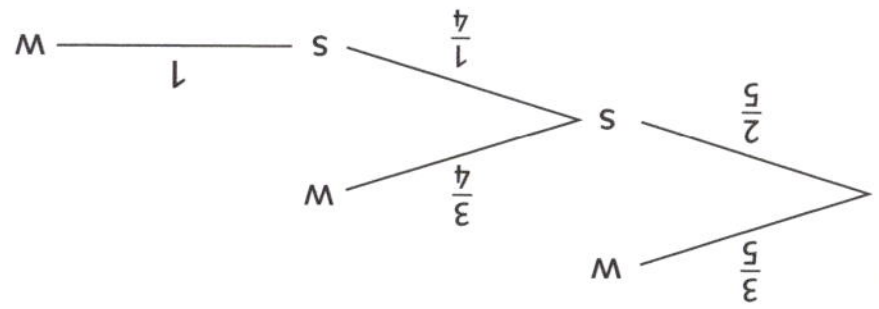

b) X: Anzahl der Ziehungen;
X kann die Werte 1; 2; 3 annehmen.

c)

x_i	1	2	3
$P(X = x_i)$	$\frac{3}{5}$	$\frac{2}{5} \cdot \frac{3}{4} = \frac{3}{10}$	$\frac{2}{5} \cdot \frac{1}{4} \cdot 1 = \frac{1}{10}$

d) $E(X) = 1 \cdot \frac{3}{5} + 2 \cdot \frac{3}{10} + 3 \cdot \frac{1}{10} = 1{,}5$

Auf lange Sicht muss man im Mittel 1,5-mal ziehen.

Bei vielen Zufallsexperimenten interessieren nur zwei Ergebnisse, die oft „Treffer“ und „Niete“ genannt werden. Man spricht dann von Bernoulli-Experimenten. Wird ein Bernoulli-Experiment n-mal durchgeführt und sind die Durchführungen voneinander unabhängig, erhält man eine Bernoulli-Kette der Länge n.

Beschreibt die Zufallsvariable X die Anzahl der Treffer und ist p die Wahrscheinlichkeit für einen Treffer, so erhält man die Wahrscheinlichkeit für r Treffer bei n Durchführungen mithilfe der Formel von Bernoulli:

$P(X = r) = \binom{n}{r} \cdot p^r \cdot (1-p)^{n-r}$. Hierfür schreibt man auch $B_{n;p}(r)$.

Die Wahrscheinlichkeitsverteilung der Zufallsvariablen X heißt Binomialverteilung mit den Parametern n und p.

Für die kumulierte Wahrscheinlichkeit $P(X \leq r)$, also für die Summenwahrscheinlichkeit $P(X = 0) + \ldots + P(X = r)$, schreibt man $F_{n;p}(r)$.

Sowohl $B_{n;p}(r)$ als auch $F_{n;p}(r)$ lassen sich mit einem WTR (oder GTR) ermitteln.

Eine binomialverteilte Zufallsvariable X mit den Parametern n und p hat den Erwartungswert $\mu = n \cdot p$.

X nimmt ihre größte Wahrscheinlichkeit beim oder in der Nähe des Erwartungswertes an.

ERKENNEN EINER BERNOULLI-KETTE

Entscheidend für das Vorliegen einer Bernoulli-Kette ist, dass sich die Wahrscheinlichkeit für Treffer bei wiederholter Durchführung des Bernoulli-Versuchs nicht ändert. Dies ist beim Werfen einer Münze oder eines Würfels der Fall. Aber auch bei Ziehungen mit Zurücklegen aus einer Urne.

Bei Anwendungen wird häufig im mathematischen Modell aus einer Urne ohne Zurücklegen gezogen (z. B. bei Qualitätskontrollen, wo überprüfte Teile nicht wieder zurückgelegt werden). Enthält die Urne aber sehr viele Kugeln, kann man mit guter Näherung von einer konstanten Trefferwahrscheinlichkeit ausgehen und mit einer Bernoulli-Kette arbeiten.

TIPPS

- Bei Bernoulli-Ketten wird häufig nach der Wahrscheinlichkeit für eine Mindestanzahl gefragt. In solchen Fällen ist der Übergang zum Gegenereignis sinnvoll, z. B. $P(X \geq 1) = 1 - P(X = 0)$.
- Bei der Berechnung von Intervallwahrscheinlichkeiten wie z. B. $P(X \geq 13 \text{ und } X < 20)$ ist es ratsam, sich die Situation an einem Zahlenstrahl zu verdeutlichen.

FORMEL VON BERNOULLI

In einer Stadt gehen die Verkehrsbetriebe davon aus, dass der Anteil der sogenannten Schwarzfahrer 3,5 Prozent beträgt. Bei Kontrollen wird bei einer gewissen Anzahl von Fahrgästen überprüft, ob sie einen gültigen Fahrschein vorzeigen können oder nicht.

a) Führen Sie eine Zufallsvariable ein und begründen Sie deren Wahrscheinlichkeitsverteilung.

b) Ein Kontroll-Team überprüft 40 Fahrgäste. Bestimmen Sie die Wahrscheinlichkeiten der folgenden Ereignisse:
A: Genau zwei Fahrgäste sind Schwarzfahrer,
B: Mindestens ein Fahrgast ist Schwarzfahrer,
C: Mindestens zwei Fahrgäste sind Schwarzfahrer.

c) Ein Kontroll-Team überprüft 60 Fahrgäste. Mit wie vielen Schwarzfahrern kann das Team rechnen?

LÖSUNGEN

a) Da die Anzahl der Fahrgäste sehr hoch ist, wird die Wahrscheinlichkeit für Schwarzfahrer auch bei Ziehungen ohne Zurücklegen praktisch nicht geändert. Man kann also von einer Bernoulli-Kette mit der Wahrscheinlichkeit $p = 0{,}035$ für Treffer ausgehen. Beschreibt die Zufallsvariable X die Anzahl der Schwarzfahrer bei n Überprüfungen, so ist X binomialverteilt mit den Parametern n und p.

b) Es liegt eine Bernoulli-Kette der Länge $n = 40$ vor mit der Trefferwahrscheinlichkeit $p = 0{,}035$.

$P(A) = P(X = 2) = \binom{40}{2} \cdot 0{,}035^2 \cdot 0{,}965^{38} = 780 \cdot 0{,}035^2 \cdot 0{,}965^{38} \approx 0{,}2468$

Mit einem WTR (oder GTR) erhält man mit binompdf $P(X = 2) \approx 0{,}2468$.

$P(B) = P(X \geq 1) = 1 - P(X = 0) = 1 - \binom{40}{0} \cdot 0{,}035^0 \cdot 0{,}965^{40} = 1 - 1 \cdot 0{,}965^{40} \approx 0{,}7595$

Mit einem WTR erhält man $P(X \geq 1) = 1 - P(X = 0) \approx 1 - 0{,}2405 = 0{,}7595$.
$P(C) = P(X \geq 2) = 1 - P(X \leq 1)$

Mit einem WTR erhält man mit binomcdf:
$P(C) = P(X \geq 2) = 1 - P(X \leq 1) \approx 1 - 0{,}5894 = 0{,}4106$.

c) Mit $n = 60$ und $p = 0{,}035$ ergibt sich $\mu = 60 \cdot 0{,}035 = 2{,}1$.
Der Kontrolleur kann also mit rund 2 Schwarzfahrern rechnen.

Die einfachste der sogenannten „Drei-Mindestens-Aufgaben" ist die Frage nach mindestens einem Treffer (vgl. Aufgabe a) auf Seite 305). Diese Variante lässt sich ohne WTR rechnerisch lösen.
Aus $P(X \geq 1) \geq 0{,}9$ folgt $1 - P(X = 0) \geq 0{,}9$, dann mit der Formel von Bernoulli:
$1 - \binom{n}{0} \cdot 0{,}09^0 \cdot 0{,}91^n \geq 0{,}9$ und hieraus $1 - 0{,}91^n \geq 0{,}9$ bzw. $-0{,}91^n \geq -0{,}1$ und dann $0{,}91^n \leq 0{,}1$.

(Beachten Sie: Bei Division der Ungleichung durch −1 dreht sich das Zeichen um.)
Logarithmieren ergibt: $n \cdot \ln(0{,}91) \leq \ln(0{,}1)$.
Da $\ln(0{,}91) \leq 0$ ist, dreht sich bei Division der Ungleichung erneut das Zeichen um:
$n \geq \frac{\ln(0{,}1)}{\ln(0{,}91)} \approx 24{,}4.$

Wie man sieht, tritt bei dieser Aufgabe die Anzahl n nur im Exponenten auf.
Die Ungleichung lässt sich daher durch Logarithmieren lösen.
Bei der Ungleichung $P(X \geq 2) \geq 0{,}9$ in der Aufgabe b) ist dies nicht der Fall:
Aus $P(X \geq 2) \geq 0{,}9$ folgt $1 - P(X \leq 1) \geq 0{,}9$ und hieraus $1 - [P(X = 0) + P(X = 1)] \geq 0{,}9$.
Mit der Formel von Bernoulli ergibt sich:
$1 - [0{,}96^n + n \cdot 0{,}04^1 \cdot 0{,}96^{n-1}] \geq 0{,}9$.
In dieser Ungleichung kommt n sowohl als Faktor als auch als Exponent vor.
Eine solche Ungleichung lässt sich nicht durch Logarithmieren lösen.
Es bleibt das systematische Probieren mit dem WTR.
Entsprechende Überlegungen gelten für die Aufgabe c) auf Seite 305.

HINWEIS ZUR LÖSUNG MIT GTR

Um z. B. die Ungleichung $P(X \leq 4) \leq 0{,}1$ aus Aufgabe c) auf Seite 305 mit dem GTR zu lösen, gibt man binomcdf (X,0.09,4) als Funktionsterm ein und lässt sich die Funktionswerte als Tabelle ausgeben.

TIPPS

- Beachten Sie: Alle Varianten der sogenannten „Drei-Mindestens-Aufgabe“ lassen sich durch systematisches Probieren mit dem WTR lösen. Nur die Frage nach „mindestens einem Treffer“ lässt sich exakt lösen.
- Wenn aus sprachlichen Gründen z. B. ein „mindestens“ durch „mehr als“ ersetzt wird, muss das zugehörige Größer-Gleich-Zeichen durch das Größer-Zeichen ersetzt werden.

MODELLIEREN MIT DER BINOMIALVERTEILUNG; ERMITTLUNG VON n

Etwa 9 Prozent der männlichen Bevölkerung haben die Rot-Grün-Sehschwäche. Wie viele Männer muss man mindestens untersuchen, um mit einer Wahrscheinlichkeit von mindestens 90 Prozent

a) mindestens einen Mann,

b) mindestens zwei Männer,

c) mindestens fünf Männer

mit der Rot-Grün-Sehschwäche zu finden?

LÖSUNGEN

a) X: Mann hat die Rot-Grün-Sehschwäche; n: Anzahl der untersuchten Männer; $p = 0{,}09$
Gesucht: n; Ansatz: $P(X \geq 1) \geq 0{,}9$. Hieraus folgt: $1 - P(X = 0) \geq 0{,}9$ bzw. $P(X = 0) \leq 0{,}1$.
Mit einem WTR erhält man:
$n = 24$: $P(X = 0) \approx 0{,}1040$;
$n = 25$: $P(X = 0) \approx 0{,}0946$.
Man muss also mindestens 25 männliche Bundesbürger untersuchen, um **mindestens einen** mit der Rot-Grün-Sehschwäche zu finden.

b) Ansatz: $P(X \geq 2) \geq 0{,}9$. Hieraus folgt: $1 - P(X \leq 1) \geq 0{,}9$ bzw. $P(X \leq 1) \leq 0{,}1$.
Mit einem WTR erhält man:
$n = 41$: $P(X \leq 1) \approx 0{,}1058$;
$n = 42$: $P(X \leq 1) \approx 0{,}0981$.
Man muss also mindestens 42 männliche Bundesbürger untersuchen, um **mindestens zwei** mit der Rot-Grün-Sehschwäche zu finden.

c) Ansatz: $P(X \geq 5) \geq 0{,}9$. Hieraus folgt: $1 - P(X \leq 4) \geq 0{,}9$ bzw. $P(X \leq 4) \leq 0{,}1$.
Mit einem WTR erhält man:
$n = 86$: $P(X \leq 4) \approx 0{,}1043$;
$n = 87$: $P(X \leq 4) \approx 0{,}0988$.
Man muss also mindestens 87 männliche Bundesbürger untersuchen, um **mindestens fünf** mit der Rot-Grün-Sehschwäche zu finden.

Mit Binomialverteilungen kann man unterschiedliche Fragestellungen modellieren. Die häufigsten Fragen lassen sich wie folgt beschreiben:

1. Berechnung von Wahrscheinlichkeiten, wenn die Anzahl n der Durchführungen und die Trefferwahrscheinlichkeit p gegeben sind.
2. Berechnung der unbekannten Anzahl n von Durchführungen, wenn die Trefferwahrscheinlichkeit p und eine Summenwahrscheinlichkeit P gegeben sind.
3. Berechnung der unbekannten Trefferwahrscheinlichkeit p, wenn die Anzahl n der Durchführungen und eine Summenwahrscheinlichkeit P gegeben sind.

Zu 1.: Wahrscheinlichkeiten der Form $B_{n;p}(r)$ oder $F_{n;p}(r)$ lassen sich direkt mit dem Rechner bestimmen (vgl. Seite 298). Aber auch Intervallwahrscheinlichkeiten wie z. B. $P(35 \leq X \leq 40)$ schreibt man um in $P(X \leq 40) - P(X \leq 34)$ und ist damit auch mit dem Rechner bestimmbar.

Zu 2.: Bei dieser Fragestellung müssen die Trefferwahrscheinlichkeit und eine Summenwahrscheinlichkeit gegeben sein (vgl. Seite 302 ff.). Da die gesuchte Anzahl n der Durchführungen eine ganze Zahl ist, lässt sich diese durch sytematisches Probieren mit dem Rechner bestimmen.

Zu 3.: Auch die unbekannte Trefferwahrscheinlichkeit p lässt sich mit dem Rechner bestimmen. Da aber p eine reelle Zahl ist, welche die Bedingung $0 < p < 1$ erfüllen muss, ist die Bestimmung – je nach Genauigkeit – durch systematisches Probieren mühsamer (vgl. Aufgabe b) auf Seite 309).

HINWEIS ZUR LÖSUNG MIT GTR

Um in der Aufgabe b) auf Seite 309 die Trefferwahrscheinlichkeit p mit dem GTR zu bestimmen, gibt man beispielsweise binomcdf(20,X,1) und 0,8 als Funktionsterme ein und ermittelt den Schnittpunkt beider Graphen.

TIPPS

- Führen Sie bei allen Fragestellungen zunächst eine Zufallsvariable ein und überlegen Sie, welche Größen gegeben bzw. gesucht sind.
- Formulieren Sie zur Bestimmung von n bzw. p zunächst einen Ansatz in Form einer Ungleichung. Eine Lösung mit dem WTR (oder GTR) ist immer möglich. Überlegen Sie aber, ob die Ungleichung exakt lösbar ist. Dies ist z. B. bei der Bestimmung von n der Fall, wenn die Wahrscheinlichkeit für das Ereignis **„mindestens ein Treffer"** gesucht ist.

MODELLIEREN MIT DER BINOMIALVERTEILUNG; ERMITTLUNG VON p

Bei der Produktion eines Massenartikels ist ein Artikel mit der Wahrscheinlichkeit p defekt. Wie groß darf p höchstens sein, damit mit einer Wahrscheinlichkeit von mindestens 80 Prozent von 20 Artikeln

a) kein Artikel,

b) höchstens ein Artikel

defekt ist?

LÖSUNGEN

a) X: Anzahl der defekten bei einer Produktion von 20 Artikeln
Die Zufallsvariable X ist binomialverteilt mit $n = 20$ und gesuchtem p.

Ansatz: $P(X = 0) \geq 0{,}8$

Aus $\binom{20}{0} \cdot p^0 \cdot (1-p)^{20} \geq 0{,}8$ folgt $(1-p)^{20} \geq 0{,}8$ und hieraus

$1 - p \geq \sqrt[20]{0{,}8}$, $-p \geq \sqrt[20]{0{,}8} - 1$, $p \leq 1 - \sqrt[20]{0{,}8} \approx 0{,}0111$.

Keinen defekten Artikel unter 20 Artikeln erhält man mit mindestens 80 Prozent Wahrscheinlichkeit, wenn ein Artikel höchstens mit einer Wahrscheinlichkeit von rund 1,1 Prozent defekt ist.

b) Ansatz: $P(X \leq 1) \geq 0{,}8$

Hieraus folgt: $\binom{20}{0} \cdot p^0 \cdot (1-p)^{20} + \binom{20}{1} \cdot p^1 \cdot (1-p)^{19} \geq 0{,}8$ bzw.

$(1-p)^{20} + 20 \cdot p^1 \cdot (1-p)^{19} \geq 0{,}8$. Diese Ungleichung ist nicht wie in Aufgabe a) exakt lösbar.

c) Bestimmung von p aus der Bedingung $P(X \leq 1) \geq 0{,}8$ mit dem WTR:
$p = 0{,}03$: $P(X \leq 1) \approx 0{,}88$,
$p = 0{,}04$: $P(X \leq 1) \approx 0{,}81$,
$p = 0{,}05$: $P(X \leq 1) \approx 0{,}74$.
Höchstens einen defekten Artikel unter 20 Artikeln erhält man mit mindestens 80 Prozent Wahrscheinlichkeit, wenn ein Artikel höchstens mit einer Wahrscheinlichkeit von rund 4 Prozent defekt ist.

Wenn von einem Medikament behauptet wird, dass es in mindestens 80 Prozent der Fälle wirkt, erwartet man bei einer Überprüfung eine große Zahl positiver Wirkungen. Bei einer kleinen Zahl würde man an eine Überprüfung der Angabe denken. Man würde einen linksseitigen Test durchführen.

Die einzelnen Schritte eines solchen Tests sind:

1. Festlegung der Hypothesen: $H_0: p \geq p_0$; $H_1: p < p_0$
2. Festlegung des Stichprobenumfangs n und der Irrtumswahrscheinlichkeit α
3. Einführung einer Zufallsvariablen X mit zugehöriger Verteilung
4. Bestimmung des Annahmebereichs $A = \{a; \ldots; n\}$ bzw. des Ablehnungsbereichs $\overline{A} = \{0; \ldots; a-1\}$:
   Man ermittelt mithilfe eines WTR die Zahl a als kleinste Zahl, welche die Bedingung $P(X \leq a) > \alpha$ erfüllt, denn dann gilt: $P(X < a) \leq \alpha$.
5. Entscheidung aufgrund eines konkreten Stichprobenergebnisses oder Angabe einer Entscheidungsregel.

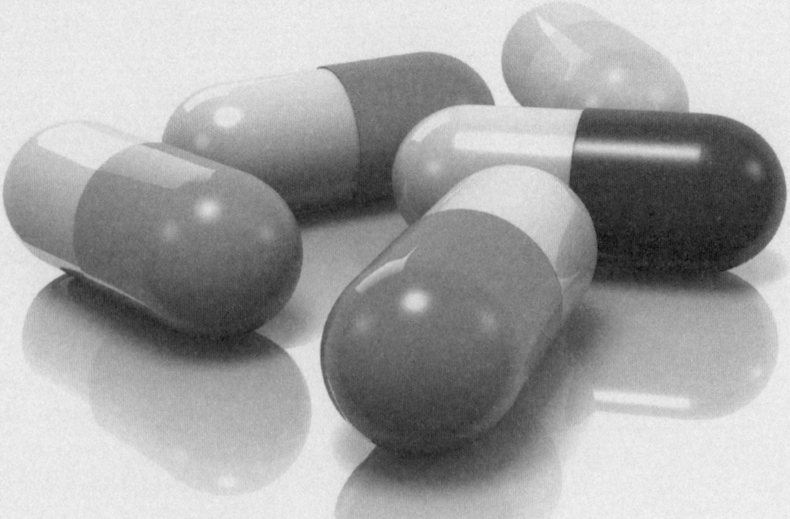

Wenn von einer Lieferung behauptet wird, dass höchstens 3 Prozent der Teile defekt sind, erwartet man bei einer Überprüfung eine kleine Zahl defekter Teile. Bei einer großen Zahl würde man an eine Überprüfung der Angabe denken. Man würde einen rechtsseitigen Test durchführen.

1. Festlegung der Hypothesen: $H_0: p \leq p_0$; $H_1: p > p_0$
2. Festlegung des Stichprobenumfangs n und der Irrtumswahrscheinlichkeit α
3. Einführung einer Zufallsvariablen X mit zugehöriger Verteilung
4. Bestimmung des Annahmebereichs $A = \{0; \ldots; b\}$ bzw. des Ablehnungsbereichs $\overline{A} = \{b+1; \ldots; n\}$:
   Man ermittelt mithilfe eines WTR die Zahl b als kleinste Zahl, welche die Bedingung $P(X \leq b) > 1 - \alpha$ erfüllt, denn dann gilt $P(X > b) \leq \alpha$.
5. Entscheidung aufgrund eines konkreten Stichprobenergebnisses oder Angabe einer Entscheidungsregel.

TIPPS

- Überlegen Sie bei einem Test immer zuerst, ob sehr kleine oder sehr große Stichprobenwerte zur Ablehnung einer Hypothese führen. Diese Überlegung verdeutlicht, ob ein linksseitiger oder rechtsseitiger Test durchgeführt werden muss.
- Bei einem Signifikanztest interessiert meistens der Ablehnungsbereich $\overline{A}$. Sowohl beim linksseitigen als auch beim rechtsseitigen Test sind aber die Grenzen des Annahmebereiches A einfacher zu ermitteln. Danach kann man dann den Ablehnungsbereich $\overline{A}$ angeben. Verdeutlichen Sie sich jeweils die Lage des Annahme- bzw. Ablehnungsbereichs und damit die Lage von a bzw. b auf einem Zahlenstrahl.

Bei einem Signifikanztest wird die Entscheidung darüber, ob die Nullhypothese abgelehnt wird oder nicht, aufgrund des Ergebnisses eines Zufallsexperimentes getroffen. Folglich können bei dieser Entscheidung Fehler begangen werden.
Wenn die Nullhypothese abgelehnt wird, obwohl sie richtig ist, spricht man von einem Fehler 1. Art.
Die Wahrscheinlichkeit für einen Fehler 1. Art ist gleich der Irrtumswahrscheinlichkeit α. Sie wird meistens bei einem Signifikanztest vorgegeben.
Einen ganz anderen Fehler begeht man, wenn ein Wert aus dem Annahmebereich auftritt und hierdurch die Nullhypothese nicht abgelehnt werden kann, obwohl sie in Wirklichkeit falsch ist. Dieser Fehler heißt Fehler 2. Art.
Die Wahrscheinlichkeit für einen Fehler 2. Art wird oft mit β bezeichnet.

Übersicht		Zustand der Wirklichkeit	
		H_0 wahr	H_0 falsch
Entscheidung: Die Hypothese H_0 wird	abgelehnt	Fehler 1. Art	Richtige Entsch.
	beibehalten	Richtige Entsch.	Fehler 2. Art

Fehler 1. Art: Eine richtige Hypothese wird abgelehnt.
Fehler 2. Art: Eine falsche Hypothese wird nicht abgelehnt.

TIPPS

- Bei der Berechnung der Wahrscheinlichkeit für einen Fehler ist es ratsam, eine Zufallsvariable einzuführen. Notieren Sie, wie diese verteilt ist; n bleibt gleich, aber p ändert sich. Mit der Zufallsvariablen lassen sich die gesuchten Wahrscheinlichkeiten mithilfe von Ungleichungen ausdrücken.
- Ohne Zufallsvariable müssen Sie z. B. die Wahrscheinlichkeit β für einen Fehler 2. Art als Summe darstellen.

BINOMIALVERTEILUNG; SIGNIFIKANZTEST

1. Ein Pharmakonzern hat ein Medikament entwickelt und behauptet, dass es in mindestens 80 Prozent aller Fälle wirkt. Bei einer Überprüfung an 100 Personen stellte man fest, dass das Medikament nur bei 74 Personen Wirkung gezeigt hat. Kann man mit einer Irrtumswahrscheinlichkeit von höchstens 5 % einen Widerspruch gegen die Behauptung des Konzerns ableiten?

2. Eine Firma erhält regelmäßig Lieferungen einer Ware, von der der Hersteller behauptet, dass der Ausschussanteil höchstens 3 Prozent beträgt. Nach mehreren Lieferungen hat die Firma den Verdacht, dass der Ausschussanteil höher ist. Die Firma überprüft daher, indem sie einer Lieferung 50 Teile entnimmt. Formulieren Sie die Entscheidungsregel für die Nullhypothese H_0: $p \le 0{,}03$, wenn die Irrtumswahrscheinlichkeit höchstens 5 % beträgt.

LÖSUNGEN

1. X: Anzahl der Personen unter 100, bei denen das Medikament die angegebene Wirkung zeigt.
Nullhypothese: H_0: $p \ge 0{,}8$; Gegenhypothese: H_1: $p < 0{,}8$.
Es handelt sich um einen linksseitigen Test. X ist bei wahrer Nullhypothese im ungünstigsten Fall $B_{100;0,8}$-verteilt. Ermittlung des **Annahmebereichs** $A = \{a; \ldots; 100\}$:
Ist a die kleinste Zahl, für welche die Bedingung $P(X \le a) > 0{,}05$ erfüllt ist, so gilt $P(X < a) \le 0{,}05$.
Mit dem WTR (oder GTR) ergeben sich mit binomcdf die Werte:
$F_{100;0,8}(71) \approx 0{,}0200$; $F_{100;0,8}(72) \approx 0{,}0342$; $F_{100;0,8}(73) \approx 0{,}0558$. Also ist $a = 73$.
Bestimmung des **Ablehnungsbereichs** $\overline{A} = \{0; \ldots; a-1\}$: Mit $a = 73$ ergibt sich $\overline{A} = \{0; \ldots; 72\}$.
Entscheidung: Da 74 nicht im Ablehnungsbereich liegt, kann man aus dem Testergebnis keinen Widerspruch gegen die Behauptung des Konzerns ableiten. Wegen $P(X \le 72) \approx 0{,}0342$ beträgt die Irrtumswahrscheinlichkeit rund 3 Prozent.

2. X: Anzahl der Ausschussteile unter 50 gezogenen Teilen. H_0: $p \le 0{,}03$; H_1: $p > 0{,}03$.
Es handelt sich um einen rechtsseitigen Test. X ist bei wahrer Nullhypothese im ungünstigsten Fall $B_{50;0,03}$-verteilt. Ermittlung des **Annahmebereichs** $A = \{0; \ldots; b\}$:
Ist b die kleinste Zahl, für welche die Bedingung $P(X \le b) > 0{,}95$ erfüllt ist, so gilt $P(X > b) \le 0{,}05$.
Mit dem WTR (oder GTR) ergeben sich mit binomcdf die Werte:
$F_{50;0,03}(2) \approx 0{,}8108$; $F_{50;0,03}(3) \approx 0{,}9372$; $F_{50;0,03}(4) \approx 0{,}9832$. Also ist $b = 4$.
Bestimmung des **Ablehnungsbereichs** $\overline{A} = \{b+1; \ldots; 50\}$: Mit $b = 4$ ergibt sich $\overline{A} = \{5; \ldots; 50\}$.
Entscheidungsregel:
Sind unter 50 Teilen 5 oder mehr Ausschussteile, ist die Nullhypothese abzulehnen. Die Irrtumswahrscheinlichkeit beträgt wegen $P(X \ge 5) = 1 - P(X \le 4) \approx 1 - 0{,}9832 = 0{,}0168$ rund 1,7 Prozent.

3. **Bei der letzten Wahl hat ein Kandidat 40 Prozent der abgegebenen Stimmen erhalten. Um zu überprüfen, ob er seinen Stimmenanteil zumindestens gehalten hat, wird ein Test mit einer Irrtumswahrscheinlichkeit von höchstens 10 Prozent durchgeführt, indem 100 Personen befragt werden. Als Nullhypothese wird der Stimmenanteil bei der letzten Wahl verwendet.**

a) Formulieren Sie die zugehörige Entscheidungsregel in Worten.

b) Der tatsächliche Stimmenanteil beträgt 42 Prozent. Wie groß ist in diesem Fall die Wahrscheinlichkeit dafür, dass bei dem Test die Nullhypothese fälschlicherweise abgelehnt wird?

c) Mit welcher Wahrscheinlichkeit wird die Nullhypothese fälschlicherweise angenommen, wenn der tatsächliche Stimmenanteil nur 35 Prozent beträgt?

LÖSUNGEN

3. X: Anzahl der Personen unter 100, die für den Kandidaten stimmen.
Nullhypothese: H_0: $p \geq 0{,}4$; Gegenhypothese: H_1: $p < 0{,}4$.
Da sehr kleine Werte von X gegen H sprechen, handelt es sich um einen linkseitigen Test.
X ist bei wahrer Nullhypothese im ungünstigsten Fall $B_{100;0,4}$-verteilt.
Ermittlung des **Annahmebereichs** $A = \{a; \ldots; 100\}$: Ist a die kleinste Zahl, für welche die Bedingung $P(X \leq a) > 0{,}1$ erfüllt ist, so gilt $P(X < a) \leq 0{,}1$. Mit dem WTR (oder GTR) ergeben sich mit binomcdf die Werte:
$F_{100;0,4}(32) \approx 0{,}0615$; $F_{100;0,4}(33) \approx 0{,}0913$; $F_{100;0,4}(34) \approx 0{,}1303$. Also ist $a = 34$; $A = \{34; \ldots; 100\}$.
Bestimmung des **Ablehnungsbereichs** $\overline{A} = \{0; \ldots; a-1\}$: Mit $a = 34$ ergibt sich $\overline{A} = \{0; \ldots; 33\}$.

a) Entscheidungsregel: Wenn von 100 Personen höchstens 33 dem Kandidaten die Stimme geben, wird die Nullhypothese verworfen, andernfalls wird sie nicht verworfen.

b) Ist $p = 0{,}42$, so trifft die Nullhypothese zu. Es handelt sich dann um einen Fehler 1. Art.
Die zugehörige Zufallsvariable Y ist nun binomialverteilt mit $n = 100$ und $p = 0{,}42$.
Es gilt $P(Y \leq 33) \approx 0{,}0413$.
Die Wahrscheinlichkeit, dass die Nullhypothese fälschlicherweise verworfen wird, beträgt rund 4 Prozent.

c) Ist $p = 0{,}35$, so triff die Nullhypothese nicht zu. Es handelt sich um einen Fehler 2. Art.
Die zugehörige Zufallsvariable Z ist binomialverteilt mit $n = 100$ und $p = 0{,}35$.
Es gilt $\beta = P(34 \leq Z \leq 100) = 1 - P(Z \leq 33) \approx 1 - 0{,}3803 = 0{,}6197$.
Die Wahrscheinlichkeit, dass die Nullhypothese fälschlicherweise angenommen wird, beträgt rund 62 Prozent.

BILDQUELLENVERZEICHNIS

S. 3	Mädchen sitzend • Fotolia / Yuri Arcurs
S. 8	Achterbahn • Thinkstock / smaehl
S. 9	Schmetterling • Thinkstock / PrinPrince
S. 9	Greenwich Meridian • Thinkstock / JOHN GOMEZ
S. 10	Krug • Thinkstock / Sini?a+Bota?
S. 14	Boot • Thinkstock / RnDmS
S. 17	Schornsteine • Thinkstock / jojoo64
S. 18	GTR • Thinkstock / waxman3d
S. 18	Kaffee • Thinkstock / Marek Uliasz
S. 22	Wüste, Wellen • Thinkstock / Mike Watson Images
S. 24	Sinus, Kosinus • Thinkstock / marekuliasz
S. 26	Spinnennetz • Thinkstock / SnapperPaul
S. 26	Gauss 3 • iStockphoto / ZU_09
S. 27	Waage • Thinkstock / allanswart
S. 28	Spiegel • Thinkstock / Andres Rodriguez
S. 32	Geodreieck • Thinkstock / MarkD800
S. 33	Radfahrer • Thinkstock / Design Pics
S. 33	Gebäude • Thinkstock / Andres Garcia Martin
S. 34	Marienkäfer • Thinkstock / Steve Rabin
S. 36	Gitter • Thinkstock / OnTheWind
S. 38	Rakete • Thinkstock / Neutronman
S. 40	Gebäude Hamburg • Thinkstock / Zoonar RF
S. 41	Zebras • Thinkstock / Digital Vision
S. 42	Arc de Triomphe • Thinkstock / thinkstock
S. 44	Luftballon • Thinkstock / koya79
S. 47	Mädchen • Thinkstock / Fuse
S. 48	Bambus • Thinkstock / artbyclaudia
S. 50	Baum • Thinkstock / Design Pics
S. 55	Giraffe • Thinkstock / JohnCarnemolla
S. 56	Auto • Thinkstock / IPGGutenbergUKLtd
S. 57	Berg • Thinkstock / Ingram Publishing
S. 60	Schwingungen • Thinkstock / annuker
S. 63	Sinustafel • Shutterstock / marekuliasz
S. 64	Welle • Thinkstock / VV-pics
S. 65	Taschen rechner • Thinkstock / Marek Uliasz
S. 68	Gateway Arc, St. Louis • Thinkstock / dwhob
S. 70	Licht • Thinkstock / Wavebreakmedia Ltd
S. 71	Rohre • Shutterstock / Robert Schlie
S. 74	Leitungen • Thinkstock / insagostudio
S. 75	Newton Kugeln • Thinkstock / REM118
S. 75	Gletscher • Thinkstock / Medioimages/ Photodisc
S. 76	Setzlinge • Thinkstock / feellife

S. 78	Abwasserrohre • Thinkstock / FooTToo
S. 81	Skateboard • Thinkstock / Jeffrey Collingwood
S. 82	Gebäude • Thinkstock / Arhamnyx
S. 84	Linkskurve • Thinkstock / theJIPEN
S. 85	Goldfische • Thinkstock / Grafner
S. 86	Telefonhörer • Thinkstock / Andrej Sokolov
S. 92	Klammern • Thinkstock / CuorerouC
S. 96	Papierfiguren • Thinkstock / Creatas
S. 98	Wanderer • Thinkstock / Hemera Technologies
S. 102	Architektur • Thinkstock / LeeYiuTung
S. 104	Lachse • Thinkstock / moodboard
S. 106	Hände, Herz • Thinkstock / nimis69
S. 107	Gitter • Thinkstock / FooTToo
S. 108	Treppe • Thinkstock / myibean
S. 110	Geländer • Thinkstock / Stockbyte
S. 112	Brunnen • Thinkstock / Hanna_Alandi
S. 115	Brücke Sevilla • Thinkstock / flowersandclassicalmusic
S. 116	Newton Verfahren • Wikimedia / Georg-Johann Lay
S. 119	Nacht, Verkehr • Thinkstock / LeeYiuTung
S. 122	Grafik • Thinkstock / Comstock
S. 124	Hochhaus • Thinkstock / genkur
S. 126	Gitarre • Thinkstock / Alexander Shevchenko
S. 128	Kugel • Thinkstock / Magnus Johansson
S. 131	Berge • Thinkstock / Andrew_Mayovskyy
S. 132	Glasfassade • Thinkstock / zoom-zoom
S. 134	Steine • Thinkstock / styf22
S. 138	Schwäne • Thinkstock / MiaZeus
S. 139	Bilderrahmen • Thinkstock / Purestock
S. 142	Wasserkrug • Thinkstock / Purestock
S. 145	Pflanze • Thinkstock / cherezoff
S. 148	Wasserfall • Thinkstock / agustavop
S. 149	Himalaya Gipfel • Thinkstock / Jörg Jahn
S. 150	Stabhochspringer • Thinkstock / Rupena
S. 153	Kette • Thinkstock / DskAlex
S. 156	Pyramide • Thinkstock / scull2
S. 158	Flaschenpost • Thinkstock / Jeremy Edwards
S. 160	Fische • Thinkstock / Image Source White
S. 166	Staudamm • Thinkstock / Comstock
S. 168	Eiszapfen • Thinkstock / Nicola Gavin
S. 176	Garn • Thinkstock / Garsya
S. 182	Gebäude Mexiko • Thinkstock / mofles
S. 182	Wippe • Thinkstock / Margo Harrison
S. 183	Eiswürfel • Thinkstock / yvdavyd
S. 183	Fussballfeld • Thinkstock / Wipas_Rojjanakard

S. 184	Wippe, Steine • Thinkstock / 3 dalia
S. 187	Drachen • Thinkstock / Purestock
S. 188	Allee • Thinkstock / StevanZZ
S. 190	Gauss Porträt • Shutterstock / mishabender
S. 195	London Westminster • Thinkstock / Ingram Publishing
S. 196	Zirkel • Thinkstock / Hemera Technologies
S. 200	Winkelfläche • Thinkstock / Ryan McVay
S. 202	Käse • Thinkstock / Magone
S. 203	Pythagoras Denkmal • Shutterstock / OmaPhoto
S. 204	Spielkarten • Thinkstock / Colin Anderson
S. 207	Pyramiden, Gizeh • Thinkstock / Dan Breckwoldt
S. 210	Solaranlage • Thinkstock / Tverdohlib
S. 211	Blatt • Thinkstock / asaneephoto
S. 211	Licht, Spot • Thinkstock / Peshkova
S. 216	Drachen • Thinkstock / Top Photo Corporation
S. 218	Bücher • Thinkstock / thomas-bethge
S. 221	Gänse • Thinkstock / RCKeller
S. 222	Wegweiser • Thinkstock / NormanKrauss
S. 226	Rochen • Thinkstock / Purestock
S. 229	Stahlträger • Thinkstock / Ingram Publishing
S. 232	Stoff • Thinkstock / Modify260
S. 234	Pisa • Thinkstock / SkyCaptain86
S. 237	Seeadler • Thinkstock / MikeLane45
S. 240	Feige • Thinkstock / AnnaBreit
S. 241	Auge • Thinkstock / Fuse
S. 245	Billiardkugeln • Thinkstock / batatafrita
S. 246	Lot, Ebene • Thinkstock / Jupiterimages
S. 249	Venedig • Thinkstock / Photodisc
S. 250	Pendel • Thinkstock / Gewoldi
S. 252	Stausee Reschenpass • Shutterstock / Stefan Schierle
S. 255	Farmland USA • Thinkstock / Jupiterimages
S. 256	Kanal Korinth • Thinkstock / serjedi
S. 261	Pfannenheber • Shutterstock / hepjam
S. 263	Kreissäge • Thinkstock / GregorBister
S. 265	Kristall • Thinkstock / ayvengo
S. 266	Pyramide • Shutterstock / deomis
S. 271	Kettenkarussel • Thinkstock / dabldy
S. 272	Planeten, Umlaufbahn • Thinkstock / rwarnick
S. 274	Steine, Wippe • Thinkstock / styf22
S. 276	Vollmond • Shutterstock / Denton Rumsey
S. 277	Spiegelung • Thinkstock / shironosov
S. 278	Baum • Thinkstock / Marilyn Barbone
S. 282	Dartscheibe • Thinkstock / tovovan
S. 282	Würfel • Thinkstock / lcs813

S. 283	Waldweg • Thinkstock / RusN
S. 284	Baum • Thinkstock / NA
S. 286	Apfelschnitt • Thinkstock / Zoonar RF
S. 288	Glücksrad • Thinkstock / sanctisjoyan
S. 290	Brille • Thinkstock / Ingram Publishing
S. 291	Apfel • Thinkstock / ganolmc
S. 292	Brillen • Thinkstock / Siri Stafford
S. 294	Münze • Thinkstock / meral yildirim
S. 294	Bernoulli Porträt • iStockphoto / ZU_09
S. 295	Lottokugeln • Thinkstock / Oksana Kostyushko
S. 298	Würfel • Thinkstock / lcs813
S. 300	Glaskugel, Lotto • Thinkstock / cosinart
S. 303	Glücksspiel, Becher • Thinkstock / ysushok
S. 306	Pfeile • Thinkstock / Fuse
S. 310	Kapseln, Medizin • Thinkstock / mrgao
S. 311	Schrauben • Thinkstock / Monkey Business Images
S. 312	Autos • Thinkstock / Diego Novelli
S. 313	Delphi Orakel • Thinkstock / s1murg

1. Auflage 2024

Autoren: Jörg Stark, Heike Jacoby-Schäfer, Michael Kölle
Dieser Titel basiert in Teilen auf 978-3-12-562565-5.
Logoentwurf: Erwin Poell, Heidelberg
Logoüberarbeitung: Sabine Redlin, Ludwigsburg
Titelfoto: allakuz/Shutterstock, New York; SkillUp/Shutterstock, New York
Satz: tebitron gmbh, Gerlingen, DTP-Studio Andrea Eckhardt, Göppingen
Druck: Plump Druck & Medien GmbH, Rheinbreitbach

Printed in Germany
ISBN 978-3-12-562597-6